U0902054

“十三五”国家重点图书出版规划项目

Translation Series on the International Law of the Sea

世界海洋法译丛

非洲卷

张海文　李红云

·主编·

青岛出版社

《世界海洋法译丛》编译委员会

《世界海洋法译丛》出版委员会

前　言
PREFACE

从1609年荷兰法学家格劳秀斯发表著名的《海洋自由论》到1994年11月16日《联合国海洋法公约》（以下简称《公约》）生效，海洋法经历了一个漫长而坎坷的发展过程。如今，海洋法已发展成为国际法中内容最新、最完备的一个分支。截至2017年11月，《公约》已成为一个拥有168个缔约国的国际条约。根据《公约》，沿海国家可以拥有自己的领海、毗连区、专属经济区、大陆架；群岛国还可拥有群岛水域。国家在不同的海域中行使不同的主权、主权权利和管辖权。

联合国秘书处海洋事务与海洋法司已将各国政府根据《公约》的有关规定向联合国秘书处交存的文件予以公布，这些文件主要有：（1）沿海国家的有关海图或地理坐标表，注明直线基线、群岛基线；领海、专属经济区和大陆架外部界限的大地基准点。（2）沿海国公布的所有有关无害通过的法律和规章；海峡沿岸国公布的在用于国际航行的海峡中有关过境通行的法律和规章；沿海国在其领海的特定区域内暂时停止外国船舶的无害通过的情况。（3）沿海国家的立法实践。

考虑到我们在海洋法研究、实践以及立法工作上的需要，我们决定将世界各国海洋立法、海洋边界实践以及国际海洋争端解决的经典案例译成汉语，并列为国家海洋局海洋发展战略研究所关于海洋权益与法律问题的系列研究项目之一，逐步编译成册出版，丛书名定为《世界海洋法译丛》。我们的决定得到了联合国秘书处海洋事务与海洋法司的赞同和支持。

本丛书的内容包括世界沿海国家的海洋立法汇编8卷（非洲卷1卷、欧洲卷3卷、美洲卷2卷、亚洲卷1卷、大洋洲卷1卷）、海上边界协定1卷、海洋法争端解决国际案例汇编1卷和海上边界国家实践发展现状4卷，共计14卷。

《公约》生效后,《公约》中包含的原则和规则开始对各国的海洋实践产生重大影响，在各国海洋立法中尤为明显。国内立法是国际法研究的一个重要方面，不仅是一国履行国际义务的实践，还可以为国际习惯法的形成和发展提供证据。本丛书中的沿海国海洋立法系列将沿海国立法分为5个部分，分别是非洲国家、亚洲国家、大洋洲国家、欧洲国家和美洲国家。在每部分中将国家按英文字母先后顺序排列。此系列的翻译原文均为联合国网站公布的各国提交的该国立法英文文本。需说明的是，其中有些立法是从其他语种的官方文本译为英文的。我们在翻译过程中尽量做到忠实原文，对有明显错误的地方作了注释。译文尽量保持原立法的完整性，仅对个别立法中与海洋法无关的内容作了省略，并作出标明。

海洋划界是现代海洋法的重要部分。《公约》对国家主权和管辖海域的规定（增加领海宽度、设立专属经济区这一新制度，重新界定大陆架等）使得各沿海国之间出现了大量的重叠主张。各沿海国家相互之间签署了大量的边界协议，但仍有200多项海洋划界问题亟待解决。海洋划界的发展经历了3个阶段：第一个阶段自18世纪至二战爆发前，见证了沿海国普遍接受将陆地领土主权延伸至领海的历程，形成了一些划界的基本原则。第二个阶段始于第一项领海范围以外海洋划界协定（1942年《帕里亚湾条约》）的出台，进而杜鲁门1945年发布《大陆架公告》，直至1958年《大陆架公约》和1969年《北海大陆架案》,见证了海洋划界向外拓展并涵盖大陆架的过程。第三个阶段自专属经济区概念和大陆架新定义首次引入第三次《联合国海洋法公约》会议谈判案文并最终写进《公约》开始,海洋划界有了新的内涵。本丛书中的海上边界协定部分收录了1942—1991年相关国家之间签订的海洋划界协定。为方便查询，协定按地区分类汇总，如大西洋区域（北大西洋和南大西洋）、加勒比区域、地中海区域、印度洋区域和太平洋区域（东太平洋和西太平洋），每个区域依照国别和划界区域列出协议。

本丛书中的海洋法争端解决案例系列收录了自19世纪末至20世纪初的33个海洋法典型案例，内容编排为7章，涵盖了海洋法主要的案例类型：第一章为基线、海湾和领海类案例；第二章为国际航行海峡类案例；第三章为海洋划界类案例；第四章为渔业和海洋生物资源类案例；第五章为公海刑事管辖权和船旗国管辖权类案例；第六章为航行类案例；第七章为海洋环境类案例。这些案例包含了国际常设法院（Permanent Court of International Justice，2宗）、中美洲法院（Central American Court of Justice，1宗）、国际法院（12宗）和国际海洋法法庭（International Tribunal for the Law of the Sea，7宗）作出的判决及仲裁法庭（10宗）和特别委员会（1宗）作出的仲裁裁决。由于有些涉及海洋法的争议仍在审理当中，因此不排除以后会更新相关审理结果的可能性。

本丛书中的海上边界国家实践发展现状系列旨在广泛传播各国在实践中适用《公约》的现状，为《公约》的实施提供帮助，促进各国统一、一致地适用《公约》规定的复杂而全面的国际规则。此系列包括1982—1994年的双边和多边条约、国内立法及政府照会、宣告和声明，按照国家字母顺序逐一列出。内容涵盖以下事务：领海基线、领海宽度及归属、专属经济区的建立、大陆架的界定、海岸相向或相邻国家间海上边界的划定等。

本丛书的编译工作由张海文主持，北京大学法学院李红云教授及其部分研究生、北京师范大学法学院张桂红教授及其部分研究生以及原国家海洋局国际合作司梁凤奎、祁冬梅、宁佳、蔡壁岭等参与了翻译工作。天津外国语大学黄影讲师负责本丛书的审校工作。丛书的文字翻译是对联合国公开资料的客观展示，以利于国内读者作为资料参考，并不代表编者和出版者认可其观点和立场。在编译过程中由于水平所限，错误在所难免，在此欢迎读者批评指正。

本丛书集合了国内立法和政策、边界协定和国际法案例，为我国了解国际海洋边界的最新进展、熟悉“海上丝绸之路”沿线国家的基本情况以及国际司法和仲裁机构对各类涉海问题的解读和分析提供了权威参考资料，对于推动国际法治、实现海洋强国具有重要的现实意义。我们希望通过《世界海洋法译丛》的编译出版，能对我国研究海洋法的学者和学生、涉海的政府行政主管部门、海洋立法和执法机构提供一些帮助和参考，为我国海洋事业的发展尽绵薄之力。

编译者

2017 年 11 月 28 日

目　录
CONTENTS

阿尔及利亚
Algeria

（英文文本截止于2010年6月8日）

关于确定领水[*]宽度的第63-403号法令
（1963年10月12日）

第一条

阿尔及利亚的领水宽度为12海里。

第二条

未经阿尔及利亚政府的同意，外国军舰不得进入前条所指的领水。

除非外国渔民得到授权，否则捕鱼权属于阿尔及利亚公民。

主管机关根据国际惯例监控阿尔及利亚领水内的所有船舶。

第三条

委员会副主席、国防部长、司法部长、掌玺大臣、内务部部长、国家经济部部长、社会事务部部长、外交部部长以及重建、公共工程和交通部部长应在其各自的职责范围内负责本法令的实施。本法令将在阿尔及利亚人民民主共和国的官方公报上公布。

---

* 原文使用“territorial waters”一词——译者注。

关于和平时期管制外国军舰通过领水及停靠的第72–194号法令

（1972年10月5日）

第一部分 一般规定

第一条

外国军舰进入和无害通过阿尔及利亚的领水、进入内水以及在阿尔及利亚港口停泊，须事先经阿尔及利亚主管机关按照本法令规定的程序予以批准。

第二条

在阿尔及利亚领水、内水及港口内，外国军舰应避免从事有损于阿尔及利亚国家主权的行为和制图、潜水及测量等活动。

除非得到阿尔及利亚主管机关的特别授权，否则禁止进行任何军事演习。

第三条

在阿尔及利亚领水、内水和港口，外国军舰必须遵守阿尔及利亚的法规，特别是有关财政、卫生和海关的法规。

第四条

港口法特别是有关领港的法律适用于外国军舰进入阿尔及利亚港口的行为。

第二部分 用 语

第五条

上述第一至第四条的规定只适用于和平时期的军舰。

第六条

“军舰”指战船、辅助船舶、训练船舶、试验船、潜水艇以及用于军事用途的其他船舶。

“无害通过”是指为下列目的通过领水的航行：穿过领水但不进入内水，或为了进入内水而穿过领水，或为从内水驶往海洋而穿过领水。

“停泊”是指外国军舰在阿尔及利亚领水、内水或任一港口短暂停靠或下锚。

第三部分　无害通过及停泊

第一章　无害通过

第七条

只要不损害阿尔及利亚的和平、安全和公共秩序，通过就是无害的。

第八条

通过包括可能的停船和下锚在内，但以通常航行所附带发生的或军舰由于不可抗力或遇难所必要的目的为限。

在此种情况下，军舰的指挥官应毫不迟延地通知阿尔及利亚的海军部门。

必须通知军舰所悬挂船旗的国家的外交代表和领事代表。

第九条

一旦停泊和下锚的必要情况消失，外国军舰应在通知阿尔及利亚海军部门之后立即启航。

在任何情况下，除非经特别批准，停泊和下锚的时间不得超过 24 小时。

第十条

根据本法令第一条及以下条款的规定，外国军舰的通过应经阿尔及利亚主管机关事先批准。要求此种批准的请求应由该外国海军部门通过外交部于军舰进入阿尔及利亚领水前至少 15 日内提出。

第二章　停　泊

第十一条

外国军舰在阿尔及利亚领水或港口的停泊可能是：

——正式停泊；

——非正式停泊；

——例行停泊；

——被迫停泊。

第十二条

在停泊期间，可以进行互访。该互访可以是正式的，也可以是礼节性的。

第一节 正式停泊

第十三条

以下停泊为正式停泊：

——应阿尔及利亚有关主管机关的正式邀请；或者

——该军舰的船旗国政府表示该停泊应具有正式性质。在此种情况下，停泊应符合下述第十四条的限制。

第十四条

外国军舰的正式停泊应申请阿尔及利亚主管机关的批准。为此目的，该外国主管应通过外交途径将有关申请至迟于军舰计划到达阿尔及利亚领水或港口之日前 45 日内向阿尔及利亚外交部提出。

第十五条

其军舰获准正式停泊的国家的海军或军事专员应与阿尔及利亚海军机关通过双方协议，在符合国家习惯和实践的情况下拟定该停泊的正式计划。

第十六条

进行正式访问的外国军舰在到达阿尔及利亚领水和港口时，应遵守国际惯例和阿尔及利亚国内法关于礼炮问题的规定。

第十七条

除非有明确规定，礼炮不得超过 21 响。

第十八条

国家海军部门应派出一名或几名联络官员，由外国军舰的指挥官支配。

第二节 非正式停泊

第十九条

双方同意不进行任何特别仪式的停泊为非正式停泊。

第二十条

除非有阿尔及利亚有关主管机关的特别指示，否则以下船舶的停泊应被视为非正式停泊：

——外国训练船；

——在航程中附属于以上船舶的军舰。

第二十一条

外国军舰的非正式停泊应取得阿尔及利亚海军主管部门的批准。

外国海军主管部门应至迟于该军舰计划访问到达之日前 30 日内向外交部递交申请。

第二十二条

可以以外国军舰的非正式停泊为由鸣放礼炮。为此目的，来访军舰的指挥官应通过其委派的驻阿尔及利亚政府的代表请求停泊港的阿尔及利亚海军主管的同意。

第二十三条

在非正式停泊期间，军舰的指挥官可以对所驻港口的海军或军事主管部门进行礼节性的拜访。

第二十四条

非经所停靠港海军主管部门授权，在非正式停泊期间不得对该地的民间机构进行礼节性拜访。

第二十五条

其军舰获准进行非正式停泊的国家的海军或军事专员应与阿尔及利亚海军主管部门通过双方协议拟定该军舰的停泊计划。

第二十六条

国家海军主管部门应派出一名或几名联络官员，由外国军舰的指挥官支配。

第三节 例行停泊

第二十七条

以下停泊应被视为例行停泊：

（1）当其目的是为了运输设备、人员或燃料；

（2）当其目的是为了进行搜寻、救援或救助；

（3）当其目的是为了修复军舰较小的损害；

（4）当其目的是为了供应或补给军舰。

第二十八条

批准军舰进行例行停泊的程序依有关非正式停泊的批准程序进行，但该申请应至迟于该来访军舰计划到达之日前 15 日内向阿尔及利亚主管机关提出。

在上述第二十七条第（2）款规定的情况下，申请可以不按通知要求提出。

第二十九条

例行停泊一律不得鸣放礼炮。

第三十条

外国军舰在例行停泊期间不得进行访问。但是，如果来访军舰指挥官表达了此种愿望，他可对停泊港口的海军或军事官员进行私人拜访。

第三十一条

外国军舰例行停泊的时间应由阿尔及利亚有关主管机关根据第二十七条规定的情形和具体情况确定。在任何情况下，此类停泊不得超过 5 天。

第三十二条

在本法令第三条规定的情况下，停泊港的海军主管部门可以为来访军舰的指挥官指派一名联络官，协助有关的补给、供应和修理活动。

第四节 被迫停泊

第三十三条

当外国军舰因严重损害、恶劣天气或其他不可抗力的原因被迫在阿尔及利亚的领水、内水和港口寻求避难时，此种停泊应视为被迫停泊。

第三十四条

在第三十三条规定的情况下，该军舰的指挥官应在军舰进入阿尔及利亚领水之前，毫不迟延地通知停泊港的海军主管部门，或在其不在的情况下通知当地军事主管部门。

必须通知该国派驻阿尔及利亚政府的外交或领事代表。

第三十五条

造成被迫停泊的情况一旦消除，该外国军舰应在通知阿尔及利亚海军主管后启航。

第三十六条

上述第三十条和第三十二条的规定适用于被迫停泊期间的外国军舰。

第四部分　特别条款

第三十七条

如果停泊的军舰数量和类型或停泊的地点和日期发生实质性变化，该外国海军主管应按照申请停泊的程序通知阿尔及利亚的海军主管。

如果变化发生在通过的过程中或变化微小，负责变化的主管应通过信息通知阿尔及利亚最高海军主管。

第三十八条

除被迫停泊的情形外，阿尔及利亚主管机关应仅考虑通过外交途径且在各种停泊所规定的最短时间内提出的申请。

第三十九条

外国军舰在周六、周日和节假日不得进入阿尔及利亚港口。

外国军舰到达任何停泊港口的固定时间应为当地时间上午 8 点。

除被迫停泊的情形外，非经阿尔及利亚主管部门同意，对本条第一款和第二款的规定不得有所减损。

第四十条

除海军指挥官和军舰指挥官的姓名外，停泊申请还应包括以下内容：

——船上军官、海军军士、水手包括普通职员的数量；

——船舶的主要特征；

——如果船上搭载了飞机，飞机的数量和型号；

——外国海军主管部门希望于停泊期间在停泊港使用的无线电频率及最大广播功率的详细说明；

——即将在停泊港进行的补给或供应活动的细节；

——认为可能必要的物质援助的细节。

第四十一条

除非有特别的情况，同时停泊的悬挂同一国船旗的外国军舰数量不得超过 3 艘。

另外，潜水艇只有浮出水面方可进入阿尔及利亚的领水，在其整个逗留期间禁止潜入水下。

第四十二条

根据停泊的类型，接待和访问的次数、重要程度及性质应由阿尔及利亚海军主管部门和该外国海军主管部门或该外国派驻阿尔及利亚政府的代表通过双方协议来确定。

第四十三条

非经阿尔及利亚主管官员的同意，外国军舰的指挥官不得发表新闻声明。

第四十四条

非经特别授权，悬挂同一国家国旗的外国军舰的停泊不得超过允许的时间。

第四十五条

该法令的规定不适用于军用飞机，除非这些军用飞机是经军舰搭载或拖带的。

非经阿尔及利亚主管官员的批准，这些军用飞机不得离开搭载或拖带它们的船舶。

第四十六条

本法令第四十一条第一款和第四十四条不适用于以下外国军舰：

（1）有在位的王朝君主或外国国家元首乘坐的军舰；

（2）因为严重损害、恶劣天气或其他不可抗力的原因被迫停靠港口的军舰。

第四十七条

上岸休整的船员人数、上岸及重新上船的次数，应由当地海军或军事主管官员与该外国军舰或海军指挥官通过协议确定。

上岸船员禁止携带武器。军官或海军军士可被允许携带作为其常规军装一部分的军刀。

如有必要由携带武器的团体在岸上举行葬礼，外国军舰的指挥官应事先向当地海军或军事主管部门提出要求批准的申请。

第四十八条

如果要使用军舰的小艇，任何情况下不得在其上放置武器。

第四十九条

军舰被允许进入阿尔及利亚的领水或港口后，不应在该军舰上执行死刑。

第五十条

当阿尔及利亚为中立国时，本法令不适用于交战国的军舰。

第五十一条

如果军舰不遵守本法令的规定，阿尔及利亚主管机关应在不影响适用上述第四十一条第二款的前提下，提请该军舰或该外国海军指挥官注意已发生的侵犯行为，并请其遵守这些规定或保证这些规定得到遵守。

关于确定测量国家管辖海域宽度的基线的第 84–181 号法令
（1984 年 8 月 4 日）

…………

考虑到《宪法》，特别是第 111 条第 10 款和第 152 条的规定；

考虑到 1963 年 10 月 12 日第 63–403 号确定阿尔及利亚领海范围的法令；

…………

第一条

国家管辖海域特别是领海的宽度应从直线基线及海湾封口线量起。

第二条

确定有关海域范围的基线应根据以下坐标划定：

1. 从阿尔及利亚 – 摩洛哥边界到 Rachgoun 群岛

（阿尔及利亚海图第 1201 号）

——从阿尔及利亚 – 摩洛哥边界到 Ras El Ouareye 礁

（坐标：035°06′04″ N，002°10′02″ W）

——Ras El Ouareye 礁到 Ras El Ouareye

（坐标：035°06′12″ N，002°09′08″ W）

—— Ras El Ouareye – Kef Bou Madane

（坐标：035°05′44″ N，002°06′58″ W）

——Kef Bou Madane – Ras Kela

（坐标：035°04′44″ N，002°01′10″ W）

——Ras Kela – Kef Riba

（坐标：035°05′12″ N，001°56′03″ W）

—— Kef Riba – 防波堤灯

（坐标：035°06′22″ N，001°52′03″ W）

——防波堤灯 – Ras Tarsa 以西的海角

（坐标：035°07′45″ N，001°48′54″ W）

—— Ras Tarsa 以西的海角 – Ras Chennaïra

（坐标：035°10′45″ N，001°41′54″ W）

2. Rachgoun 群岛到 Mersat Medekh

（阿尔及利亚海图第 1202 号）

——Ras Chennaïra – Rachgoun 群岛

（坐标：035°19′38″ N，001°28′48″ W）

—— Rachgoun 群岛 – Habibas 群岛

（坐标：035°43′24″ N，001°08′48″ W）

—— Habibas 群岛 – N.E. Habibas 群岛

（坐标：035°44′00″ N，001°07′00″ W）

—— N.E. Habibas 群岛 – Plane 群岛

（坐标：035°46′24″ N，000°53′56″ W）

——Plane 群岛 – Ras Falcon

（坐标：035°45′35″ N，000°46′45″ W）

奥兰湾（Bay of Oran）：

——Ras Falcon – Ras Aiguille

（坐标：035°52′46″ N，000°28′58″ W）

——Ras Aiguille – Aiguille Rock

（坐标：035°53′24″ N，000°28′12″ W）

——Aiguille Rock – Ras Ferrat

（坐标：035°54′40″ N，000°23′00″ W）

——Ras Ferrat – 低潮时高于水面的礁石

（坐标：035°54′48″ N，000°22′23″ W）

——低潮时高于水面的礁石 – Ras Carbon

（坐标：035°54'38″ N，000°20'05″ W）

3. Bordj Bouabed 到 Arzew

（阿尔及利亚海图第 1203 号）

阿尔泽湾（Bay of Arzew）：

——Ras Carbon – Oued Chlef 河口

（坐标：036°02'32″ N，000°08'06″ E）

——Oued Chlef 河口 – Ras Ouillis 礁

（坐标：036°06'30″ N，000°12'00″ E）

——Ras Ouillis 礁 – Kef El-Asfer 礁

（坐标：036°11'43″ N，000°20'43″ E）

——Kef El-Asfer 礁 – Kef El-Aoua

（坐标：036°12'48″ N，000°23'45″ E）

4. Ras Aiguille 到 Kef El–Aoua 和 Bourtmenard 到 Kef Es–Souari

（阿尔及利亚海图第 1204 号和第 1205 号）

——Kef El-Aoua – Ras Kramis

（坐标：036°19'53″ N，000°39'36″ E）

——Ras Kramis – Ras Magroua

（坐标：036°22'00″ N，000°48'30″ E）

——Ras Magroua – Hadjrat Nadji

（坐标：036°26'20″ N，000°55'12″ E）

——Hadjrat Nadji – Ras Nadji

（坐标：036°26'54″ N，000°56'17″ E）

——Ras Nadji – Pointe 角

（坐标：036°29'48″ N，001°05'010 E）

——Pointe 角 – Kalah 屿

（坐标：036°31'06″ N，001°11'08″ E）

——Kalah 屿 – Ras Ténès

（坐标：036°33'12″ N，001°20'31″ E）

——Ras Ténès – Calle Génoise

（坐标：036°33'20″ N，001°22'08″ E）

5. Kef Es–Souari 到 Tipaza

（阿尔及利亚海图第 1206 号）

——Calle Génoise – Kef Es–Souari

（坐标：036°32'30″ N，001°28'06″ E）

——Kef Es-Souari – Djilari 礁

（坐标：036°33'30″ N，001°41'12″ E）

——Djilari 礁 – Tokibt Indich 屿

（坐标：036°35'40″ N，001°50'58″ E）

——Tokibt Indich 屿 – Kef Taska

（坐标：036°34'55″ N，001°55'00″ E）

——Kef Taska – Berinshel 屿

（坐标：036°38'57″ N，002°20'53″ E）

6. Tipaza 到 Ras Matifou

（阿尔及利亚海图第 1207 号）

——Berinshel 屿 – Les Deux Ilots

（坐标：036°37'42″ N，002°22'50″ E）

——Les Deux Ilots – Sidi Fredj

（坐标：036°46'04″ N，002°50'46″ E）

——Sidi Fredj – Kef Acrata

（坐标：036°48'28″ N，002°53'50″ E）

——Kef Acrata – Ras Caxine

（坐标：036°49'12″ N，002°58'27″ E）

——Ras Caxine – Kef Raïs Hamidou

（坐标：036°49'17″ N，003°01'12″ E）

阿尔及尔湾（Algiers）：

——Kef Raïs Hamidou – Sandja 岛

（坐标：036°49′15″ N，003°15′24″ E）

7. Ras Matifou 到 Ras Tedles

（阿尔及利亚海图第 1208 号）

——Sandja 岛 – Sandja 岛东部礁石

（坐标：036°49′04″ N，003°18′12″ E）

——Sandja 岛东部礁石 – Ras Djinet 东部

（坐标：036°53′20″ N，003°44′30″ E）

——Ras Djinet 东部 – Oued Sebaou 礁

（坐标：036°55′00″ N，003°50′50″ E）

——Oued Sabaou 礁 – Ras Bengut

（坐标：036°55′38″ N，003°53′48″ E）

8. Ras Tedles 到 Béjaïa

（阿尔及利亚海图第 1209 号）

——Ras Bengut – Sidi Khaled 礁

（坐标：036°54′54″ N，004°10′56″ E）

——Sidi Khaled 礁 – Mers El Farm 礁

（坐标：036°55′04″ N，004°20′14″ E）

——Mers El Farm 礁 – Ras Corbelin

（坐标：036°54′46″ N，004°26′24″ E）

——Ras Corbelin – Ras Sigli

（坐标：036°53′53″ N，004°45′39″ E）

——Ras Sigli – El Euch

（坐标：036°53′42″ N，004°47′30″ E）

——El Euch – Pisan 岛

（坐标：036°49′41″ N，005°00′17″ E）

9. Béjaïa 到 Tazerout 岛

（阿尔及利亚海图第 1210 号）

——Pisan 岛 – Ras Carbon

（坐标：036°46′43″ N，005°06′24″ E）

贝贾亚湾（Bay of Béjaïa）:

——Ras Carbon – Grand El Aouana

（坐标：036°47′17″ N，005°36′00″ E）

——Grand El Aouana – Ras Afia

（坐标：036°49′20″ N，005°41′36″ E）

——Ras Afia – Bouhmam

（坐标：036°49′48″ N，005°44′34″ E）

——Bouhmam – Jijel 角

（坐标：036°49′48″ N，005°46′24″ E）

——Jijel 角 – Tazerout 岛

（坐标：036°52′04″ N，006°04′05″ E）

10. Jijel 到 Ras Kalaa

（阿尔及利亚海图第 1211 号）

——Tazerout 岛 – Oued El Kebir 东部的海角

（坐标：036°53′55″ N，006°09′08″ E）

——Oued El Kebir 东部的海角 – Hadjra Sidi Mahchich

（坐标：036°59′15″ N，006°14′18″ E）

——Hadjra Sidi Mahchich – Ras El Maghreb

（坐标：037°01′42″ N，006°16′00″ E）

——Ras El Maghreb – Ras El Kmakem

（坐标：037°04′12″ N，006°20′17″ E）

——Ras El Kmakem – Kef Lekhal

（坐标：037°05′29″ N，006°25′00″ E）

——Kef Lekhal – Ras Bougaroun

（坐标：037°05′28″ N，006°28′06″ E）

——Ras Bougaroun – Bougaroun 东部礁石

（坐标：037°05′00″ N，006°30′18″ E）

——Bougaroun 东部礁石 – Ras El Kbiba

（坐标：037°03′22″ N，006°32′58″ E）

——Ras El Kbiba – Kaf Djerda

（坐标：037°01′03″ N，006°35′07″ E）

11. Ras Kalaa 到 Ras Toukouch 和 Ras Toukouch 到 Ras Rosa

（阿尔及利亚海图第 1212 号和第 1213 号）

——Kef Djerda – Ras Kalaa

（坐标：036°57′55″ N，006°45′12″ E）

斯基克达湾（Bay of Skikda）：

——Ras Kalaa – Ras El Hadid 东部礁石

（坐标：037°05′48″ N，007°12′23″ E）

——Ras El Hadid 东部礁石 – Ras Toukouch

（坐标：037°05′11″ N，007°23′45″ E）

——Ras Toukouch – Axin 礁

（坐标：037°03′12″ N，007°30′45″ E）

——Axin 礁 – Pain de Sucre

（坐标：036°58′51″ N，007°39′40″ E）

——Pain de Sucre – Ras El Hamra

（坐标：036°58′20″ N，007°47′12″ E）

安纳巴湾（Bay of Annaba）：

——Ras El Hamra – Ras Rosa

（坐标：036°57′12″ N，008°14′20″ E）

——Ras Rosa – Ras El Alem

（坐标：036°55′00″ N，008°24′17″ E）

12. Ras Rosa 到 Ras Kavansu

（阿尔及利亚海图第 1414 号）

——Ras El Alem – Aïn B′har

（坐标：036°56′43″ N，008°37′00″ E）

——Aïn B′har – 阿尔及利亚 – 突尼斯边界

（坐标：036°56′41″ N，008°38′30″ E）

第三条

根据前一条款确定的基线范围内的水域为内水，完全受国家主权的管辖。

第四条

本法令将在阿尔及利亚人民民主共和国的官方公报上公布。

1994年5月28日（回历1414年12月17日）确定渔业一般规则的第94–13号法令

（1994年6月22日颁布）

国家总统，

根据农业部长的报告，

根据《宪法》，特别是第十二条、第一一五条和第一一七条的规定，

基于就过渡时期达成全国共识的纲领，特别是其中的第五条和第四十二条，

基于1966年6月8日第66–155号决定，其中规定了经修改和补充的《刑事诉讼法典》，

基于1973年4月3日第73–12号关于建立国家海岸警卫队的决定，

基于1975年9月26日第75–58号经修改和补充的制定民法典的决定，

基于1975年9月26日第75–59号经修改和补充的制定商法典的决定，

基于1976年10月23日第76–80号制定海事法典的决定，

基于1976年10月23日第76–84号确定渔业一般规则的决定，

基于1983年2月5日第83–05号关于环境保护的决定，

基于1983年7月16日第83–17号制定水域法典的决定，

发布以下立法法令：

第一部分　一般规则

第一条

本法令的目的是实施国家的渔业政策，旨在：

——通过合理开发来保护和养护海洋与淡水渔业资源；

——创立一个监管渔业影响的制度；

——通过建立一个保留渔区将国家对资源的主权扩大到领水以外；

——促进和发展内陆渔业与特种渔业。

第一章 总 则

第二条

对海洋、淡水渔业资源的评估、保护和养护是为了普遍利益。

因此，理性和平衡的开发要在渔业活动协调发展的前提下进行。

第三条

本法令中有关用语的含义为：

——“海洋渔业”是指任何旨在养殖、捕捞或捕获其一般或大部分生活环境为海洋水域的动物或植物的活动；

——“内陆渔业”是指任何旨在养殖、捕捞或捕获其一般或大部分生活环境为淡水或微咸水域的动物或植物的活动；

——“商业捕捞”是指以获取利润为目的的渔业活动；

——“科学捕捞”是指以学习、研究或实验为目的的渔业活动；

——“探测性捕捞”是指在开展商业渔业活动之前，旨在获得有关资源、区域、技术或某种类型的渔具的信息的捕捞活动，期限不超过 6 个月；

——“娱乐渔业”是指任何以运动或休闲为目的且不追求利润的渔业活动；

——“渔业主管机关”是指渔业行政部门；

——“国家管辖范围内的水域”是指内水、领水以及渔业保留区。

第二章 执行机关

第四条

为本法令的实施，负责渔业的部长应该为此目的设立专门的实施机关。他应协同其他有关机构来确保更全面地管理渔业活动。

第三章 海洋渔业区

第五条

海洋渔业在以下 3 个区域内进行：

——沿海捕鱼区；

——近海捕鱼区；

——公海捕鱼区。

具有 120 吨以上排水量以及使用拖曳式渔具的渔船，只有在有效立法规定的国家领水范围之外方可进行商业性捕鱼活动。

适用本条的形式应由法令来规定。

第六条

现建立一个位于国家领水之外且毗邻领水的保留渔区。

从基线量起，该渔区的宽度应为西部海洋边界和 Tenes 角之间的 32 海里以及 Tenes 角和东部海洋边界之间的 52 海里。

第二部分　渔 业 活 动

第一章　渔业活动的条件

第七条

任何个人或法人团体购买、出售、进口或转让渔船所有权，必须得到渔业行政部门的同意。

第八条

任何建造、改变或改造渔船整体或部分结构的行为，应得到主管机关依现行法律的批准。

第九条

在国家管辖水域范围内进行的渔业活动应得到主管渔业的部长的批准。

第十条

本法令的规定适用于所有在国家管辖水域范围内从事渔业活动的人员。

这些规定也应适用于在国家管辖水域范围外进行渔业活动或使用在阿尔及利亚登记的船舶进行捕鱼的任何个人或团体。

第十一条

外国船只不得在国家管辖水域范围内捕鱼。

第一款规定可以有以下例外：主管渔业的部长可以暂时授权外国船只

在国家管辖水域范围内进行科学捕捞活动。他还可授权外国船只在支付渔业费后在国家管辖的水域范围内仅捕捞高度洄游鱼类。

在国家管辖范围水域内捕捞高度洄游鱼类的许可证的发放条件以及可捕捞的相关鱼类清单和最大可捕量，由法规规定。

第十二条

上述第十一条的规定不影响外国渔船在国家管辖水域范围内所享有的航行自由或有正当理由的下锚自由，前提是这些船舶遵守现行的法律和本法令的规定以及为实施本法令而通过的文件的规定。

这些船只尤其应清除甲板上所有的捕鱼设备，或将这些设备收好，使之处于不能使用的状态。

第十三条

无论采取何种程序，只要认为限制或禁止捕捞是养护或繁育鱼种所必要的，就可以在特定时间和特定区域内限制或禁止捕捞。

捕捞的方式和条件由法规加以规定。

第十四条

禁止进口、制造、拥有和出售的渔具清单应由法规规定。

而且，应得到特别授权才能使用的渔具的清单也应由法规规定。

第二章　渔具及渔业设施

第十五条

只有其使用和使用规则在本法令或为实施本立法法令而通过的文件中有规定的渔具，才可被允许在捕捞中使用。

第十六条

所有的渔具，无论其名称、样式、用途和尺寸如何，都应被划分为以下 5 类：

（1）渔网；

（2）渔线和鱼钩；

（3）诱捕类渔具；

（4）致伤性渔具；

（5）收获、采集和收集类渔具。

第十七条

国家范围内旨在捕捉、饲养、收获所有用海水、淡水或微咸水养殖的海洋或淡水动植物的装置应被视为渔业设施。

第十八条

为建立第十七条规定的设施的目的而使用公共淡水或海洋区域，在任何情况下均应依现行法律得到许可。

第十九条

各种渔业设施的设立条件以及作业规则应由法规规定。

第三章 经授权从事渔业活动的个人

第二十条

只有在船员登记簿上登记的人员方可使用商业渔船航行。该船员名册说明他们有资格从事商业捕鱼。

第二十一条

科学捕捞活动的资格应保留给持有特别许可证的机构和部门。该类许可证由主管渔业部长与主管科学研究的部门协商后颁发。

从事科学捕捞活动的船只除拥有船舶文件外，还应具有说明其船员资格的船员名册。

可在科学捕捞许可证上附加条件。

颁发科学捕捞许可证的期间和形式应由法规规定。

第二十二条

希望从事娱乐渔业的个人应取得当地主管部门颁发的捕捞许可证。

该许可证的颁发在任何情况下均须收取一定的费用。

第二十三条

定居在阿尔及利亚的具有阿尔及利亚国籍的个人或法人团体可以拥有渔船，不受吨位等条件的限制。

在任何情况下，任何人如获授权从事渔船所有人的职业，应交纳一定的费用，其数额根据船舶的有效吨位或船舶从事的捕捞类型来确定。

第二十四条

进行所有与渔业有关的专业、工业和商业活动应由法规规定。

第二十五条

与贮存、储藏、加工、处理、运输、转运、卸载、陈列、销售和购买不同种类的渔业产品有关的健康和卫生措施，应由法规规定。

第三部分　渔业监管

第二十六条

刑事调查部门的官员、海军船只的指挥官和国家海岸警卫队的工作人员有权调查和确认违反本法令的行为。

第二十七条

主管渔业的行政部门可以随时要求国家海岸警卫队的工作人员调查或确认渔业活动中的违法行为。

第二十八条

第二十六条提到的人员有权随时检查船舶、小艇、渔业设施、仓库和其他场所以及运输渔业产品的方式。

第二十九条

根据现行法律的规定，可以搜查渔业设备经销商和制造商的住所，以寻找违禁渔具。

第三十条

报告违法行为的工作人员有权要求警察跟踪和确认有关违反渔业法的行为，没收违禁的渔网、渔具及其他违反本法令使用的设备和产品。

第三十一条

确认违法行为须由工作人员提交一份报告，准确描述其查明的事实及收到的陈述，包括其发出命令没收违禁渔具和渔业产品的情况。

报告应由工作人员及违法者共同签名。除有相反的证明，它们应被视为可信的，不需要证明。

报告应发送给有管辖权的机构，并将副本发送给渔业行政部门。

第三十二条

在下列情况下可以没收违禁的渔业产品和渔具：

——在渔区，如果工作人员能够登临实施违法行为的船舶；

——在船舶驶入港口时，如果工作人员能够在不登临船舶的情况下确定发生了违法行为；

——在产品和渔具的贮存地。

第三十三条

被没收的渔业产品应立即上缴渔业行政部门。必要时，可在财政部门的配合和申报代理人在场的情况下，以当地市场价格将其出售。

在有关司法程序结束前，这类销售的收入应先存入国家财政部。

如果有关法院责令没收，该收入应继续作为国家财产，否则应根据现行法律归还给被没收产品的所有人。

如果根据渔业行政部门确定的原因无法进行销售，这些渔业产品应由渔业行政部门免费送往最近的医院、慈善机构或学校。

有关这类赠送的报告应由渔业行政部门起草，并送往有管辖权的法院。

第三十四条

没收的渔具应由申报代理人运往并储存在安全的地方。

如果他不能这样做，他应暂时指派违法船舶的所有人作为没收渔具的管理人，并应尽快采取措施，保证其以最合适的方式转运。

应将此类转运的任何费用的数额通知有管辖权的法院。

在发出没收违禁渔具的决定时，该法院应将转运和销毁的费用分配给违法者。

第三十五条

如果有管辖权的法院决定销毁没收的违禁渔具，这种销毁行为应根据渔业行政部门的决定并在其监督下进行，销毁的费用由违法者负担。

如果主管渔业部门不具有立即销毁的能力，它可以为此要求专门的机构进行。

第三十六条

如果在一项违法行为得到确认后 30 日内违法者能够当场缴纳罚款，则公共检察官办公室可以不再提起诉讼程序。

当场罚款应缴往国家财政部，数额不得低于违法行为所造成的最低罚款数额。

对罚款的缴纳意味着对违法行为的承认，并可作为判定累犯的初步证据。

第三十七条

在违法行为得到确认的前两年内，如果违法者违反本法令，且至少有一项判决已作出，则被视为累犯。

累犯的效力及于船舶的所有人、经营人和船长。

第三十八条

当场罚款的程序不适用于以下情况：

——如果一项司法调查已经开始；

——如果认定的违法行为使犯罪者可能被判处入狱；

——如果罚款的最大数额超过 50 000 第纳尔。

第三十九条

当场罚款数额应是规定的最大罚款数额和最小罚款数额相加所得总和的一半。

第四十条

对违法行为的起诉应向违法行为发生地的法院或违法船舶被扣押的港口所在地有管辖权的法院提起。

第四十一条

在认为必要的情况下，有管辖权的渔业行政部门可以提起刑事赔偿程序，并代表国家请求赔偿因违法行为而遭受的损失。

第四十二条

本法令规定的处罚应实施于：

——发生违法行为的船舶的船长，但经营者应单独承担民事损害赔偿责任。

——从事渔业设施管理或经营的人员，如其工作期间有违法行为。

——渔业产品的销售、加工、运输。

——渔业设施的设立或经营。

——与养殖、运输、加工和销售渔业产品有关的保健措施。

若为同一人，应单独承担民事损害赔偿责任。

——在其他情况下，违法者本人，不影响其本身承担的民事赔偿责任。

第四十三条

公诉权应被限定在现行法律规定的时间段内。

第四部分　管理措施及有关渔业的违法行为

第一章　管理措施

第四十四条

根据现行法律的有关规定，在国家管辖水域内进行捕鱼的所有船只必须携带表明其名称、船籍港及注册号码的注册证书。

第四十五条

分配给每艘渔船的字母和编号应尽可能地标在船身、锚身、每个渔网的主要浮标以及所有属于该船舶的索具上。

这些标记应具有足够的尺寸，以便被识别。

渔网及其他船舶索具的所有者可以在上面标记其认为必要的其他任何标志。

第四十六条

禁止以任何方式涂抹、遮盖或隐藏船舶及其设备上标注的名称、字母、编号等标记。

第四十七条

在任何情况下，到达渔区的船舶上的人员不得以损害或干扰他人已经开始的捕捞活动的方式下网、收网或收放其他渔具。

第四十八条

所有的渔民不得以任何理由将其船舶停泊、下锚或固定于其他渔民的渔网、浮标或其他捕捞设备上。

第四十九条

禁止钩吊、收起或检查属于其他渔民的渔网或任何其他渔具。

第五十条

禁止将渔网或其他渔具固定或锚定在其他渔民已经作业的区域内。到达顺序是决定性因素。

第五十一条

使用拖网的渔民必须保持其船舶与所有其他渔具间隔 500 米的距离。

不同种类的渔网之间必须保持 500 米的距离。

第五十二条

不同渔民的渔网缠绕到一起时，在取得双方的同意之前不得切割渔网。

第二章　违 法 行 为

第五十三条

禁止为捕鱼的目的使用炸药或其他爆炸物。

第五十四条

禁止拥有、运输、转载、储存、加工、处理、陈列或销售利用炸药、其他爆炸物捕获的渔业产品，或使用能削弱、麻醉或毁灭海洋或淡水动物的物质或诱饵捕获的渔业产品。

第五十五条

禁止在沿海水域的任何船舶上拥有以捕鱼为目的的带灯渔具，禁止灯光捕鱼。

第五十六条

禁止使用违禁的物质或诱饵捕鱼。这些物质或诱饵即使不会对海洋或淡水动植物产生削弱、致晕、麻醉或致死作用，也应被禁止。

第五十七条

禁止进口、制造、拥有和销售违禁渔网、渔具或索具。

第五十八条

禁止以捕鱼为目的使用第五十七条禁止的渔具。

第五十九条

禁止捕捞、拥有、运输、加工和出售未达到规定的商业重量或明文禁止捕捞的鱼种或渔业产品。

在何种情况下，违反本条第一款规定而捕获的鱼种应被立即放回其生活的自然环境。

该种渔业产品被放回不能免除违法者违法的事实或使其免于被提起公诉。

在不能选择渔具的情况下，捕捞一定比例的未成熟渔产品或禁止捕捞的鱼种是可以被容忍的。该比例不能超过全部捕获量的 20%。

第六十条

禁止使用本法令未规定的程序或方式进行捕鱼。

第六十一条

所有的船舶所有人、经营人、船长和其他船员应允许经授权进行检查与监督的工作人员上船执行公务。

第五部分 罚款和刑罚

第六十二条

任何人未经渔业行政部门事先批准购买、出售、进口渔船或转让渔船所有权，应被处以最少 100 000 第纳尔最高 200 000 第纳尔的罚款，且该交易无效。

第六十三条

任何人未经主管机关事先批准对渔船的整体或部分进行建造、改装、改造，应被处以 100 000~200 000 第纳尔的罚款。

第六十四条

任何人没有必要的批准或许可而从事以商业和科学为目的的捕捞活动，应被判处 1~3 年的有期徒刑，并被处以 20 000~40 000 第纳尔的罚款，或被处以二者之一的惩罚。

第六十五条

任何人未取得必要的捕捞许可证而从事娱乐渔业，应被处以 1 000~2 000 第纳尔的罚款。

第六十六条

在国家管辖水域范围内从事商业渔业的任何人使用未携带载明其名称、

船籍港及注册编号的登记簿的船舶，应被处以 20 000~50 000 第纳尔的罚款。

第六十七条

以任何方式故意涂抹、遮盖或隐藏船舶及其设备的名称、字母、编号等标记的，应被处以 3~6 个月的有期徒刑，并被处以 20 000~50 000 第纳尔的罚款，或被处以二者之一的惩罚。

第六十八条

到达渔区后以损害或干扰他人的捕捞活动的方式下网、收网或收放其他渔具的，应被处以 20 000~80 000 第纳尔的罚款。

第六十九条

以任何理由将其船舶停泊、下锚或固定于其他渔民的渔网、浮标或其他捕捞设备上的，应被处 20 000~40 000 第纳尔的罚款。

第七十条

在渔区内钩吊、收起或检查属于其他渔民的渔网或其他渔具的，应被处以 3~6 个月的有期徒刑，并被处以 20 000~50 000 第纳尔的罚款，或被处以二者之一的惩罚。

第七十一条

在渔区内使用拖网的渔民未能保证其船舶与所有其他渔具间保持 500 米距离的，应被处以 10 000~20 000 第纳尔的罚款。

在渔区内未将自己的渔网与其他渔民的渔具保持 300 米距离的，应被处以 2 000~5 000 第纳尔的罚款。

第七十二条

不同渔民的渔网缠绕在一起时，未取得双方的同意切割渔网的，被处以 10 000~20 000 第纳尔的罚款。

但是，如能证明不可能存在其他分开渔网的方式，则对该损害不承担责任。

过失的归责按到达渔区的顺序来确定。

第七十三条

为捕鱼的目的使用炸药或其他爆炸物的，应被处以 2~5 年的有期徒刑，并被处以 50 000~200 000 第纳尔的罚款，或被处以二者之一的惩罚。

第七十四条

任何拥有、运输、转船、储存、加工、处理、陈列或销售利用炸药、其他爆炸物捕获的渔业产品，或使用能削弱、麻醉或毁灭海洋或淡水动物的物质或诱饵捕获的渔业产品的，应处以2~5年的有期徒刑，并被处以50 000~200 000第纳尔的罚款，或被处以二者之一的惩罚。

第七十五条

任何人在沿海水域的船舶上拥有以捕鱼为目的的带灯渔具或从事灯光捕鱼的，被处以50 000~100 000第纳尔的罚款。

第七十六条

为捕鱼的目的使用违禁的物质或诱饵捕鱼的，即使这些物质或诱饵不会对海洋或淡水动植物产生削弱、致晕、麻醉或致死的作用，也应被处以50 000~100 000第纳尔的罚款。

第七十七条

任何进口、制造、拥有和销售违禁渔网、渔具或索具的，应被处以3~6个月的有期徒刑，并被处以200 000~500 000第纳尔的罚款，或被处以二者之一的惩罚。

第七十八条

任何为捕鱼的目的而使用上述第五十七条提及的渔具的，被处以20 000~50 000第纳尔的罚款。

在任何情况下，没收违禁渔具并不影响处罚的作出。

第七十九条

任何人捕捞未达到规定的商业重量或明文禁止捕捞的鱼种或渔业产品的，被处以10 000~50 000第纳尔的罚款。

拥有、运输、加工和出售未达到规定的商业重量或明确禁止捕捞的鱼种或渔业产品的，适用前款规定。

无论在何种情况下，违反本条第一款规定而捕获的鱼种应被立即放回其生活的自然环境中。

该种渔业产品被放回不能免除违法者违法的事实或使其免于被提起诉讼。

违禁捕捞所获得的渔业产品应被没收，并不影响根据本法令有关刑罚的条款提起司法程序。

第八十条

任何人使用现行有效的法令中未规定的程序或方式进行捕鱼，应被处以20 000~50 000 第纳尔以下的罚款。

第八十一条

在禁止捕鱼的渔区内捕鱼的，被处以 6 个月以上 1 年以下的有期徒刑，并被处以 100 000~200 000 第纳尔的罚款，或被处以二者之一的惩罚。

第八十二条

在渔区封闭期间使用违禁的渔具或捕捞程序捕鱼的，被处以 3~6 个月的有期徒刑，并被处以 50 000~100 000 第纳尔的罚款，或被处以二者之一的惩罚。

在所有情况下，所使用的渔具应被没收。

第八十三条

未事先获得许可而建设或经营渔业设施的，被处以 50 000~100 000 第纳尔的罚款。

第八十四条

任何人拒绝经授权的工作人员登上渔船执行检查和监督公务的，被处以 20 000~40 000 第纳尔的罚款。

第八十五条

在累犯的情形下，第六十四条和第八十四条规定的处罚应包括暂时扣留违法者的海员职业许可证，扣留期限不超过 1 年。

第六部分　外国渔船的违法行为和处罚

第八十六条

未经批准在国家管辖水域范围内从事捕鱼活动的所有悬挂外国国旗的船舶应接受工作人员登临，并被带往阿尔及利亚港口由审报代理人扣留，直至有管辖权的法院作出最后决定。

第八十七条

紧追如果是在国家管辖水域范围内开始的，可以在该水域范围外实施登临。

被追船舶一旦进入其国家或第三国管辖水域，紧追行为即停止。

第八十八条

如果外国船舶拒绝停住或试图逃逸，阿尔及利亚渔业监管船可以鸣枪以示警告。

如果外国船舶拒绝遵守，在绝对必要时，应使用实弹，并采取一切预防措施，避免对船上人员造成任何伤害。

第八十九条

报告代理人认定有违法行为发生时，应命令没收船上的渔业产品和渔具。报告中应列明此种没收行为。

第九十条

本立法法令第三十六条、第三十八条和第三十九条规定的程序不适用于外国渔船的行为。

报告应送往公共检察官办公室，由其根据《刑事程序法典》规定的案件发生地原则将其提交至有管辖权的法院。

有管辖权的法院不得在刑事赔偿程序庭审结束前作出判决。

第九十一条

如发现悬挂外国国旗船舶的船长及领航员（如果有）未得到渔业部长的事先授权而在国家管辖水域范围内进行任何形式的捕鱼活动，则被处以300 000~2 000 000第纳尔的罚款。

有管辖权的法院应命令没收船上的渔具或渔业产品，并根据具体的情况销毁违禁渔具。

第九十二条

在累犯的情况下，被认定在国家管辖水域范围内进行违法捕鱼活动的人应被处以600 000~4 000 000第纳尔的罚款，并被没收从事违法活动的船舶。

第九十三条

外国渔船应被扣留，直至缴清诉讼费、罚款和民事损害赔偿金。

一旦收到证明已经缴纳了这些费用的文件，有管辖权的法院应发布释放该船舶的命令。

有管辖权的法院也可以在收到该外国领事官员保证缴纳有关费用的书面保证后，发布释放该外国船舶的命令。

第九十四条

在最终判决作出之日起 3 个月内没有缴纳相关费用的情况下，该船舶应由国家财政部根据现行法律出售。

第九十五条

1976 年 10 月 23 日第 76–84 号法令的规定即日起废止。

第九十六条

该立法法令将刊登在阿尔及利亚人民民主共和国官方公报上。

1994 年 5 月 28 日于阿尔及尔颁布（回历 1414 年 12 月 17 日）。

第 04–344 号总统令——设立领海外毗连区
（2004 年 11 月 6 日）*

共和国总统，

考虑到国务部部长、外交部部长的报告，

考虑到宪法，特别是考虑到宪法第十二条和第七十七条第 6 款，

遵照 1973 年 4 月 3 日关于修改和完善建立“国家海岸警备队”的第 73–12 号命令，

遵照 1979 年 7 月 21 日颁布修改和完善《海关法典》的第 79–07 号法令，特别是第一条和第二十九条，

遵照 1996 年 1 月 22 日关于批准《联合国海洋法公约》的第 96–53 号总统令，特别是第三十三条，

遵照 1963 年 10 月 12 日有关领水界限的第 63–403 号法令，

遵照 1984 年 8 月 4 日确定测量国家管辖海域宽度的基线的第 84–181 号法令，

宣布如下：

---

* 原文为法语。该文本于 2005 年 3 月 1 日由阿尔及利亚人民民主共和国常设委员会以照会方式提交联合国秘书处（原文注）。

第一条 兹设立邻接领海的一个区域。

该区域从测算领海宽度的基线量起，向海延伸 24 海里。

第二条 根据上述《联合国海洋法公约》第三十三条和第三百零三条，阿尔及利亚人民民主共和国在该区域内行使控制权。

第三条 本法将在阿尔及利亚人民民主共和国政府公报上公布。

本法令于 2004 年 11 月 6 日签署。

经核准无误的真正副本
2005 年 2 月 12 日，阿尔及尔
阿卜杜勒·阿齐兹·布特弗利卡（签字）
政府秘书长（签字）

安哥拉
Angola

（英文文本截止于2009年5月22日）

1967年6月27日第47,771号法令

现有必要划定补充1966年8月22日第2130号法律第一节第一条规定的有关欧洲大陆的沿海基线和几内亚、安哥拉、莫桑比克各省海岸的直线封口线与领海基线；

根据宪法第一百零九条第2款第（1）项的授权，本政府法令和我宣布以下法律：

第一条

在欧洲大陆海岸和几内亚、安哥拉、莫桑比克各省海岸，第2130号法令第一条规定的测算领海宽度的正常基线由以下表格中的地理坐标确定的直线封口线和直线基线予以补充：

…………

3. 补充安哥拉正常基线的封口线和直线基线为——

基点	纬度（南纬）	经度（东经）
Spilimberta	08°35′00″	13°22′15″
Luanda 岛	08°45′34″	13°15′43″
Luanda 岛上的点	08°47′02″	13°13′54″
Mossulo 角南部尖端	08°52′42″	13°07′42″
Giraul	15°08′02″	12°06′40″
Barreiras Brancas	15°13′00″	12°04′07″
Navio 海滩	16°14′09″	11°48′00″
Marca 角南部尖端	16°32′39″	11°40′20″

1992 年 8 月 28 日第 21/92 号法律

因为安哥拉现拥有 20 英里的领海以及与其邻接的宽度为 200 海里的专属渔区，所以现有必要建立或确定安哥拉的内水、领海和专属经济区。

因此，根据宪法第五十一条第 b 项的规定，并根据第四十七条第 g 项的授权，经国民大会通过，我在此签署和命令公布以下法律：

内水、领海和专属经济区法

第一条 目的

本法的目的在于重申安哥拉对其内水和领海的主权，并建立属于安哥拉的毗连区和专属经济区。

第一部分　内水和领海

第二条　领海

根据 1967 年 6 月 22 日第 47,771 号法令的规定或本法第三条的规定，安哥拉的领海是从低潮线或直线基线量起宽度为 12 海里的水域。

第三条　基线

1. 正常基线为低潮线。

2. 安哥拉可以在其认为适当的时候并在符合有关国际法原则的情况下确定测算领海宽度的其他直线基线。

3. 安哥拉应采取措施，制定和更新其标明测算领海宽度的基点的官方大比例尺地理海图或地图。

第四条　内水

位于领海基线内的水域为安哥拉的内水。

第五条　主权

安哥拉对其内水和领海及其海床与底土享有主权。

第二部分　毗　连　区

第六条　毗连区

1. 在邻接领海被称为“毗连区”的水域内，安哥拉应进行必要的监督活动，以便：

（1）防止在其领土或领海内违反海关、税收、移民和卫生的法律及法规；

（2）防止在其领土或领海内违反法律和法规。

2. 毗连区是从测算领海宽度的基线量起宽度为 24 海里的水域。

第三部分　专属经济区

第七条　专属经济区

在邻接领海并位于领海之外的水域建立专属经济区，其宽度为从测算领海宽度的基线量起 200 海里。

第八条 权利和义务

安哥拉在专属经济区内享有：

（1）以勘探和开发、养护和管理海床上覆水域与海床及其底土的自然资源（不论是生物资源还是非生物资源）为目的的主权权利，以及关于在该区内从事经济性开发和勘探的其他活动的主权权利，如何利用海水、海流和风力生产能。

（2）对下列事项的管辖权：

（a）人工岛屿、设施和结构的建造与使用；

（b）海洋科学研究；

（c）海洋环境的保护和保全。

（3）国际法承认的其他权利与义务。

第四部分 航行和飞越

第九条 无害通过

所有国家，不论是沿海国还是内陆国，其船舶在符合国际法和安哥拉颁布的有关法律的情况下均享有无害通过领海的权利。

第十条 航行和飞越

1. 安哥拉承认：在专属经济区内,所有国家（不论是沿海国还是内陆国）的船舶和飞机均享有航行和飞越的自由、铺设海底电缆和管道的自由，并以国际法认可的与航行和通信有关的其他方式利用海洋。

2. 为铺设海底电缆、管道和其他线路的目的而在安哥拉专属经济区或其大陆架上确定路线，应得到政府的同意，并应采取措施，防止海洋、海床及其底土的不同用途之间产生冲突。

第十一条 紧追权

如果安哥拉主管机关有充分的理由怀疑发生了违反适用于其内水、领海和专属经济区的法律的行为，经适当识别并标明为安哥拉政府服务的船舶或飞机可以依国际法的有关规定，在其领海或专属经济区界限以外水域紧追该外国船舶。

第五部分　一般和最后条款

第十二条　划界

安哥拉可与邻国就海洋划界问题进行谈判或达成协议。

第十三条　法律的废止

1975 年 11 月 6 日的第 159 号法律从此废止，与本法不相符的其他法律也从此废止。

第十四条　公布和生效

该法将立即生效。

由国民大会审议并批准。

即将公布，罗安达，1992 年 4 月 11 日

共和国总统：乔斯·爱德华多·多斯·桑托斯

贝　宁
Benin

（英文文本截止于 2009 年 5 月 22 日）

将贝宁人民共和国领海扩展到 200 海里的法令
（1976 年第 76–92 号法令）

第一条

贝宁人民共和国的领海应被扩展到从低潮线量起 200 海里的距离，对于河口，则从现行海事法规确定的第一个海洋航行障碍物量起，扩展到 200 海里的距离。

第二条

在贝宁的领海内，捕鱼权仅限于具有贝宁国籍的渔民。外国渔民如果未按照贝宁法规获得授权，不得在此进行捕鱼。

第三条

该法令废除了之前的所有条款，并将刊登在贝宁人民共和国官方公报上。

佛得角

Cabo Verde

（英文文本截止于 2009 年 5 月 22 日）

1992 年 12 月 21 日第 60/IV/92 号法律

第 60/IV/92 号法律为佛得角共和国海洋区域划界的法律，第 126/77 号法令以及其他一切与本法律相抵触的法律条文全部废止。

考虑到维护佛得角共和国海洋区域内生物资源和非生物资源的国家根本利益的需要，

考虑到海洋活动对国家经济和发展的重要意义，

考虑到 1982 年《联合国海洋法公约》所反映的海洋法的发展情况，

在人民的委托下，国民大会根据《共和国宪法》第 186（b）条规定通过如下法律：

第一章 海 洋 区 域

第一条

为本法的目的，佛得角共和国管辖下的海洋区域包括：

（1）内水；

（2）群岛水域；

（3）毗连区；

（4）领海；

（5）专属经济区；

（6）大陆架。

第二章　群岛水域

第二条

佛得角共和国的群岛水域应当包括根据第二十四条划定的基线范围内的所有海洋区域。

第三条

佛得角共和国对群岛水域行使主权，即对以下事项行使主权：

（1）各水域，与其深度和宽度无关；

（2）相应海域的上覆空域及其海床和底土；

（3）这些水域内的生物资源和非生物资源。

第四条

佛得角共和国可以在其群岛水域内划定确定内水范围的基线。

第五条

在不违背第三条规定的情况下，佛得角共和国将尊重与其群岛水域活动有关的所有现存协定。

第六条

在不违背第四条规定的情况下，外国船舶根据相关规定并在遵守这些规定的情况下，在佛得角共和国的群岛水域内享有无害通过权。

第三章　领　　海

第七条

佛得角的领海宽度为 12 海里，从根据第二十四条划定的基线量起。

第八条

在领海内，佛得角共和国对以下事项享有主权：

（1）水体；

（2）上覆空域；

（3）相应的海床、海土、底土；

（4）生物资源和非生物资源。

第九条

外国船舶根据相关规定并在遵守这些规定的情况下，在领海内享有无害通过权。

第四章　毗　连　区

第十条

佛得角共和国应建立一个毗连领海的区域，其外部界限为从第二十四条规定的基线量起 24 海里的线。

第十一条

在毗连区内，佛得角共和国可行使必要的管制权，以防止和惩治在其领土、内水、群岛水域和领海内违反其海关、财政、卫生和移民法律与规章的行为。

第五章　专属经济区

第十二条

佛得角共和国的专属经济区包括以领海的外部界限为内部界限，以一条其上各点与测算领海宽度的基线上最近点的距离为 200 海里的线为外部界限的海洋区域。

第十三条

在根据前条确定的区域内，佛得角共和国享有：

（1）以勘探和开发、养护和管理海床、底土及其上覆水域的自然资源（不论是生物资源还是非生物资源）为目的的主权权利，以及在该区内从事经济勘探和开发的其他活动的主权权利，如利用海水、海流和风力生产能等。

（2）对下列事项的专属管辖权：

（a）人工岛屿、设施和结构的建造与使用；

（b）海洋科学研究；

（c）海洋环境的保护和保全；

（d）未经第三国承认的任何其他权利。

第十四条

在不违背第二十六规定的情况下，所有国家在专属经济区内享有如下权利：

（1）航行自由；

（2）飞越自由。

第十五条

对前条规定的自由及相关权利的行使，应该尊重佛得角共和国的主权权利及其法律和规章。

第十六条

在行使第十四条规定的自由时，任何未经授权的捕鱼和开发活动以及造成污染和对海洋环境或对专属经济区内的自然资源、佛得角共和国的经济利益有害的活动都应当被禁止。

第六章 大 陆 架

第十七条

佛得角共和国的大陆架应包括从根据第二十四条确定的基线量起延伸至领海以外 200 海里的海底区域的海床和底土。

第十八条

佛得角共和国享有在其大陆架上勘探和开发其生物资源和非生物自然资源的主权权利。

第十九条

前条规定的权利是专属性的，即如果佛得角共和国不勘探大陆架或不开发其自然资源，其他任何国家和实体未经佛得角主管部门的明确同意均不得从事这种活动。

第二十条

无论为任何目的，佛得角共和国都享有在其大陆架上授权和管制钻探的专属权利。

第七章　总　　则

第二十一条

第三国在第一条规定的海洋区域内铺设、维护和修理海底管道与电缆，只有在得到佛得角共和国的事先批准后方可进行。

第二十二条

在适用本法时，政府应就以下事项制定专门规章：

（1）海洋环境保护；

（2）人工设施；

（3）海底管道和电缆；

（4）考古和历史文物；

（5）海洋科学研究；

（6）群岛海道；

（7）在大陆架上钻井；

（8）毗连区；

（9）外国船舶在群岛水域和领海内行使无害通过权。

第二十三条

国家主管部门应为养护和合理管理佛得角管辖下的海洋区域内的生物资源制定规则。

第二十四条

测量群岛水域、领海、毗连区、专属经济区和大陆架宽度的基线由连接岛屿和小岛最外缘各点形成的直线组成，并根据以下坐标确定：

基点	纬度 N	经度 W	Observ.
A-	14°48′43.17″	24°43′48.85″	I. Brava
C-P1 a Rainha	14°49′59.10″	24°45′33.11	I. Brava
C-P1 a Faj	14°51′52.19″	24°45′09.19″	I. Brava
D-P1 Vermelharia	16°29′10.25″	24°19′55.87″	S. Nicolau
E-	16°36′37.32″	24°36′13.93″	Ilbeu Raso
F-P1 a da Peça	16°54′25.10″	25°18′11.00″	Santo Antao
F-	16°54′40.00″	25°18′32.00″	Santo Antao
G-P1 a Camarim	16°55′32.98″	25°19′10.76″	Santo Antao
H-P1 a Preta	17°02′28.66″	25°21′51.67″	Santo Antao
I-P1 a Mangrade	17°03′21.06″	25°21′54.44″	Santo Antao
J-P1 a Portinha	17°05′33.10″	25°20′29.91″	Santo Antao
K-P1 a de Sol	17°12′25.21″	25°05′56.15″	Santo Antao
L-P1 a Sinagoga	17°10′41.58″	25°01′38.24″	Santo Antao
M-Pta Espechim	16°40′51.64″	24°20′38.79″	S. Nicolau
N-Pta Norte	16°51′21.13″	22°55′40.74″	Sal
O-Pta Casaca	16°50′01.69″	22°53′50.14″	Sal
P-Ilheu Cascalho	16°11′31.04″	22°40′52.44″	I. Boavista
P1-Ilheu Baluarte	16°09′05.00″	22°39′45.00″	I. Boavista
Q-Pta do Roque	16°05′09.83″	22°40′26.05″	I. Boavista
R-Pta Flamengas	15°10′03.89″	23°05′47.90″	I. Maio
S-	15°09′02.21″	23°06′24.98″	I. Maio
T-	14°54′10.78″	23°29′36.09″	Santiago
U-D. Maria Pia	14°53′50.00″	23°30′54.50″	Santiago
V-Pta Pesqueiro	14°48′52.32″	24°22′43.30″	I. do Fogo
X-Pta Nho Martinho	14°48′25.59″	24°42′34.92″	I. Brava
Y=A	14°48′43.17″	24°43′48.85″	I. Brava

第二十五条

外国实体在佛得角共和国海洋区域内从事海洋科学研究，应根据规定该事项的法律和规章设定的条款与条件获得批准。

第二十六条

在不违背本法规定的情况下，外国实体和船舶在佛得角共和国管辖下的海洋区域内从事的一切活动应当尊重和平利用海洋的原则。

第二十七条

任何带来污染或损害海洋环境或损害国家海洋区域资源和佛得角共和国经济利益的活动应当被禁止。

第二十八条

在不损害确定的所有人的权利、边境规章、其他海事法律规章和文化交流领域惯例的情况下，任何实体（无论是国内的还是国外的）定位、勘探和回收本法第一条规定的佛得角共和国海域内存在的任何具有考古和历史价值的物体和财产，须得到国家主管部门的明确授权。

第八章　最后和过渡条款

第二十九条

如根据本法确定的佛得角共和国专属经济区和大陆架的外部界限与邻国专属经济区和大陆架的一部分重叠，应根据相应的国际法，通过与该邻国谈判达成的协议确定海上边界。

第三十条

违反本法的行为应根据相关法律和规章予以处罚。

第三十一条

第 126/77 号法令以及其他与本法相抵触的条款无效。

第三十二条

本法立即生效。

1992 年 12 月 10 日通过。

喀麦隆
Cameroon

（英文文本截止于 2009 年 5 月 22 日）

1971 年 8 月 26 日第 71/DF/416 号法令

第一条（修订后）

在喀麦隆的海湾、港湾和泊船处以内，为适用修订后的《商业海运法典》第五条，长 18 海里且构成领海外部界限的线应由北向南确定如下：

（1）Akwafe 河形成的泊船处。从 Bakasi 基点到 Hanley 基点，然后从此基点到 Sandy 基点，再从 Sandy 基点到 East 基点划线。

（2）Rio del Rey 河口形成的泊船处。从 Bakasi 角到 Betika 角划线。

（3）Bidundi 海湾。从 Madale 角到 Debundscha 角划线。

（4）Ambas 海湾。从 Limboh 角到 Ambas 屿南端，再从南端该点到 Nachtigal 角划线。

（5）Man O'War 海湾。从 Nachtigal 角到 Bimbia 角划线。

（6）Bimbia 河口形成的泊船处。从 Bimbia 角到海岸线与国际子午线东经 9°21′40″ 的交叉点划线。

（7）Wouri 河口形成的泊船处。从前项确定的基点向 Suellaba 角划线。

确定喀麦隆联合共和国领海界限的第 74/16 号法案
（1974 年 12 月 5 日）

援引了《喀麦隆商业海运法典》的 1962 年 3 月 31 日第 62/DF/30 号法令第 5 条和 1967 年 11 月 3 日第 67/LF/25 号法令废止，并由以下条款取代：

第五条（修订后）

喀麦隆联合共和国的领海界限为从低潮线量起 50 海里。

在存在海湾、港湾和泊船处的情况下，应制定法令确定测算宽度的起始线。

同时应制定法令确定“毗连区”的界限。在该区域内，捕鱼和开采水下石油的权利可以保留给喀麦隆的船舶和公司。

科摩罗
Comoros

（英文文本截止于 2011 年 5 月 19 日）

1982 年 5 月 6 日关于科摩罗伊斯兰联邦共和国海域划界的第 82-005 号法律

根据《宪法》，经慎重考虑，于 1982 年 5 月 6 日会议上通过本法：

第一节　科摩罗群岛水域、群岛水域上空及其海床和底土的法律地位

第一条

科摩罗的国家主权及于基线围起的水域，即所谓的“群岛水域”，不论其深度或与海岸间的距离如何。

科摩罗的国家主权及于群岛水域上空、其海床和底土及这些区域蕴藏的资源。

第二条

无害通过科摩罗群岛水域的权利应受到尊重。但是，如果为保护国家安全所必要，科摩罗可以在其群岛水域内暂时停止无害通过权。

第二节　科摩罗领海的法律地位

第三条　科摩罗的领海范围

科摩罗将其领海限制为从基线量起 12 海里的区域。领海的外部界限由这样一条线组成，即线上各点与基线上最近点之间的距离等于领海宽度。

第四条　科摩罗在领海内的权利、管辖权和责任

科摩罗的主权除及于其陆地领土、内水和群岛水域外，还及于一个邻接的海洋带。此海洋带称为“领海”。

科摩罗的主权还及于领海上空及其海床和底土。

第五条　在领海内的无害通过权

无论是沿海国还是内陆国，所有国家的船舶在科摩罗的领海内享有无害通过权，即这种通过是继续不停和迅速进行的，并不得损害科摩罗的和平、良好秩序和安全。无害通过的权利可以根据国际法通过发布法令予以规定或暂停。在科摩罗的领海内，潜艇必须浮出水面，并展示其船旗。

第三节　科摩罗专属经济区的法律制度

第六条　科摩罗专属经济区的范围

专属经济区的一侧边界为领海的外部界限，另一侧边界为这样一条线，即线上各点与基线上最近点之间的距离为 200 海里，或线上各点到科摩罗海岸基线和到与之相对的外国海岸基线之间的距离相等，双方另有特别约定者除外。

第七条　科摩罗在专属经济区内的权利、管辖权和义务

在专属经济区内：

（1）科摩罗享有以勘探和开发、养护和管理海床及其底土和上覆水域的自然资源（不论为是生物资源还是非生物资源）为目的的主权权利，以及关于在该区内从事经济性开发和勘探如利用海水、海流和风力生产能等其他活动的主权权利。

（2）科摩罗对下列事项具有管辖权：

海洋科学研究；

海洋环境的保护；

海洋污染的防止。

从事科学和技术研究应得到科摩罗国家的许可。

（3）所有科摩罗公民可以在科摩罗的专属经济区内自由捕鱼。

第八条 其他国家在科摩罗专属经济区内的权利和义务

1. 在科摩罗的专属经济区内，所有国家享有航行自由、飞越自由、铺设海底电缆和管道的自由，只要这些自由与《海洋法公约》的规定相一致（不对和平构成威胁）。

2. 第三国应当顾及科摩罗的权利和义务，并遵守其根据国际法规则颁布的法律和规章。

3. 冲突的解决：当科摩罗与其他国家之间发生利益冲突时，该冲突应该在公平的基础上予以解决，并考虑到各当事方和国际社会整体利益的重要性。

第九条 科摩罗专属经济区内生物资源的养护

1. 专属经济区内生物和矿物资源可允许开采的量由法令规定。

2. 科摩罗应通过合理的养护和管理措施，保证专属经济区内的生物资源不受过度开发的威胁。

根据具体情况，科摩罗和分区域、区域与全球性相关组织（……）* 不受过度开发的威胁。

3. 科摩罗应确定其开采该区域内生物和矿物资源的能力。如果能力没有达到可允许开采的水平，科摩罗将通过协议让其他国家进行开采。

第十条

违反本法和违反为实施本法而制定的规章的行为，处以 1 000 万非洲法郎以上 8 000 万非洲法郎以下的罚款，并（或）对船舶进行暂时拘留。

第十一条

1971 年 12 月 24 日关于法国领海划界的第 71–1060 号法律特此在科摩罗废除。

---

* 原文如此——译者注。

1978 年 7 月 20 日具体确定科摩罗领海范围的第 78-003/DPM 号决定特此废除。

该法律以国家法律的形式予以实施。

莫罗尼，1982 年 5 月 6 日

刚　果
Congo

（英文文本截止于 2009 年 5 月 22 日）

1971 年 12 月 20 日第 049/77 号法令，修改 1971 年 10 月 18 日第 26/71 号法令第二条

第一条

本法令修改 1971 年 10 月 18 日第 26/71 号法令第二条有关领海、海洋污染、海洋渔业活动以及开采海洋产品活动的规定。

第二条

刚果人民共和国的主权及于领土以外从海岸低潮线量起 200 海里的水域。

主权及于领海上空的空域和领海的海床与底土。

第三条

海岸最外缘的点根据以下法令确定：

位于第五和第六平行线间的基点——

纬度 = 5º53, 5′S

经度 = 8º22′E

位于第六和第七平行线之间的基点——

纬度 = 6º43′S

经度 = 9º06, 5′E

第四条

本法令将被作为国家的法律来执行。

科特迪瓦
Côte d'Ivoire

（英文文本截止于 2009 年 5 月 22 日）

1961 年 11 月 9 日第 61–349 号法律

…………

第一百二十九条

在领海内，捕鱼权保留给科特迪瓦公民，并在互惠前提下保留给赋予同样权利的其他国家的船舶。

…………

第一百三十条

上述规定不妨碍在科特迪瓦领海的渔业保留区内航行和下锚的渔船享有的航行自由权。

部长法令将规定特殊监管规则。无论何时出现这种情况，外国船舶应该遵守该规则。

1977 年 11 月 7 日关于划定科特迪瓦共和国国家管辖海域的第 77–926 号法律

第一部分 领 海

第一条

科特迪瓦共和国领海的外部界限确定为从最低潮线量起 12 海里的距离处。

如果有海湾、湾口、泊船处、河口和其他海岸极为曲折的情况，应由法令确定测算领海宽度的直线基线。

第二部分 国家管辖下的 200 海里区域

第二条

为经济目的,科特迪瓦共和国对宽度为 200 海里的海洋区域享有管辖权，该区域称为“专属经济区”。

该区域位于领海外并邻接领海，其宽度从测算领海宽度的基线量起。

第三条

在前条规定的区域内，科特迪瓦共和国享有对下列事项的主权权利和专属权利：

（1）勘探、开发、养护和管理海床、底土及其上覆水域的生物与非生物自然资源；

（2）对该区域的其他经济性利用活动,包括利用海水、海流和风力生产能；

（3）建造、设置和利用人工岛屿、设施以及为本条规定的目的使用的相似结构，包括海关、税收、卫生、安全和移民事项的相关管理。

这些权利的行使应遵守本法第四条和第五条规定的条件。

第四条

1970 年 8 月 3 日规定的《石油法典》第 70–489 号法律的相关条款适用于本法第二条划定的区域。

第五条

1961 年 11 月 9 日《海商法典》第 61–349 号法律的第一百二十九条和

第一百三十条规定，在领海内捕鱼仅限于科特迪瓦船舶。但是，在互惠的前提下，允许具有相应法律的其他国家的船舶在本法第二条规定的区域内捕鱼。在该区域内发生的违法捕鱼行为将根据前述的 1961 年 11 月 9 日法律条款，特别是第一百二十六条到一百三十条和第二百一十二条到第二百二十五条，进行处罚，但仅适用这些条款中规定的罚金处罚形式。

第六条

在本法第二条划定的区域内，科特迪瓦共和国保留采取一切措施及进行一切活动以防止、减少或控制一切来源的海洋污染的权利。

在该区域内进行的一切科学研究活动，须根据法令规定的条件，得到国家的事前同意。

第七条

科特迪瓦共和国在本法第二条划定的区域内享有的主权权利不损害一切沿海国和内陆国享有的航行、飞越、铺设海底电缆和管道的自由，同时不损害国际法公认的与航行和通信有关的其他合法利用海洋的活动。

第三部分　杂　　项

第八条

对于海岸相邻的国家，领海和本法第二条中规定的区域的划界应该根据公平原则达成协议确定，必要时采用中间线或等距离线，并考虑一切相关因素。

第九条

必要时，由部长理事会发布法令，具体规定本法的适用条款。

第十条

一切与本法相抵触的规章，特别是 1967 年 8 月 1 日第 67–334 号法令，特此废除。

第十一条

本法公布在科特迪瓦共和国官方公报上，并以国家法律的形式予以实施。

民主刚果
Democratic Republic of the Congo

（英文文本截止于 2010 年 1 月 6 日）

关于确定扎伊尔共和国领海的第 74/009 号法案
（1974 年 7 月 10 日）*

…………

宣布大西洋海岸专属经济区的法案
（1992 年 11 月 4 日）

鉴于第 001/CNS/92 号法令主张主权国家会议；

根据《主权国家会议程序规则》第一、三、二十和三十三条的规定；

考虑到全球水体由各国根据自己的合法利益予以分割；

鉴于我国已经批准了《联合国海洋法公约》和《几内亚湾区域渔业发

---

* 英文原文缺失——译者。

展公约》；

鉴于虽有这些公约但刚果从未确定自己的专属经济区；

考虑到大西洋沿岸海洋区域的划分没有维护刚果人民的利益；

鉴于这种情况对国家有害；

注意到并深信谈判在公平、公正地解决该问题中的重要性；

鉴于刚果国家要在对内、对外政策上发生变化的坚定承诺；

鉴于上述各项，

建议如下：

第一条

宣布在大西洋沿岸建立一个专属经济区，其界限的划定应在联合国专家意见的指导下通过双方谈判确定。

第二条

政府负责该法案的执行。该法案自通过之日起生效。

1992 年 11 月 4 日制定于金沙萨。

确定民主刚果共和国海域界限的第 09/002 号法律
（2009 年 5 月 7 日）

在国会和议会通过之后，共和国总统颁布本法。

本法实质内容如下：

第一条

本法根据《宪法》第九条第一段及 1982 年 12 月 10 日《联合国海洋法公约》划定民主刚果的海洋区域。

第二条

测算上述区域宽度的基线为沿刚果海岸的大地测量点点 1 到点 22 的低潮线和点 22 到点 23 之间的直线。

基线的走向为：北—北—西 / 南—南—西（NNW-SSE）及东—南—南 / 南（ESS-S）。

它由连接下列地理坐标所定义的大地测量点形成的直线确定：

编号	纬度	经度
1	5°46′22,83703″S	12°12′09,11244″E
2	5°47′39,68602″S	12°13′04,83724″E
3	5°47′54,60931″S	12°13′12,36477″E
4	5°48′16,20841″S	12°13′20,62390″E
5	5°48′32,00255″S	12°13′28,85866″E
6	5°49′09,10201″S	12°13′59,05817″E
7	5°49′31,82376″S	12°14′21,87648″E
8	5°50′53,06962″S	12°15′34,33904″E
9	5°51′34,60305″S	12°16′07,31056″E
10	5°51′42,19815″S	12°16′09,75741″E
11	5°52′07,90568″S	12°16′22,95903″E
12	5°52′50,93534″S	12°17′01,37703″E
13	5°53′24,28553″S	12°17′25,11393″E
14	5°54′26,62127″S	12°18′48,15242″E
15	5°54′32,93776″S	12°18′54,16793″E
16	5°55′39,61784″S	12°20′07,71979″E
17	5°56′44,14689″S	12°20′38,00372″E
18	5°57′58,63590″S	12°21′39,39136″E
19	5°59′02,79412″S	12°22′33,05950″E
20	5°59′59,54425″S	12°23′29,96302″E
21	6°00′36,89930″S	12°23′50,74906″E
22	6°01′25,67138″S	12°24′05,95356″E
23	6°03′10,56013″S	12°21′46,47991″E

第三条

从垂直于海岸总方向的基点 1 开始的偏北界限走向为北—东—东 / 南—西—西（NEE–SWW）。

它由连接下列地理坐标所定义的点 1、点 42、点 43 和点 57 的大地测量线确定：

编号	纬度	经度
1	5°46′22,83703″S	12°12′09,11244″E
42	5°50′00,74050″S	12°00′41,73422″E
43	5°53′35,89325″S	11°49′11,98231″E
57	6°46′11,53265″S	9°00′26,36735″E

第四条

从垂直于海岸总方向的基点 23 开始的偏南界限走向为北—东—东 / 南—西—西（NEE–SWW）。

它由连接下列地理坐标所定义的点 23、点 24、点 56 和点 65 的大地测量线确定：

编号	纬度	经度
23	6°03′10,56013″S	12°21′46,47991″E
24	6°06′45,70692″S	12°10′16,45161″E
56	6°10′20,85377″S	11°58′46,34202″E
65	7°03′54,18242″S	9°06′49,49873″E

第五条

领海应从基线量起，外部界限最远延伸至 12 海里。

该界限应由连接具有以下地理坐标的大地测量点的线确定：

编号	纬度	经度
24	6°06′45,70692″S	12°10′16,45161″E
25	6°05′28,47982″S	12°09′56,99873″E
26	6°03′48,29394″S	12°09′44,74822″E

续表

编号	纬度	经度
27	6°02′38,44878″S	12°09′40,56988″E
28	6°01′55,79015″S	12°08′54,09596″E
29	6°00′59,50730″S	12°08′03,50061″E
30	6°00′11,98787″S	12°07′25,55409″E
31	5°59′13,06509″S	12°06′38,34043″E
32	5°58′07,55616″S	12°05′51,65516″E
33	5°57′21,07433″S	12°05′09,43275″E
34	5°56′36,90295″S	12°04′31,07165″E
35	5°55′57,33750″S	12°03′59,48207″E
36	5°55′05,94436″S	12°03′22,89311″E
37	5°54′33,64593″S	12°03′03,13133″E
38	5°53′55,76296″S	12°02′42,68671″E
39	5°53′26,52405″S	12°02′24,21745″E
40	5°52′15,33785″S	12°01′39,23929″E
41	5°50′55,59324″S	12°01′01,29277′E
42	5°50′00,74050″S	12°00′41,73422′E

第六条

毗连区应从领海的外部界限延伸 12 海里的距离。

该区的外部界限由连接具有下列地理坐标的大地测量点的线确定：

编号	纬度	经度
43	5°53′35,89325″S	11°49′11,98231′E
44	5°55′49,62129″S	11°50′00,90308″E
45	5°57′21,18014″S	11°50′43,47504″E
46	5°58′27,77309″S	11°51′19,53561″E

续表

编号	纬度	经度
47	5°59′53,45669″S	11°52′12,94362″E
48	6°00′56,85425″S	11°52′49,97155″E
49	6°02′00,77056″S	11°53′30,59253″E
50	6°03′22,51427″S	11°54′29,84535″E
51	6°04′37,50871″S	11°55′30,59392″E
52	6°05′34,27339″S	11°56′20,70153″E
53	6°06′18,05817″S	11°56′53,47796″E
54	6°07′52,31287″S	11°58′07,97279″E
55	6°09′00,10436″S	11°58′23,73506″E
56	6°10′20,85377″S	11°58′46,34202″E

第七条

专属经济区应从基线起延伸至 200 海里的距离。

该区的外部界限由连接具有下列地理坐标的大地测量点的线确定：

编号	纬度	经度
57	6°46′11,53265″S	9°00′26,36735″E
58	6°48′58,18154″S	9°01′25,01862″E
59	6°51′55,51400″S	9°02′20,28006″E
60	6°54′16,25527″S	9°03′07,10353″E
61	6°56′40,37205″S	9°03′59,17025″E
62	6°58′02,54255″S	9°04′30,10137″E
63	7°00′18,33917″S	9°05′20,61544″E
64	7°02′05,86231″S	9°05′58,42376″E
65	7°03′54,18242″S	9°06′49,49873″E

第八条

大陆架应从基线延伸至 350 海里或从 2 500 米等深线处延伸至 100 海里。

第九条

第二条、第三条、第四条、第五条、第六条和第七条定义的大地测量点参考 1984 年世界大地测量系统（WGS 84）确定。

第十条

废除 1974 年 7 月 10 日《关于确定扎伊尔共和国领海的第 74/009 号法案》。

第十一条

本法自公布之日起生效。

2009 年 5 月 7 日于金沙萨

Joseph Kabila Kabange（签字）

附：民主刚果确定海域界限法，金沙萨，2009 年 *

原因说明：

民主刚果共和国（当时称“扎伊尔共和国”）于 1988 年 9 月 28 日通过第 88/036 号法令批准的 1982 年《联合国海洋法公约》赋予每一个沿海国在下述海域的基本权利：内水、领海、毗连区、专属经济区和大陆架。

沿海国在有关海域行使其主权或享有主权权利。尽管所有国家（不管是沿海国还是其他国家）对公海或“区域”或人类共同遗产都享有一些固有的权利，但它们或多或少带有国际性。

刚果民主共和国拥有大约 40 公里的海岸线，但从未确定其海洋界限。

1974 年 7 月 10 日第 74-009 号法确定了扎伊尔共和国领海的外部界限为 12 海里。

然而，该法并未明确划定横向界限使用的点，而且没有划定毗连区或专属经济区，更没有划定大陆架。它仅仅建立了指导国家划定海洋界限的准则。

该法的目的是将勘探大陆架的权利扩展到 1958 年 4 月 29 日“日内瓦四公约”界定的范围。该公约承认沿海国沿其海岸及海岸带从事勘探和开发

* “民主刚果确定海域界限法，金沙萨，2009 年”的英文原文出现在“民主刚果确定海域界限法第 09/002 号，2009 年 5 月 7 日”之前，但并不是该法的组成部分（译者注）。

石油的权利。这些公约还赋予了沿海国对其大陆架的权利，虽然措辞不确切。

在此基础上，特别是2006年2月18日《宪法》第九条第一段宣示了刚果民主共和国对其海域的永久主权，并且根据1982年《联合国海洋法公约》现行法律确定了海域界限，赋予了国家对这些海域的基本权利。

关于海域划界，国际法确实为海岸相邻或相向国家之间的谈判划界留下了空间。

在蒙特哥湾公约（即《联合国海洋法公约》——译者注）中，划界考虑了公平原则以及特别地区的情况。它依赖于平分方法在几内亚湾海岸总长度线中的应用。

该方法使得刚果民主共和国可以进入公海。

为了确定基线，应参考下列海图：

——包括Banda点的海图，从Coanza河开始，比例尺为1∶1 103 366（纬度为6°45′），1874年由SHOM巴黎出版；

——从Cape Lopex到Luanda的海图，比例尺为1∶1 000 000，纬度为15°00′，1959年12月出版，2005年由英国海军部再版；

——从塞拉利昂到Luanda的海岸线图，比例尺为1∶3 500 000，1987年SHOM出版，更新生成由大不列颠及北爱尔兰联合王国出版的第986版INT 209；

——在Rio Lucunga和Bay of Loango的海图，比例尺为1∶300 000，纬度为6°00′，英国海军部2008年1月出版的第8版；

——标明刚果河口的海图，由英国海军部2008年5月出版，WGS 84。

为数字化和计算任何沿海国海域的基线与界限，联合国批准的Caris Lots软件也被使用。

这就是本法的大致范围。

吉布提
Djibouti

（英文文本截止于 2009 年 1 月 16 日）

关于领海、毗连区、专属经济区、海上边界和渔业的第 52/AN/78 号法律

第一节　用语和定义

第一条

本法规定领海、毗连区、专属经济区、海洋边界和捕鱼的范围。

…………

第四条

领海从基线量起 12 海里。用来测算领海宽度的基线为低潮线、直线基线和海湾封口线。

在 Tadjourah 海湾，用来测算邻接共和国领土的领海宽度的基线为海湾的封口线。它是连接 A 点与 B 点以及 B 点与 C 点的线，具体如下：

A 点：Oued Dalley 河口北部的点（北纬 11°50, 40；东经 43°05, 10）；

B 点：Musha 岛灯塔（北纬 11°43, 90；东经 43°12, 80）；

C 点 : Oued Aatar 南部的点（北纬 11°30, 20 ；东经 43°15, 50）。

…………

第三部分　专属经济区

第十二条

共和国拥有从领海基线量起延伸到 200 海里的专属经济区。

第十三条

在专属经济区内，包括其海床、底土和上覆水域，共和国享有 :

（1）为养护、勘探、开发和管理可再生和非可再生自然资源之目的以及为利用海水、海流和风力生产能之目的的主权和专属权利。

（2）建造、维修和使用人工岛屿、设施以及勘探与开发共和国专属经济区内资源所必要的其他构造的主权和专属权利。

（3）为养护和保护海洋环境、防止海洋污染的目的对海洋环境的专属管辖权。共和国还为批准、组织和管制科学研究的目的而享有主权权利。

（4）国际法规定的其他权利和义务。

第十四条

在符合上述权利的条件下，共和国保证所有国家在其专属经济区内享有航行自由、飞越自由以及铺设海底电缆和管道的自由。

第四部分　海 洋 边 界

第十五条

共和国与海岸和共和国相邻或相向的邻国之间的领海、毗连区和专属经济区的界线，应通过与该国间的协议划定。

在订立划定海上边界的协议之前，海洋边界不得超过两国之间的中间线或超过这样一条线，即线上各点到测量共和国领海宽度的基线上最近点和到测量相应国家领海宽度的基线上最近点的距离相等。

本法的规定不影响有关在曼德海峡（Bab El Mandeb）航行的国际规则。

第五部分　渔　　业

第十六条

在领海、毗连区和专属经济区内进行商业捕鱼应得到农业部的事先批准。

第十七条

如果不出售自己的渔获物，共和国的公民、外籍居民和途经的游客可以免除第十六条规定的事先批准要求。

第十八条

任何为商业目的或非商业目的从事捕鱼的主体都应该遵守共和国关于捕鱼的规章，特别是为保护海底动物而在这些区域实行的禁止性规范。

第十九条

对违反第十六条和第十七条的主体处以罚金，罚金数额由法令规定。

第二十条

本法作为国家法律实施，并公布在共和国政府公报上。

1979 年 1 月 9 日通过于吉布提。

1985 年 5 月 5 日确定海洋范围和界限的第 85-048PR/PM 号法案

根据 1977 年 6 月 27 日第 77,001 号和 77,002 号宪法法案，

根据 1977 年 6 月 30 日第 77,008 号裁决，

根据 1982 年 6 月 5 日关于任命政府成员的第 82,041/PRE 号法令，

根据 1979 年 1 月 9 日关于领海、毗连区、专属经济区、海上边界和渔业的第 52/AN/78 号法案，

根据 1982 年 1 月 18 日确定《海事法典》的第 212/AN/82 号法案，

根据 1982 年 6 月 8 日规定海洋事务办公室组织和权限的第 82,044/PR 号法令，

根据 1978 年 2 月 1 日同意吉布提共和国加入联合国的第 6/AN/78 号法案，

根据《联合国海洋法公约》，

在首相和港口部长的提议下，

部长理事会在 1985 年 4 月 18 日会议上一致通过如下法令：

第一条

用以确定测算领海宽度的基线的直线基线，将按以下各点在本法实行时有效的法国水文和海洋学测量局水文图上划定：

Seba 岛：（6329 号海图，1961 年出版）

D 点的切线　　M = 43°15′, 22 E

L = 12°32′, 10 N

到 Siyyan Himar 和 Kadda Dabali 岛的低潮标各为：

（E）M = 43°17′, 90 E

L = 12°31′, 20 N

（F）M = 43°25′, 80 E

L = 12°28′, 50 N

从上述 F 点的切线到 Rhounda Komaytou 岛低潮标到 G 点：

（G）M = 43°27′, 22 E

L = 12°26′, 68 N

从上述 G 点到 Khor-Anghar 低潮标再到 H 点：

（H）M = 43°21′, 88 E

L = 12°22′, 62 N

Tadjoura 湾：（参见 52/AN/78 号法案）

从 A 点（Dalley Oued 河口）

M = 43°05′, 10 E

L = 11°50′, 30 N

从 B 点（Moucha 岛灯塔）

M = 43°12′, 75 E

L = 11°43′, 80 N

从上述 B 点到 C 点（Atar Oued 河口潮标）

M = 43°15′, 50 E

L = 11°30′, 20 N

第二条

除上述确定的可在其交叉口与低水位标志之间测量的基线外，测算领海宽度的基线还可以由沿着海岸和环绕岛屿或小岛的低潮标以及与基线之间的距离小于领海宽度的低潮高地组成。

第三条

该法令将公布在官方公报上，并自签署之日起生效。

1985 年 5 月 5 日于吉布提通过。

埃　及
Egypt

（英文文本截止于 2011 年 1 月 12 日）

1951 年 1 月 15 日关于阿拉伯埃及共和国领水的法令
（1958 年 2 月 17 日总统法令修订）

第一条

为本法令的目的：

（1）“海里”为一千八百五十二（1 852）米；

（2）“海湾”指海洋的任何小海湾、小湾、入水口或港湾；

（3）“岛”指任何小岛、暗礁、岩礁、沙洲或低潮时不被海水淹没的永久性人工设施；

（4）“浅滩 / 低潮高地”指任何被浅水淹没的陆地区域，低潮时其中一部分露出水面；

（5）“海岸”指地中海、红海、苏伊士湾和亚喀巴湾海岸。

第二条

充分考虑到国际法关于外国船舶在沿岸海域和平通过的有关规定，阿拉伯埃及共和国的领水及其上空、海床和底土受国家主权的管辖。

第三条

阿拉伯埃及共和国的领水包括共和国的内陆水域（内水）和沿岸海域（领海）。

第四条

共和国的内水包括：

（1）阿拉伯埃及共和国海岸沿线海湾的水域；

（2）位于距离大陆或任何埃及岛屿 12 海里范围内的低潮高地上的水域以及这些低潮高地和大陆之间的水域；

（3）大陆和任何距离大陆不超过 12 海里的埃及岛屿之间的水域；

（4）距离不超过 12 海里的埃及岛屿之间的水域。

第五条

共和国领海为从内水向海延伸 12 海里的区域。

第六条

测算共和国领海宽度的起算基线确定如下：

（1）如果海岸或岛屿沿岸完全向海开放,为沿着海岸从低潮线划出的线；

（2）在海湾向海的情况下，为从湾口的陆地一端到另一端划出的线；

（3）在低潮高地距离海岸或埃及岛屿不超过 12 海里的情况下，为从海岸或岛屿沿低潮高地的外缘划出的线；

（4）在海港或码头向海的情况下，为从设施或泊船处的最外端向海一侧划出的线以及在这些设施的最外端之间划出的线；

（5）如果岛屿到海岸的距离在 12 海里以内，为岛屿外部海岸上从海岸划出的线；

（6）如果有一系列可以用直线相连的岛屿，每段连接线长度都不超过 12 海里，而且其中最近的岛屿距离海岸不超过 12 海里——如果这些岛屿呈排列状，则为从所有岛屿海岸划出的线，否则为从该岛链海岸的最外侧划出的线；

（7）如果有一系列可以用直线连接的岛屿，每段连接线长度都不超过 12 海里，而且其中最近的岛屿距离海岸超过 12 海里——如果这些岛屿呈排列状，则为沿所有岛屿的海岸外缘划出的线，否则沿该岛链中离岸最远的岛屿海岸边缘划出的线。

第七条

根据本法令测算领水宽度时，如果有一区域被视为公海，周围被领水环绕，并在各个方向都不能延伸到 12 海里的距离，则该区域构成领海的一部分。此规则同样适用于能够使用不超过 12 海里的直线基线环绕的任何明确的公海区域。

第八条

如果另一国水域与阿拉伯埃及共和国的内水或领海重叠，应该经相关国同意并根据国际法相关规则或两国间达成的任何谅解来确定水域边界。

第九条

为了执行安全、航行和财政、卫生等其他法律与规章的目的，海洋管辖权应涵盖领海之外邻接领海的区域。该区域为从领海基线向海延伸 12 海里的领海外缘再延伸 6 海里的区域。该规则对阿拉伯埃及共和国的捕鱼权不适用。

第十条

本决定将公布在官方公报上，自公布之日起生效。

回历 1377 年 7 月 28 日（1958 年 2 月 17 日）在总统宫发布。

1958 年关于大陆架的第 1051 号总统令

共和国总统，

回顾了 1951 年 1 月 15 日发布后经 1958 年第 180 号总统令和根据 1949 年 6 月 27 日第 148 号法案发布的《叙利亚刑事法典》第 17 条修订的关于领水的法令，

根据国务委员会的建议，

兹决定如下：

阿拉伯联合共和国对领海以外深度为 200 米或超过此限但其上覆水域的深度容许开采其自然资源的大陆架的海床和底土享有主权权利。

阿拉伯联合共和国对阿拉伯联合共和国岛屿的类似大陆架也享有主权权利。

前述决定既不影响其上覆水域的公海性质，也不影响该水域内的航行自由和水域上空的飞越自由。

阿拉伯联合共和国在第一条所述区域内对勘探、勘测和开发所有自然与矿物资源及其他非生物资源享有专属权利，并对开发其海底和底土上的定居种生物资源享有专属权利。

为行使这些权利，阿拉伯联合共和国可以建造、维护和经营必要的设施，并在这些设施周围设定宽度为 500 米的安全区，以便采取必要措施保护这些设施。

享有和行使前款规定的权利，不取决于实际上或象征性拥有这些区域或发放特别许可证。

除非共和国总统发布命令，否则任何外国自然人或法人不得开采第二条规定的自然资源、勘测或探寻这些资源或在大陆架内开展任何研究活动。

本法令将发布在官方公报上，自公布之日起生效。

回历 1378 年 2 月 19 日（1958 年 9 月 3 日）在总统宫发布。

1990 年 1 月 9 日关于阿拉伯埃及共和国海洋区域基线的阿拉伯埃及共和国总统第 27 号（1990）法令

第一条

阿拉伯埃及共和国主权和管辖之下的海洋区域包括其领海，应从连接第二条规定的各坐标点形成的直线基线量起。

第二条

根据测量数据（墨卡托投影制图法），第一条所指的坐标点为：

（1）在地中海，按照构成本法令不可分割部分的附件一；

（2）在红海，按照构成本法令不可分割部分的附件二。

第三条

本法令第二条提及的坐标点清单将根据这方面通常遵循的规则予以公布，并通报联合国秘书长。

第四条

本法令将公布在官方公报上。

附件一 地 中 海

序号	北纬	东经
1	31°40′30″	25°08′56″
2	31°34′24″	25°10′48″
3	31°30′56″	25°14′30″
4	31°30′12″	25°19′55″
5	31°38′00″	25°53′24″
6	31°36′18″	26°14′24″
7	31°31′18″	26°38′30″
8	31°27′12″	26°59′06″
9	31°24′30″	27°03′48″
10	31°22′12″	27°21′00″
11	31°12′36″	27°28′30″
12	31°12′00″	27°38′00″
13	31°14′48″	27°51′36″
14	31°06′12″	27°55′00″
15	31°05′30″	28°25′48″
16	31°03′18″	28°35′24″
17	30°58′30″	28°49′56″
18	30°54′54″	28°54′52″
19	30°50′36″	29°00′00″
20	30°59′54"	29°23′48″
21	31°01'48"	29°31′00″
22	31°08'54"	29°47′18″
23	31°12'00"	29°51′42″
24	31°12'36"	29°52′30″
25	31°19'12"	30°02′54″
26	31°21'42"	30°06′24″

续表

序号	北纬	东经
27	31°30′18″	30°21′18″
28	31°30′00″	30°22′42″
29	31°27′18″	30°28′18″
30	31°36′00″	31°01′42″
31	31°36′00″	31°07′00″
32	31°35′12″	31°11′24″
33	31°33′42″	31°16′12″
34	31°26′42″	31°36′00″
35	31°29′30″	31°45′18″
36	31°32′06″	31°52′00″
37	31°32′06″	31°54′12″
38	31°30′18″	31°57′24″
39	31°20′42″	32°06′42″
40	31°18′12″	32°20′30″
41	31°03′54″	32°34′12″
42	31°08′56″	32°55′36″
43	31°13′12″	33°04′00″
44	31°13′48″	33°06′12″
45	31°14′12″	33°08′42″
46	31°13′36″	33°13′18″
47	31°12′00″	33°20′30″
48	31°11′06″	33°23′54″
49	31°07′06″	33°32′00″
50	31°07′42″	33°43′24″
51	31°11′54″	33°58′13″
52	31°14′36″	34°05′13″
53	31°19′24″	34°13′05″

附件二 红 海

序号	北纬	东经
1	29°29'36"	34°54'18"
2	29°29'00"	34°52'12"
3	29°26'12"	34°50'48"
4	29°25'26"	34°49'48"
5	29°22'36"	34°48'12"
6	29°22'00"	34°47'18"
7	29°20'30"	34°46'36"
8	29°18'18"	34°44'24"
9	29°13'24"	34°44'30"
10	29°11'48"	34°44'00"
11	29°10'24"	34°42'48"
12	29°09'36"	34°41'30"
13	29°02'12"	34°40'12"
14	29°00'42"	34°41'03"
15	28°59'18"	34°41'10"
16	28°58'30"	34°40'48"
17	28°58'10"	34°38'56"
18	28°56'42"	34°38'56"
19	28°55'54"	34°38'42"
20	28°51'42"	34°38'48"
21	28°50'48"	34°37'42"
22	28°44'03"	34°37'36"
23	28°38'24"	34°34'48"
24	28°32'28"	34°31'03"
25	28°30'00"	34°31'24"
26	28°28'24"	34°30'30"
27	28°26'20"	34°27'48"
28	28°22'54"	34°27'18"

续表

序号	北纬	东经
29	28°16'24"	34°24'36"
30	28°10'00"	34°27'30"
31	28°03'24"	34°26'56"
32	27°58'48"	34°26'12"
33	27°43'12"	34°15'36"
34	27°27'12"	34°02'18"
35	27°11'24"	33°59'24"
36	26°51'06"	34°00'18"
37	26°45'42"	34°04'54"
38	26°42'42"	34°06'36"
39	26°06'36"	34°17'24"
40	25°42'30"	34°35'24"
41	25°29'42"	34°41'00"
42	25°20'48"	34°51'54"
43	24°47'18"	35°11'00"
44	24°38'18"	35°11'36"
45	24°26'00"	35°22'43"
46	24°15'18"	35°39'00"
47	24°09'42"	35°43'00"
48	23°54'12"	35°47'35"
49	23°33'48"	36°20'36"
50	22°53'12"	36°20'06"
51	22°36'30"	36°35'12"
52	22°20'18"	36°39'24"
53	22°16'12"	36°48'54"
54	22°03'48"	36°53'54"
55	22°01'30"	36°53'48"
56	22°00'00"	36°52'54"

海域基线
——阿拉伯埃及共和国向联合国提交的备忘录
（1990 年 5 月 2 日）

阿拉伯埃及共和国常驻联合国代表向联合国秘书长致以崇高的敬意，并荣幸地通知他：埃及共和国在批准《联合国海洋法公约》之际交存了一份根据该公约第三条的条款确定 12 海里领海宽度的声明。在该声明中，阿拉伯埃及共和国承诺出版海图，并根据惯例显示测量地中海和红海领海宽度的基线以及领海的外部界线。

与此相关的是，阿拉伯埃及共和国常驻联合国代表高兴地向阁下送上 H.E. Dr. Ahmed Esmat Abdel-Meguid 副总理兼外交部部长签字的信函。该信附有埃及总统默罕默德·侯赛因·穆巴拉克于 1990 年 1 月 9 日签署的第 2790 号法令，涉及测算阿拉伯埃及共和国海域的基线，并附有标明大地测量数据点的地理坐标表。该表标明了测算受阿拉伯埃及共和国主权和管辖权支配的海洋区域的直线基线。该海洋区域包括总统法令附件一中标明的在地中海的领海以及总统法令附件二中标明的在红海的领海。

此外，阿拉伯埃及共和国常驻代表谨以报告，埃及已经公布了所附的总统法令，并且该法令已在埃及生效。

阿拉伯埃及共和国常驻代表谨根据《联合国海洋法公约》第十六条向联合国秘书长交存附录的总统法令。

1990 年 5 月 2 日

先生：

由于阿拉伯埃及共和国迫切希望履行 1982 年签署、1983 年批准的《联合国海洋法公约》的国际义务，并且根据该公约第二部分第十六条的要求，沿海国应将领海海图或地理坐标表妥为公布，并应将上述海图和坐标表的一份副本交存于联合国秘书长，我荣幸地向您转交一份埃及总统 1990 年 1 月 9 日颁布的（1990 年）第 27 号法令，涉及测算埃及海域的基线，并附有标明所有大地测量数据点（墨卡托设计）的地理坐标表。它标明了测算受阿拉伯埃及共和国主权和管辖权支配的海洋区域（包括其领海）的直线基线：

（1）在地中海，依照总统法令附件一；

（2）在红海，依照总统法令附件二。

我还高兴地通知您，埃及已经公布了总统法令及其附件，并且该法令已经生效。

Ahmed Esmat ABDEL MEGUID（签字）

副总理兼外交部部长

赤道几内亚
Equatorial Guinea

（英文文本截止于 2009 年 5 月 22 日）

1984 年 11 月 12 日关于赤道几内亚共和国领海和专属经济区的第 15/1984 号法案

第一部分　领　　海

第一条

赤道几内亚共和国的主权及于整个国家的领土，按照殖民地时代遗留下来的边界，包括里约穆尼（Río Muni）整个大陆地区、比奥科岛（Bioko）、安诺本岛（Annobón）、科里斯科岛（Corisco）、大爱洛贝岛（Elobey Grande）、小爱洛贝岛（Elobey Chico）以及临近岛屿、内水和被称为“领海”的邻近海域。

根据国际法，主权的效力及于水体、海床和底土及其海洋资源与上覆空域。

第二条

领海宽度为从基线量起 12 海里。

第三条

用来测算领海宽度的基线为海岸低潮线。

在有河口、海湾、海港、岛屿和其他呈水曲状的区域，用来测量领海宽度的基线应为根据国际法由本法案设立的技术委员会确定的直线基线。

第四条

除另有规定外，领海基线向陆一侧的水域构成赤道几内亚共和国内水的一部分。

第五条

在沿海国海岸线与赤道几内亚共和国海岸线相邻或相向的情况下，赤道几内亚的领海宽度不得超过中间线。该线上各点到两国根据国际法划定的测量领海宽度的基线上最近点的距离相等。

第六条

所有国家，无论是沿海国还是内陆国，其船舶在赤道几内亚共和国的领海水域内享有无害通过的权利。

第七条

只要不损害赤道几内亚的和平、良好秩序或安全，通过就是无害的。

如果外国船舶在领海内进行下列任何一种活动，其通过即应视为对赤道几内亚的和平、良好秩序和安全的损害：

（1）对赤道几内亚的主权、领土完整或政治独立进行任何武力威胁或使用武力，或以任何其他违反《联合国宪章》所体现的国际法原则的方式进行武力威胁或使用武力；

（2）以任何种类的武器进行任何操练或演习；

（3）任何宣传行为或任何目的在于搜集情报使赤道几内亚防务或安全受损害的行为；

（4）在船上发射、降落或接载任何飞机或军事装置；

（5）违反赤道几内亚海关、财政、移民或卫生的法律和规章上下任何商品、货币或人员；

（6）任何违反国际法的严重国际污染行为；

（7）未获得相应授权或未取得相应执照而进行任何捕鱼活动、研究活动或水文测量调查；

（8）任何目的在于干扰赤道几内亚任何通信系统或任何其他设施或设备的行为；

（9）与通过没有直接关系的任何其他活动。

第八条

在领海内，潜艇以及任何其他外国水下交通工具必须在水面上航行，并展示船旗。

第九条

尽管有本法案第六条的规定，外国船舶在行使其无害通过领海的权利时，必须遵守赤道几内亚对下列各项或任何一项制定的关于无害通过的所有法律和规章：

（1）航行安全及海上交通管理；

（2）保护助航设备和设施以及其他设备或设施；

（3）保护电缆和管道；

（4）养护海洋生物资源；

（5）防止违反沿海国的渔业法律和规章；

（6）保全环境，并防止、减少和控制环境污染；

（7）海洋科学研究和水文测量；

（8）防止违反海关、财政、移民和卫生的法律与规章。

第二部分　专属经济区

第十条

专属经济区是领海以外并邻接领海的一个区域。

赤道几内亚共和国的专属经济区从赤道几内亚共和国领海外部边界延伸至距离测量领海宽度的基线200海里的范围。

第十一条

1.除海岸线与赤道几内亚海岸线相邻或相向的国家与赤道几内亚之间订立的条约中另有规定外，赤道几内亚专属经济区的外部边界不得超过等距离中间线。

2.等距离线是指这样一条线，即线上各点与两国根据国际法划定的通过线上最近点之间的距离相等。

第十二条

在专属经济区内，赤道几内亚共和国享有以勘探、开发、养护和管理海床、底土及其上覆水域的自然资源（不论是生物资源还是或非生物资源）为目的的主权权利，以及关于在该区域内从事经济性勘探的其他活动的主权权利。

第十三条

在专属经济区内，赤道几内亚共和国对下列事项具有专属管辖权：

（1）海洋科学研究；

（2）人工岛屿、设施和结构的建造与使用；

（3）海洋环境的保护和保全；

（4）赤道几内亚共和国政府根据国际法确定的任何其他事项。

第十四条

在专属经济区内，捕鱼权利保留给赤道几内亚国民。

只有在赤道几内亚共和国与相关国家订立的条约中有此类条款或赤道几内亚主管部门在国际协定框架之外授予特别执照的情况下，外国渔民才能在专属经济区内捕鱼。

附　　则

1. 兹成立一个技术委员会。该委员会由来自外交和合作部、水力、森林和造林部，国防部，司法和礼拜部，矿产和石油部，公共事业、住房和城市发展部的代表组成。委员会负责依本法案向部长理事会提交比例尺适当的海图，标明测算领海宽度的基线以及由此划出的界线。

2. 这些海图应附有地理坐标点清单，并附有每个坐标点的测量数据。海图构成本法案的一部分。

3. 上述各部门应在本法案在官方通告上公布之日起 1 个月内指定各自派往技术委员会的代表。

4. 本法案未规定的任何事项适用 1982 年 4 月 30 日《联合国海洋法公约》的相关规定。

最后条款

任何与本法案相冲突的立法，特别是1970年9月24日第17/1970号法令和1976年10月17日第28/1976号法令，特此废止。

本法案自公布于官方通告之日起生效。

1999年3月6日关于确定中间线作为赤道几内亚共和国海洋边界的第1/1999号法案

总统办公厅，

考虑到关于赤道几内亚共和国领海和专属经济区的第15/1984号法案，

同时考虑到赤道几内亚作为缔约国的《联合国海洋法公约》，

根据本区域的地理环境及其重要特征，以及国际通行的等距离标准，

在内务和国内合作部的建议下，经1999年3月举行的部长理事会讨论，

兹规定如下：

第一条

赤道几内亚共和国比奥科岛（Bioko）和里约穆尼（Río Muni）海岸外的北部海域领海和专属经济区的边界为连接如下各点的测地线：

点	北纬	东经
1	2º 20′14″	9º 48′45″
2	2º 20′57″	9º 48'04″
3	2º 21′05″	9º 48′00″
4	2º 21′17″	9º 47′51″
5	2º 22′40″	9º 47′51″
6	2º 24′08″	9º 45′58″
7	2º 26′26″	9º 42′12″

续表

点	北纬	东经
8	2° 27′50″	9° 38′39″
9	2° 36′46″	9° 06′05″
10	2° 37′47″	9° 06′42″
11	2° 42′34″	9° 09′21″
12	2° 43′55″	9° 10′08″
13	2° 49′23″	9° 12′58″
14	2° 51′56″	9° 14′05″
15	2° 53′57″	9° 15′10″
16	2° 58′54″	9° 17′13″
17	3° 02′05″	9° 18′29″
18	3° 09′56″	9° 16′30″
19	3° 10′56″	9° 16′22″
20	3° 13′22″	9° 15′59″
21	3° 18′11″	9° 15′28″
22	3° 18′41″	9° 15′26″
23	3° 21′56″	9° 15′34″
24	3° 25′00″	9° 15′48″
25	3° 25′32″	9° 15′51″
26	3° 32′44″	9° 16′44″
27	3° 35′09″	9° 15′25″
28	3° 39′03″	9° 13′26″
29	3° 40′12″	9° 12′44″
30	3° 40′21″	9° 12′36″
31	3° 42′23″	9° 10′48″
32	3° 44′09″	9° 09′26″
33	3° 45′40″	9° 08′05″
34	3° 48′03″	9° 06′07″

续表

点	北纬	东经
35	3º 48′38″	9º 05′30″
36	3º 51′06″	9º 03′13″
37	3º 51′10″	9º 03′08″
38	3º 54′16″	8º 59′37″
39	3º 54′41″	8º 58′25″
40	3º 54′48″	8º 55′30″
41	3º 56′47″	8º 53′17″
42	3º 57′46″	8º 49′53″
43	3º 58′29″	8º 48′40″
44	3º 59′11″	8º 47′47″
45	4º 05′04″	8º 40′51″
46	4º 07′20″	8º 36′10″
47	4º 07′14″	8º 34′30″
48	4º 06′40″	8º 33′14″
49	4º 06′12″	8º 30′20″
50	4º 06′40″	8º 29′30″
51	4º 05′51″	8º 27′20″
52	4º 05′40″	8º 26′20″
53	4º 05′30″	8º 23′48″
54	4º 04′30″	8º 21′05″
55	4º 02′29″	8º 16′06″
56	4º 01′44″	8º 14′43″
57	4º 01′00″	8º 13′30″
58	4º 00′09″	8º 11′09″
59	3º 58′40″	8º 07′45″
60	3º 57′34″	8º 05′30″
61	3º 56′35″	8º 03′09,23″

续表

点	北纬	东经
62	3° 55′06″	8° 00′55″
63	3° 53′50″	7° 58′46″
64	3° 52′14″	7° 56′02″
65	3° 50′39,23″	7° 53′30″
66	3° 49′15″	7° 51′43,84″
67	3° 48′30″	7° 50′45″
68	3° 46′09,23″	7° 48′04″
69	3° 43′54″	7° 45′30″
70	3° 41′15″	7° 42′20,77″
71	3° 39′52″	7° 39′30″
72	3° 36′18,46″	7° 36′09,23″
73	3° 33′30″	7° 33′09,23″
74	3° 31′50,76″	7° 31′48,46″
75	3° 29′18,46″	7° 29′48,46″
76	3° 27′38″	7° 28′08″
77	3° 25′41.55″	7° 26′18.46″
78	3° 04′29″	7° 08′33″
79	3° 02′31.75″	7° 07′17.45″
80	2° 50′00″	7° 25′52″
81	2° 38′34″	7° 42′13″
82	2° 31′35.3″	7° 53′20.4″
83	2° 25′32″	8° 02′40″
84	2° 12′48″	8° 21′57″
85	2° 04′01.6″	8° 33′00.5″
86	1° 54′45″	8° 31′15″
87	1° 49′10″	8° 30′15″
88	1° 38′45″	8° 27′53″

续表

点	北纬	东经
89	1° 24′14″	8° 24′08″
90	1° 17′48″	8° 22′48″
91	1° 11′32.65″	8° 21′38.75″
92	1° 00′15″	8° 18′10″
93	0° 37′25″	8° 11′42″
94	0° 41′16″	9° 04′14″
95	0° 41′21″	9° 04′51″
96	0° 42′37″	9° 15′06″
97	0° 42′28″	9° 16′10″
98	0° 42′11″	9° 20′00″
99	0° 42′15″	9° 21′10″
100	0° 42′44″	9° 22′32″
101	0° 43′18″	9° 23′05″
102	0° 43′34″	9° 23′28″
103	0° 43′46″	9° 24′44″
104	0° 44′17″	9° 24′44″
105	0° 44′17″	9° 24′45″
106	0° 44′25″	9° 25′18″
107	0° 44′57″	9° 26′25″
108	0° 45′56″	9° 28′12″
109	0° 47′03″	9° 29′34″
110	0° 52′11″	9° 28′46″
111	0° 52′16″	9° 28′46″
112	0° 53′00″	9° 28′26″
113	0° 53′05″	9° 28′21″
114	0° 57′08″	9° 31′31″
115	0° 57′58″	9° 31′47″

续表

点	北纬	东经
116	0° 58′22″	9° 32′17″
117	0° 59′13″	9° 32′54″
118	0° 59′41″	9° 32′55″
119	0° 59′52″	9° 32′57″
120	1° 00′37″	9° 32′53″
121	1° 01′30″	9° 32′56″
122	1° 01′20″	9° 33′38″
123	1° 01′20″	9° 34′10″
124	1° 01′11″	9° 34′48″

第二条

赤道几内亚共和国安诺本岛（Annobón）外南部海域专属经济区的边界为连接如下各点组成的测地线：

点	南纬	东经
125	4° 29′32″	7° 02′06″
126	4° 05′13″	7° 08′01″
127	4° 03′12″	7° 08′27″
128	3° 40′47″	7° 13′22″
129	3° 16′18″	7° 16′54″
130	2° 23′04″	7° 22′23″
131	2° 18′34″	7° 22′41″
132	2° 04′27″	7° 21′48″
133	1° 38′49″	7° 18′28″
134	1° 37′27″	7° 18′17″
135	1° 32′19″	7° 17′18″
136	1° 30′20″	7° 16′49″
137	1° 29′04″	7° 16′30″
138	0° 47′15.8″	6° 11′30.7″

续表

点	南纬	东经
139	0º 12′54″	5º 19′23″
140	0º 41′45.3″	3º 37′03.2″
141	0º 54′59.5″	3º 12′32.95″

第三条

在第 125 号点和第 141 号点之间，专属经济区的边界应距离测算领海宽度的基线 200 海里。

所有点和线均参照 1984 年世界大地测量系统（WGS84）。

第四条

本法案第一条、第二条和第三条所指的赤道几内亚共和国海洋管辖权的边界，不影响政府以后与各邻国就争议区域内上述海洋管辖权的边界问题可能作出的任何其他决定的效力。

其他条款的废除

所有与本法案规定不相容的相同位阶或低位阶的立法条款特此废止。

最后条款

本法案自在国家信息媒介和国家官方通告上公布之日起生效。

以上为我于 1999 年 3 月 6 日在马拉博签署的本法案条文。

为了更美好的几内亚。

共和国总统

奥比昂·恩圭马·姆巴索戈（签字）

厄立特里亚
Eritrea

（英文文本截止于 2010 年 7 月 15 日）

1953 年第 137 号海洋公告

第一部分　管辖权条款

第一节　公共必要性——管辖权

…………

2. 兹决定并宣布对我们帝国的领水、海上领土和防御区域、在公海上和其他地区的埃塞俄比亚船只和船舶以及已在我国境内建立或即将建立的海洋产业和海洋企业的管辖、管理与控制具有公共必要性，并作为国防与对外和国家之间商业、对外和国家之间通信管理（包括港口在内）的首要利益考虑。上述的管辖、管理和控制权专属于埃塞俄比亚皇室政府，除非通过皇室法令宣布海上区域或防御区域的特定部分不属于本政府的专属管辖和控制范围。

3. 兹宣布沿着我国海岸线或紧邻我国海岸线设立防御区域或在我们帝国内其他区域设立防御区域具有公共必要性，并作为国防的首要利益考虑。这些防御区域包括港口。

皇室法令应确定并设立这些防御区域，同时确定在区域内可行使的权利、管辖权、法律、规章和控制。

4. 我国国防部对领水、海上领土和我们帝国的防御区域，对埃塞俄比亚的所有商业船只和船舶及其船上全体船员，对我们帝国内所有海洋产业和海洋企业进行全面而专属的管理。它同时负责向海岸警卫队发出指示，除另有命令外，代表政府对我帝国领水和海上领土内的所有活动发出指示。在进行上述管理和指示相关活动的过程中，它应根据本公告发布所有必要和适当的此类规章。

5. 兹宣布对用于海洋运输的各类海上无线电通信和无线电通信手段的管辖、管理和控制，并宣布该管理、管理和控制对国家防御以及对外与国家之间通信（包括港口在内）具有公共必要性，并适用我国防部和皇家无线电通信委员会不时发布的措施与规章的规定。

第二部分 商业海洋条款

第一节 定 义

6. 为本公告以及根据本公告即将发布的规章和指令之目的，

…………

（6）我帝国的领水定义如下：从埃塞俄比亚大陆海岸和埃塞俄比亚岛屿海岸每年最高海潮时的海岸最外缘量起，与整个海岸相平行，向外延伸 12 海里。例外：在 Dahlac 群岛，领水向海一侧的边界为依 1952 年第 126 号《我们的联邦税收公告》确定的边界；在有珍珠和其他定居种鱼类区域的情况下，领水向海一侧的边界延伸到该鱼类区域的边缘。埃塞俄比亚皇室政府对上述水域享有完全主权，并对该水域内和水下的自然资源享有专属的控制权。在上述领水内捕捞各种鱼类包括采集珍珠的权利保留为我帝国国民的专属权利。本公告第九条另有规定的除外。

（7）我帝国的海上领土定义如下：在每年最高潮时，从海岸最外端向内延伸至距离前述各海岸 100 米处，另外包括相应海岸上的海湾和湾口，相应海岸上或临近相应海岸为军事、海军和航空装置而保留的区域，我国防部规章中规定的港口区域。上述领土由埃塞俄比亚皇室政府享有完全的专属管辖和控制权，皇室法令另有规定者除外。

第七号声明——《厄立特里亚过渡期海事法典》
（1991 年 9 月 15 日）

兹声明：迄今为止实行的 1960 年《埃塞俄比亚海事法典》经过下列修改和替换,从 1991 年 9 月 15 日起,作为《厄立特里亚过渡期海事法典》适用。其中，所有的用语、词汇、名称和日期均指厄立特里亚过渡政府。

除第四十六条第（1）款的规定外，在此通过 1960 年《埃塞俄比亚海事法典》，并予以实施。

对于《埃塞俄比亚海事法典》第四十六条第（1）款的规定,删除句子“…以阿姆哈拉和拉丁文字”，代之以“…提格里尼亚、阿拉伯和拉丁文字”。

1953 年发布并于 1956 年修改的第 137 号声明的第二条至第五条、第六条第 f 项和第 g 项、第二十八条至第三十一条的规定，在此通过并生效，但该声明的其他条款无效。

《过渡期海事法典》与其他殖民法律之间的关系

所有直接或间接与《过渡期海事法典》规定或《海事声明》条款或 1960 年《埃塞俄比亚海事法典》规定相抵触的殖民法律，特此废止。

加　蓬
Gabon

（英文文本截止于 2009 年 5 月 22 日）

建立 200 海里专属经济区的第 9/84 号法案

第一条

应建立一个海洋区域，称为“专属经济区”。它位于加蓬领水之外并邻接领水。

第二条

专属经济区的宽度为 200 海里，从测算领海宽度的直线基线和正常基线量起。

第三条

在专属经济区内，加蓬政府享有以勘探和开发、养护和管理海床与底土及其上覆水域的自然资源（不论是生物资源还是非生物资源）为目的的主权权利。

加蓬政府的主权应通过在该区域内进行经济性勘探和开发活动得到宣示。例如：利用海水、海流和风力生产能。

第四条

在该区域内，加蓬政府享有为上述第三条规定的目的及其他经济目的而建造、使用和勘探以及批准和管理建造、操作和使用人工岛屿、设施与结构的专属权利。

…………

第六条

所有船舶必须尊重这些安全区域，并遵守公认的有关在人工岛屿、设施和结构以及安全区域附近航行的国际标准。

第七条

加蓬政府对这些人工岛屿、设施和结构具有专属的管辖权，包括与海关、财政、卫生、安全和移民法律与规章有关的管辖权。

第八条

加蓬政府在其专属经济区内享有关于海洋科学研究和海洋环境保护的专属管辖权。

第九条

在专属经济区内，优先捕鱼的权利保留给悬挂加蓬国旗或由加蓬国民经营或由加蓬法律规定的法人操作的船舶。

第十条

加蓬政府应确定专属经济区内生物资源的可捕量，并通过适当的养护和管理措施保证其资源不被过度开采。

第十一条

如果根据上述第二条规定确定的专属经济区与接壤或相邻国家的专属经济区发生重叠，应根据与相关国家之间的协议或根据公认的国际法划界原则来确定共同边界。

第十二条

在领海边界外，专属经济区的建立不影响航行自由、飞越自曰、铺设海底电缆和管道的自由及与行使这些自由相关的为其他国际公认目的的海洋利用形式。

第十三条

在行使第十二条提到的自由时，外国及其国民应顾及加蓬的主权权利，并根据国际法尊重加蓬的法律和规章。

第十四条

任何外国船舶在行使第十二条提到的自由时，禁止在专属经济区内从事任何捕鱼活动（包括装载捕鱼设备和用具）、研究活动、任何污染和危及海洋环境的活动以及对该区域内资源有害或对加蓬经济利益有害的活动。

第十五条

加蓬毗连区位于领海之外并邻接领海，从测算领海宽度的直线基线和正常基线量起，延伸到 24 海里的距离。在该区域内，加蓬为下列事项行使必要的管制权：

——防止违反其海关、财政、卫生或移民的法律和规章；

——惩治在其领土或领海内违反上述法律和规章的行为。

第十六条

本法案的规定不应妨碍加蓬承认并体现在与其他国家订立的协议中的国际合作原则，但不得损害加蓬的主权权利，并应尊重加蓬的合法权益。

第十七条

本法案取代所有以往与之冲突的规定，应按照紧急程序登记、公布，并作为国家法律予以实施。

1992 年 12 月 4 日第 002066/PR/MHCUCDM 号法令

第一条

领海的宽度为 12 海里或 22.224 千米，应从直线基线和正常基线量起。

第二条

在 Cocobeach 和 Cap Lopez 间的海洋区域，领海应从连接如下各点组成的直线基线量起：

	纬度	经度
A. COCOBEACH（POINT ASTRO）	1°00′02″N	9°34′58″E
B. MBANIE	0°48′39″N	9°22′50″E

续表

	纬度	经度
C. CAP ESTERIAS（POINT MEGOMBIE）	0°35′19″N	9°19′01″E
D. POINTE NGOMBIE	0°18′35″N	9°18′19″E
E. CAP LOPEZ	0°37′54″S	8°42′13″E

第三条

在 Cap Lopez 和加蓬 – 刚果边界之间的海洋区域，领海应从加蓬正式认可的大比例尺海图上标注的海岸低潮线量起。

第四条

用以确定地理坐标的椭圆体和原点应为：

以位于 UTM 坐标第 32 区和第 33 区内的下列点为原点的 CLARKE1880 椭圆体——

纬度：0°42′53″3S

经度：0°09′49″4E

第五条

用上述方式确定的基线所确定的加蓬海洋边界应处于加蓬国家主权的完全管辖之下，相关条款规定在 1984 年 7 月 9 日关于建立 200 海里专属经济区的第 9/84 号法案中。

第六条

本法令取代所有与之相冲突的以往规定，应根据快速程序进行登记和公布，并通知所有需要通知的各方。

本通知不影响加蓬根据 1982 年《联合国海洋法公约》第十五条规定订立的任何双边协定的效力。

冈比亚
Gambia

（英文文本截止于 2009 年 5 月 22 日）

1968 年领海及毗连区法——经 1969 年《领海和毗连区（修订）法案》修改

…………

领　　海

2. 冈比亚应从低潮线量起向外延伸 12 海里。无论何时何地，在没有相反意见的情况下，任何对“冈比亚”的指称应视为包括冈比亚领海。

毗　连　区

3. 兹宣布如下：女王根据冈比亚政府的权利可以在邻接冈比亚领海且从低潮线量起向海延伸 18 海里的公海区域进行必要的管辖，以防止和惩治侵犯冈比亚任何法律或权利的行为。

“领水”应视为等同于“领海”

4. 在冈比亚任何现行法律中,任何对“领水”的提及应理解为对“领海”的提及。

…………

加　纳
Ghana

1986 年海域（划界）法

本法提到的《联合国海洋法公约》简称为《公约》。加纳政府已于 1982 年 12 月 10 日在牙买加蒙多哥湾签署了《公约》；

同时，鉴于加纳政府已于 1983 年 3 月 20 日批准了《公约》；

同时，鉴于有必要实施《公约》中关于领海、毗连区、专属经济区和大陆架划界的规定，从而使《公约》规定在加纳具有法律效力；

兹按照 1981 年《临时国防理事会（设立）声明》通过本法：

1.（1）兹宣布共和国领海宽度不超过 12 海里，自标注于大比例尺官方海图上的共和国海岸低潮线开始量起。

（2）领海的外部界限应为这样一条线，即线上各点到基线上最近点的距离等于领海的宽度。

2.（1）共和国根据《公约》和其他国际法规对领海享有主权。

（2）共和国主权及于陆地领土、内水，同时及于领海的上覆空域及海床与底土。

3. 兹宣布领海基线向陆一侧的水域构成共和国内水的一部分。

4.（1）兹宣布共和国毗连区为邻接领海的一个区域，其范围从测算领海宽度的基线量起不超过 24 海里。

（2）在毗连区内，政府可以为下列事项行使必要的管制权：

（a）防止违反海关、财政、移民和卫生的法律和规章；

（b）惩治在加纳领土或领海内违反上述法律和规章的行为。

5.（1）兹宣布共和国的专属经济区为领海之外并邻接领海的一个区域，从测算领海宽度的基线量起不超过 200 海里。

（2）在专属经济区内，共和国在国际法允许的范围内享有：

（a）以勘探和开发、养护和管理海床上覆水域与海床及其底土的自然资源（不论是生物资源还是非生物资源）为目的的主权权利，以及在该区内从事经济性开发和勘探的其他活动的主权权利，如利用海水、海流和风力生产能。

（b）根据《公约》条款规定对下列事项的管辖权：

（i）人工岛屿、设施和结构的建造与使用；

（ii）海洋科学研究；

（iii）海洋环境的保护和保全。

（c）《公约》规定的其他权利和义务。

（3）确定专属经济区外部界限的线须在官方海图上标出，且比例尺应足以确定其位置。

6.（1）兹宣布共和国的大陆架由没入水下部分的海床和底土组成。其位于领海以外，是陆地领土的自然延伸，距离测算领海宽度的基线 200 海里。

（2）政府为勘探大陆架和开发其自然资源的目的对大陆架行使主权权利。

（3）本部分第二款规定的权利不影响大陆架上覆水域和这些水域的上空的法律地位。

（4）为本部分的目的，大陆架的自然资源包括海床和底土的矿物与其他非生物资源以及定居种生物。定居种生物即在可捕捞阶段在海床上或海床下不能移动或其躯体须与海床或底土保持接触才能移动的生物。

（5）确定大陆架的外部界限的线须在官方海图上标出，且比例尺应足以确定其位置。

7. 官方海图上标出的领海、专属经济区和大陆架的界线应为本法第一部分、第五部分和第六部分所指的领海、专属经济区和大陆架的界限的最终证据。

8.(1)临时国防理事会可以通过立法文件制定全面实施本法规定的规章。

(2)根据本部分制定的规章可以规定对违法行为处以不超过 500 000 塞地的罚金或不超过 15 年期限的监禁，或两者并处，并可以要求没收违法时使用的任何物品。

(3)如果违反根据本节制定的任一规章者是一群体：

(a)如果该群体是一个法人实体，则该法人实体的所有理事和主管都应被视为犯有该罪行；

(b)如果法人实体为一合伙企业，则该合伙企业的每一合伙人应被视为犯有该罪行。

倘若某人能够证明构成罪行的行为是由他以外的另一人所为，并且他本人对此不知晓，且未纵容，而且他已经考虑到各种情况，并为防止此类罪行已尽一切应尽的努力，则不得根据本部分规定认定该人犯有罪行。

9. 1973 年《领水和大陆架法令》(N.R.C.D./165)以及 1977 年《领水和大陆架(修订)法令》(S.M.C.D.109)特此废除。

1986 年 8 月 2 日通过本法。

几内亚
Guinea

（英文文本截止于 2009 年 5 月 22 日）

国家管辖权范围——1980 年 7 月 30 日第 336/PRG 号法令

第一章　总　　则

第一条

几内亚人民革命共和国领海宽度为从低潮线量起 12 海里。

第二条

专属经济区的宽度为从低潮线量起 200 海里。

第三条

在专属经济区内，几内亚保留勘探和开发、养护和管理海床、底土及其上覆水域的自然资源（不论是生物资源还是非生物资源）的专属权利。

第四条

领水和专属经济区的界限确定如下：

——在北部，从北纬 10°56′42″ 和西经 15°05′00″ 的交叉点沿 Cajet 河最深谷底线开始划线，向西南穿过 Passe des Pilotes，直到与北纬 10°40′00″ 平行（在北纬 10°40′00″ 和西经 15°20′30″ 的交点处），然后沿该平行线向海延伸 200 海里；

——在南部，沿着与北纬 9°03′18″ 平行的线，从低潮线开始量起，向海延伸 200 海里。

第二章 海岸监督

第五条

商业海事官员负责监督领水。一般而言，海关总督官员、国家海军军官及所有刑事警察应被授权确定违法行为，就此准备正式报告，并将违法者（们）及其船只或船舶带到最近的几内亚港口。

在抵岸 24 小时内，他们必须向负责相关事项的行业海事官员或当地行政区域的长官提交他们的记录、正式报告以及确定违法行为存在的其他文件。

第六条

引导羁押船舶或者派人引导羁押船舶的军官或官员应将船舶移交给商业海事总督，由其没收捕鱼设备，如有渔获也应没收，并毫不迟延地公开拍卖。拍卖由负责相关事项的商业海事官员在得到该地区长官的授权后进行安排。

销售捕获物的收益应当上交财政部。

第三章 违法行为

第七条

禁止外国船舶在几内亚领海和专属经济区内捕鱼。

第八条

航行、捕鱼、污染海水、拍照、以侵略或侦查为目的进行技术和战略记录、运输有毒或危险物质等侵犯领水的行为，构成对几内亚国家主权的严重侵犯，因此构成犯罪，可按照《几内亚刑事法典》的规定加以惩罚。

第九条

运输部长应该发布命令，制定适用于在领海和专属经济区内进行捕鱼的一般规章。

几内亚比绍
Guinea-Bissau

（原文未标明英文文本截止日期，
译者最后访问时间为 2011 年 6 月 15 日——译者注。）

1985 年 5 月 17 日第 2/85 号法案

鉴于需要根据 1982 年 12 月 10 日《联合国海洋法公约》确定直线基线，

在部长理事会的建议下，根据宪法第五十六条第八项赋予的权力和职责，由全国国民大会通过，并由我宣布如下法案：

第一条

在几内亚比绍共和国内，用来测算领海宽度的直线基线应通过下表所列的地理坐标点来确定：

点	北纬	西经
1	12°20′20″	16°43′05″
2	11°38′12″	16°35′12″
3	11°16′18″	16°28′53′

续表

点	北纬	西经
4	11°01′34″	16°11′04″
5	10°51′25″	15°43′35″
6	10°50′00″	15°10′30″

第二条

任何与本法案不一致的法律规定特此废除。

第三条

本法案自即日起生效。

1985 年 5 月 17 日关于海上边界的第 3/85 号法案

考虑到 1985 年 2 月 14 日海牙仲裁法庭作出的关于划分几内亚比绍共和国和几内亚共和国之间海上边界的裁决；

考虑到该高等仲裁法庭作出的裁决通过和平方式解决了两个相邻国家之间的海上边界纠纷；

同时考虑到这两个兄弟般的民族由此达成了一项历史性的成果——这对发展长久以来即存在于两个民族之间的友好合作关系非常重要；

在部长理事会的建议下，根据宪法第五十六条第八项赋予的权力和职责，由全国国民大会通过，并由我宣布如下法案：

第一条

划定几内亚比绍共和国和几内亚共和国之间海洋区域的线分别为：

（1）自 Cajet 河最深谷底线和西经 15°06′30″ 线交点开始。

（2）通过恒向线（loxodromes）连接以下各点——

点	北纬	西经
A	10°50′00″	15°09′00″
B	10°40′00″	15°20′30″
C	10°40′00″	15°34′15″

（3）然后从 C 点向外 200 英里的范围内，以 236° 为偏角划定一条恒向线。

第二条

在国家海上管辖范围内的领海，其宽度为 12 海里，自第 2/85 号法案确定的直线基线开始量起。

第三条

1. 在国家海上管辖范围内的专属经济区，其宽度为 200 海里，自上文提到的法案确定的直线基线开始量起。

2. 几内亚比绍享有勘探和开发专属经济区内海洋、大陆架、大陆坡和海床的生物资源与自然资源的专属权利。

第四条

明确禁止任何外国船舶或未取得几内亚比绍共和国政府批准的船舶在专属经济区内捕鱼。

第五条

应根据法律对违反第四条的行为予以处罚。

第六条

任何与本法案不一致的立法特此废止。

第七条

本法案即日起生效。

肯尼亚
Kenya

（英文文本截止于2010年9月15日）

1972年5月16日领水法案
（1977年修订）

简　　称

1. 本法案可以称为《领水法案》。

领水宽度

2.（1）除1989年《海洋区域法案》第三条第（4）款的规定外，肯尼亚共和国领水宽度为12海里。

（2）该领海宽度应以本法案所附一览表中规定的方式进行测量，根据1958年在日内瓦通过的《领海及毗连区公约》（以下简称《公约》）条款的规定进行计算。

（3）为上述《公约》第七条的目的，乌加纳海湾（Ungwana Bay）[有时被称为“福尔摩沙湾”（Formosa Bay）]应视为已经成为并永远成为历史性海湾。

（4）在邻接邻国的海岸线上，领海的宽度应延伸至中间线，线上各点到测量各国领水宽度的基线上最近点的距离相等。

证　据

3. 在肯尼亚任何法院进行的任何程序中，如果对在肯尼亚领水内或领水外发生的作为或不作为行为有疑问，由当时负责外交事务的部长或其代表签署的证书应作为证据被接受，并视为在签署时没有进一步的证据。任何此类证书应构成其所表述行为的初步证据。

4.（1）任何书面法律中提到领水时，应根据本法案的规定进行解释。

（2）【失效】。

一　览　表

肯尼亚共和国的领水区域从直线基线、低潮线或低潮高地量起，向海延伸 12 国际海里，表述如下：

从连接 Diua Damasciaca 岛和 Kiungamwina 岛的直线与从第 29 号界桩（肯尼亚和索马里陆地边界的最后一个界桩）引出的中线垂直相交的点开始，

向西南划直线基线，直到 Kiungamwina 岛；

然后向西南划大约 7 公里的直线基线，直到一个无名岛；

再向西南向划大约 25 公里的直线基线，直到 Little Head；

再向西南向划大约 11 公里的直线基线，直到 Boteler 岛；

再向西南向划大约 45 公里的直线基线，直到 Ras Takwa；

再向西南向划大约 18 公里的直线基线，直到 Kinyika 岛；

再向西南向划大约 9 公里的直线基线，直到 Tenewi Ya Juu 岛；

再向西南向划大约 26 公里的直线基线，直到 Ziwaiu 岛；

再向西南向划一条穿过乌加纳海湾（Ungwana Bay）的大约 56 公里的直线基线，直到 Ras Ngomeni 的最北端；

…………

1979 年 2 月 28 日总统声明

…………

1. 尽管迄今为止一直存在有关肯尼亚和肯尼亚领海外并邻接领海的水域的法律规则或惯例，但肯尼亚共和国的专属经济区向海延伸 200 海里，从测算领海宽度并标注在本声明附件地图上的基线开始量起。在不影响前述规定的前提下，肯尼亚的专属经济区应当：

（1）就与坦桑尼亚联合共和国领水相邻的南部边界而言，在 Pemba 岛北部偏东的纬度范围内，起点是两条弧线的北交点，其中一条弧线从肯尼亚 Mpunguti Ya Juu 灯塔开始，另一条弧线从 Pemba 岛 Ras Kigomasha 灯塔开始。

（2）就与索马里共和国领海相邻的北部边界而言，位于 Diua Damasciaca 岛南纬 1°38′ 偏东的纬度范围内。

2. 本声明不影响或减损肯尼亚共和国对《1973 年大陆架法案》确定的大陆架的既定权利。

3. 所有国家应根据肯尼亚现行法律和规章，在专属经济区内享有航行自由、飞越自由、铺设海底电缆和管道的自由以及其他国际公认的与航行、通信有关的海洋的合法用途。

4. 专属经济区的范围和制度应根据附于本声明的一览表确定。

一览表　专属经济区的范围和制度

1. 在整个区域内，肯尼亚享有以下权利：

（1）以勘探、开发、养护和管理水体、海床及其底土的自然资源（不论是可再生的还是不可再生的）为目的的主权权利。

（2）关于在该区内从事经济性勘探和开发的其他活动的主权权利，例如利用海流和风力生产能等。

（3）（a）对控制、管理和养护海洋环境包括控制和消除污染的管辖权；

（b）对批准和控制科学研究的专属管辖权；

（c）对建造和使用人工岛屿、设施与结构以及其他设备进行管理的专属管辖权，包括附带的与海关、财政、公共秩序、移民有关的其他条例；

（d）与肯尼亚作为缔约国或可能成为缔约国的国际公约和议定书相符的其他权利和义务。

2. 肯尼亚可以允许其他国家或这些国家的国民根据以下条件在该区域内捕鱼，并遵守其可能颁布的规章。特别是，在不影响前述规定效力的普遍性情况下，这些条件可涉及如下方面：

（1）为渔民、捕鱼船舶和设备发放执照，包括收取费用或其他形式的报酬。

（2）保护和管理渔业资源开发的养护措施，包括确定种群和可捕捞种群、每艘船舶一定时期内的可捕量定额或一国国民特定时期内的捕捞量的措施。

（3）管制捕鱼的季节和区域，捕鱼设备的种类、大小、数量以及该区域内可以使用的渔船的数量、大小与类型。

（4）确定可以捕捞的鱼类和其他种群的年龄以及大小。

（5）详细规定捕鱼船舶需要提交的信息，包括渔获量和作业统计数据以及船舶方位报告。

（6）根据肯尼亚的批准和控制，要求开展特定渔业研究项目，并管理这类研究项目的开展，包括捕捞物取样、样本保存和报告相关科学数据。

（7）在这些船舶上派驻肯尼亚观察员或培训生。

（8）这些船舶在肯尼亚海港卸载全部或部分的捕获量。

（9）有关合资企业或其他合作安排的条款和条件。

（10）人员培训和渔业技术转让的要求，包括提高肯尼亚的渔业研究、管理和发展该区域内生物资源的能力。

（11）用来实施根据本声明颁布的法律和规章的措施。

SK/74 地图基点大致坐标点
（1979 年 2 月 28 日）

EDN.5–SK 南部图

	南纬	东经
Leopard Reef	3°16′43″	40°09′53″
	3°18′48″	40°07′27″
	3°19′54″	40°06′05″
Watamu	3°21′26″	40°01′34″
	3°23′23″	40°00′17″
	3°25′21″	39°58′32″
	3°32′51″	39°55′08″
	3°34′37″	39°54′28″
Blowing Point	3°41′14″	39°53′23″
Kinuni Ruin	3°47′10″	39°50′50″
Jumba la Mtwana	3°56′02″	39°47′35″
Cannon Point	3°57′51″	39°46′31″
Ras Iwe Tine	4°01′54″	39°44′12″
Leven Reef	4°04′25″	39°42′54″
Andromache Reed	4°05′42″	39°41′30″
Black Cliff Point	4°11′01″	39°37′51″
Ras Mwachema	4°15′42″	39°36′46″
	4°21′46″	39°34′37″
	4°23′49″	39°33′57″
Chale Reef	4°27′51″	39°32′06″
Ras Kanda	4°34′37″	39°27′17″
Mpunguti ya Juu Island	4°42′24″	39°24′39″
Kisite Island	4°42′13″	39°22′18″
Ras Jimbo	4°40′53	39°13′22″

EDN.2–SK 北部图

	南纬	东经
Shakani Reef	01°41′27″	41°33′50″
Middle Reef	01°43′24″	41°32′52′
Kiungamwina Drying Reef	01°46′19″	41°30′50″
Island Reef	01°48′25″	41°28′40″
Little Head	01°57′35″	41°18′56″
Middle Point	01°59′45″	41°17′59″
Boteler（Dhahabu）Ledge	02°02′18″	41°16′13″
Kwamba Hasani	02°07′18″	41°12′35″
Kwamba Hanawi	02°14′45″	41°03′48″
Ras Takwa	02°18′22″	40°57′35″
Kinyika Island	02°25′42″	40°50′45″
Ziwa La Juu Island	02°28′19″	40°46′46″
Mwamba Mazarui	02°33′19″	40°40′00″
Mwamba wa Punju	02°36′43″	40°37 13″
Near Mwamba Ziwaiu	02°38′15″	40°34 45″
Ras Ngomeni	02°59′01″	40°14 41″

1989 年海洋区域法案（第 371 章）

目录

海洋区域法案（第 371 章）
（开始时间：1989 年 8 月 25 日）

本议会法案将有关肯尼亚领水、大陆架的法律合并，规定了肯尼亚专属经济区的设立及划界事项，规定了海洋区域资源的勘探和开发、养护和管理事项，还规定了与合并目的相关的事项。

第一部分 序 言

1. 本法案可以称为《海洋区域法案》。

2. 在本法案中，除非另有规定：

“专属经济区”指依本法第五节设立和划定的肯尼亚专属经济区；

“渔业”指《渔业法案》第二节定义的“渔业”；

“渔船”指《渔业法案》第二节定义的捕鱼船只，包括飞机、气垫船以及用于捕鱼的任何潜水器；

“设施”包括任何停泊的船只、通信电缆、石油管道、军事测量设施及任何位于海洋区域内正在用于或即将用于或涉及勘探、开发、养护和管理自然资源的永久性的或临时性的结构；

“海洋区域”指专属经济区及专属经济区上方的领海和领空；

“自然资源”指海床及其底土和上覆水域的生物资源与非生物资源；

“海里”指国际海里。

第二部分 领　水

3.（1）除第（4）款的规定外，肯尼亚领水的宽度为 12 海里。

（2）该领水宽度应以“一览表”规定的方式进行测量，根据 1982 年 12 月 10 日在蒙特哥湾通过的《联合国海洋法公约》条款的规定进行计算。

（3）为上述《公约》第七条的目的，乌加纳海湾（Ungwana Bay）[（有时被称为“福尔摩沙湾”（Formosa Bay）] 应视为已经成为并永远成为历史性海湾。部长得在政府公报上宣布任何其他海湾或水域为历史性海湾或水域。

（4）在与邻国相邻的海岸线上，领水的宽度应延伸至中间线，线上各点与各国测量领水宽度的基线上最近点的距离相等。

第三部分 专属经济区

4.（1）肯尼亚有专属经济区。

（2）除第（3）款、第（4）款另有规定外，专属经济区包括领海以外并邻接领海的海洋区域、海床和底土。该区域的界限为“一览表”描述的从基线、低潮线或低潮高地向海量起的线，其上每一点距基线、低潮标或低潮高地均为 200 海里。

（3）在南部与坦桑尼亚专属经济区的界限为：Pemba 岛北部偏东的纬度范围内，从肯尼亚 Mpunguti Ya Juu 灯塔开始的一条弧线和从 Pemba 岛 Ras Kigomasha 灯塔开始的一条弧线相交，其中北部的交点为起点。

（4）在北部与索马里专属经济区的界限，应由部长根据肯尼亚与索马里在国际法基础上达成的协议，在宪报上予以通知。

5. 肯尼亚在专属经济区内就勘探、开发、养护和管理该区域内的自然资源行使主权权利。在不损害此前的一般性原则的情况下，主权权利的行使涉及：

（1）在区域内勘探和开发利用风力、海流和海潮生产的能源；

（2）控制、管理和养护海洋环境；

（3）建造和使用人工岛屿、设施与结构以及其他设备；

（4）批准和控制科学研究。

6. 根据任何有关海上或航空运输和通信的现行国际公约与其他任何成文法规定，所有国家应享有的航行和飞越、铺设海底电缆与管道及国际法承认的在专属经济区享有的合法用途。

7.（1）在专属经济区内发生的任何与勘探和开发、养护和管理海床及洋底或自然资源有关的作为和不作为所构成的对任何成文法的违反，以及与此有关或由此产生的任何民事性质的问题或争端，应由肯尼亚法院管辖，也可由任何具有管辖权的法院作出裁决，如同该行为或问题或争端发生在肯尼亚。

（2）根据第（1）款赋予任何法院的管辖权是对该法院或任何其他法院在本节以外可行使的任何司法管辖权以及任何其他成文法所赋予的权力的补充，而非减损。

8.（1）根据第（2）款的规定，《渔业法案》的规定以及依该法案制定的规则和规章适用于专属经济区。

（2）尽管根据《渔业法案》的任何条款外国渔船可以在专属经济区内从事以渔业研究、实验或体育为目的的捕鱼活动，但外国渔船须事先取得总长的书面同意，并遵守部长在其许可中施加的条件（如果有的话）。

第四部分 杂 项

9.（1）如果任何其他成文法目前没有作出其他规定，部长可为下列全部或其中的任何目的，在与此前的一般性原则不相违背的的情况下，为执行本法的目的，制定必要或适宜的规章，规范海洋区域内的勘探、开发、养护和管理活动：

（a）规范科学研究活动；

（b）制定海洋环境保护和保全措施；

（c）规范人工岛屿（不论是永久性的还是临时性的）、岸外设施、结构和其他设施周围安全区的设立、维持、操作与使用；

（d）规范海域内的经济性勘探和开发活动，以利用海水、海流和风力生产能以及用于任何其他经济用途；

（e）制定军舰或其他军用船只通过专属经济区及进行任何军事演习活动的规则；

（f）规定为在专属经济区内行使肯尼亚主权权利所必要的其他事项；

（g）经与主管财政的部长协商后，制定征收关税及消费税的规则；

（h）规定就本法案或条例涉及的任何事项应支付的费用；

（i）规定依据本法案或条例规定授权的所有事项。

（2）所有条例均可施加条件，要求采取令部长满意的行为或行动，授权部长以口头或书面形式下达执行行为或完成行为的命令，并可规定时间或日期，或要求在此期间或之前应该执行或完成这些行为或事情，或满足这些条件。

（3）部长得规定对违反规章的行为处以不超过 200 000 先令的罚款。

任何军舰或其他军用船只违反依第（1）款第（e）项制定的规章，应服从部长或其代表发出的口头或书面命令而离开该海域。

10. 如果在任何诉讼程序中（不论是民事诉讼程序还是刑事诉讼程序）出现了一项作为或不作为是否发生在海洋区域内或海洋区域外的问题，那么由部长签署的有效证书应作为证据，并视为在签署时没有进一步的证据。任何此类证书应构成其所表述行为的证据。

11. 为执行海洋法公约或影响该海洋区域的任何其他国际协定或公约之必要，部长可不时地通过政府公报限制本法的任何规定。

12. 在任何刑事诉讼程序中，在不违反当时有效的任何其他法律的原则下，如果被告人被指控违反了有关任何在海域内采取任何行动须持有执照、许可证或任何人的同意的条文，则被告人有责任证明在指控涉及的时间内妥为持有必要的执照、许可证或同意。

13. 在任何成交法中提及专属经济区和领水时，应按本法条款进行解释。

一览表 领水区域

肯尼亚共和国的领水区域从直线基线、低潮线或低潮高地延伸 12 国际海里，到邻接公海的海岸线，表述如下：

从连接Diua Damasciaca岛和Kiungamwina岛的直线与从第29号界桩(肯尼亚和索马里陆地边界的最后一个界桩)引出的中线间的垂直交点开始，

向西南划直线基线，直到 Kiungamwina 岛；

再向西南向划长约 25 公里的直线基线，直到 Little Head；

再向西南向划长约 11 公里的直线基线，直到 Boteler 岛；

再向西南向划长约 45 公里的直线基线，直到 Ras Takwa；

再向西南向划长约 18 公里的直线基线，直到 Kinyika 岛；

再向西南向划长约 9 公里的直线基线，直到 Tenewi Ya Juu 岛；

再向西南向划长约 26 公里的直线基线，直到 Ziwaiu 岛；

再向西南向划一条穿过乌加纳海湾（Ungwana）大约长 56 公里的直线基线，直到 Ras Ngomeni 的最北端的点；

再继续沿低潮线到 Ras Wasini；

再向南跨越 Wasini Channel 到 RasKisinga Mkoni；

再从低潮线到 Mpunguti Ya Chini 岛；

再向西划大约 18 公里的直线基线，到达肯尼亚 / 坦桑尼亚在 Ras Jimbo 的陆地边界的末端。

肯尼亚共和国总统声明
（2005 年 6 月 9 日）*

附录

肯尼亚政府公报（增补）第 55 号

---

* 该文本以备忘录形式由肯尼亚常驻联合国代表团于 2006 年 4 月 11 日向联合国秘书长递交。该文本于 2005 年 7 月 22 日发表于肯尼亚《政府公报》第 55 号 [法律公告第 82 号 (补充立法第 34 号)]。表一和表二以及附表构成对“1979 年 2 月 28 日肯尼亚共和国总统声明”的修正和取代。

2005 年 7 月 22 日
（补充立法第 34 号）
法律公告第 82 号

鉴于《第三次联合国海洋法公约》承认沿海国有权在其领海之外并邻接领海的区域建立专属经济区，并就此行使主权权利，以便勘探和开发、养护和管理海床上覆水域和海床及其底土的自然资源，不论是生物资源还是非生物资源。

鉴于上述《公约》已经承认上述被称为“专属经济区”的区域从测算领海宽度的基线量起，且不应超过 200 海里。

鉴于有必要宣布建立肯尼亚共和国的专属经济区及其范围。

现在，我，Mwai Kibaki，肯尼亚共和国总统兼武装部队总司令，根据《肯尼亚共和国宪法》宣布：

（1）根据迄今为止有关肯尼亚或肯尼亚领海以外并邻接其领海的水域可能存在的任何法律或任何惯例，肯尼亚的专属经济区从测算其领海宽度的基线量起，延伸至 200 海里的距离，如本声明所附图表所示。在不影响上述规定的前提下，肯尼亚的专属经济区应：

（a）在南部，与坦桑尼亚之间的领水界限位于 Pemba 岛以北的东部纬度范围内，从两个弧的北部交点开始，其中一条弧从肯尼亚 Ras Kigomasha 灯塔开始；

（b）在北部，与索马里之间的领水界限位于 Diua Ddamscian 岛南部偏东的南纬 1°39′34″ 以南。

（2）本声明取代此前的肯尼亚声明，但不影响或减损肯尼亚共和国对 1973 年《大陆架法案》中规定的大陆架的既得权利。

（3）在肯尼亚现行法律和规章的限制下，所有国家在专属经济区享有航行和飞越的自由、铺设海底电缆和管道的自由以及国际公认的与这些自由有关的海洋的其他合法用途。

（4）肯尼亚专属经济区的范围由本声明所附的表确定。

肯尼亚共和国的领水区域从直线基线量起，延伸至 12 国际海里，描述如下：

表一

Diua Damasciaca	1°39′34.25344″ S	41°34′44.19626″ E
Kiungamwina Drying	1°46′39.55824″ S	41°30′09.02159″ E
Mwamba Haasani	2°07′04.15178″ S	41°11′50.25051″ E
Mwamba wa Punju	2°36′51.85347″ S	40°37′01.06070″ E
Ras Ngomeni	2°58′46.46191″ S	40°14′24.69583″ E
Leopard Reef	3°16′18.11141″ S	40°09′42.26120″ E
Jumba la Mtwana	3°56′23.60363″ S	39°47′18.81358″ E
Leven Reef	4°03′03.42975″ S	39°43′21.75929″ E
Chale Reef	4°27′37.64311″ S	39°32′01.50853″ E
Mwamba Kitungamwe	4°48′25.43385″ S	39°21′32.85192″ E

肯尼亚共和国的专属经济区为从连接下列各点的基线量起延伸200海里的区域。

表二

Diua Damasciaca	1°39′34.253″ S	41°34′44.196″ E
E- Diua Damasciaca	1°39′36.000″ S	44°54′47.520″ E
E- Diua Damasciaca	1°39′36.000″ S	44°54′47.520″ E
E-A	2°39′36.000″ S	44°43′19.092″ E

续表

E-B	3°39′36.000″ S	44°15′13.896″ E
E-C	4°40′53.004″ S	43°20′36.204″ E
T-C	4°40′55.740″ S	39°36′30.240″ E
T-B	4°40′52.000″ S	39°36′18.000″ E
T-A	4°49′56.000″ S	39°20′58.000″ E
B-MK	4°49′51.636″ S	39°20′59.244″ E

基线的描述见表一。

签字及肯尼亚共和国公章，2005 年 6 月 9 日

Mwai Kibaki

肯尼亚共和国总统

利比里亚
Liberia

（英文文本截止于 2010 年 12 月 9 日）

确定利比里亚共和国领海及毗连区界限的法令
（1968 年 6 月 24 日通过）

第一条

用语定义　为本法令之目的：

“领海”为邻接利比里亚共和国的一带海域，作为其领土的一部分受其管辖。

“毗连区”为邻接利比里亚领水的公海海水带或海区。利比里亚对其行使必要的控制权，以防止及惩治在其领土或领水内发生的违反海关、移民、财政或卫生规章的行为。

…………

第三条

利比里亚海岸的基线在各种情况下应使用利比里亚官方承认的大比例尺海图上标明的沿岸低潮线。

第四条

利比里亚共和国的主权及于领海上空以及领海的海床和底土。

第五条

利比里亚共和国领海的毗连区延伸至 12 海里。

…………

批准利比里亚总统于 1976 年 12 月 24 日颁布的执行命令的法令
（1977 年 2 月 16 日通过）

1.…………

鉴于利比里亚立法机构通过了一项确定利比里亚共和国的领海和毗连区界限的法令，并于 1968 年 6 月 24 日获得批准；

鉴于根据该法令利比里亚共和国的领海从利比里亚的基线量起延伸至 12 海里的距离；

鉴于现在有必要对利比里亚的基线给予足够的保护，并维护利比里亚人民在邻接利比里亚海洋的延伸区域的利益；

……利比里亚共和国的领海应从基线量起延伸至 200 海里的距离。

利比亚
Libya

（英文文本截止于 2010 年 3 月 3 日）

1959 年 2 月 18 日关于利比亚领水划界的第 2 号法案

第一条

利比亚领水的范围定为 12 海里。

…………

关于苏尔特湾（the Gulf of Surt）管辖权的信息 *

阿拉伯利比亚共和国作出如下声明：

苏尔特湾（the Gulf of Surt）位于阿拉伯利比亚共和国领土内，其东部、南部和西部被陆地边界环绕，离岸向北延伸至纬度 32 度 30 分，构成阿拉

---

* United Nations, Legislative Series, ST/LEG/SER.B/18, p.26.（原文如此——译者。）

伯利比亚共和国领土的一部分，处于其完全的主权之下。

鉴于该海湾伸入利比亚领土内，并构成其一部分——它构成内水，阿拉伯利比亚共和国领海从其范围外开始起算。

阿拉伯利比亚共和国在历史上毫无争议地对该海湾行使主权。由于海湾的地理位置俯瞰国家的南部领土，其对阿拉伯利比亚共和国的安全至关重要。因此，对该区域的安全监督对保证国家的安全非常必要。

鉴于上述各项事实，阿拉伯利比亚共和国宣布，依上述边界确定范围的苏尔特湾（the Gulf of Surt），其立法、司法、行政以及其他可能出现在其范围内的涉及船舶和人员的事项，处于阿拉伯利比亚共和国的完全主权和管辖之下。

外国私人和公共船舶在未取得阿拉伯利比亚共和国当局的事先同意，并遵守关于该事项的规章的情况下，不得驶入该海湾。

阿拉伯利比亚共和国为其国民保留对于该海湾的主权权利。一般来说，阿拉伯利比亚共和国对苏尔特湾（the Gulf of Surt）行使完全主权，就像对国家其他任何一部分领土行使主权一样。*

第 37 号总人民委员会决定：宣布利比亚在地中海的渔业保护区（2005 年）

大阿拉伯利比亚人民社会主义民众国总人民委员会审查了：

《刑法典》，

《刑事诉讼法典》，

公元 1989 年有关开发海洋资源组织的第 14 号法令，

* 原文为阿拉伯文。附录于 2005 年 3 月 29 日利比亚常驻联合国代表团向秘书长递交的信。（文件号 A/60/68）（原文注——译者。）

先知辞世 1371 年（公元 2003 年——译者注）有关人命保护和改善环境的第 15 号法令，

先知辞世 1369 年（公元 2001 年——译者注）人民议会和人民委员会有关执行人命和相关条例的第 01 号法令，

总人民委员会先知辞世 1369 年第二次常会上的决定，

先知辞世 1373 年（公元 2005 年——译者注）总人民委员会秘书处第六次常会的决定，

兹作出如下决定：

第一条

根据附件宣言文本宣布利比亚在地中海的渔业保护区。

第二条

根据第一条规定，除非得到主管部门的许可，该区域内不允许进行任何形式和方式的捕鱼。总人民委员会将通过一项决定，规定主管部门、许可条件和相关的限制。违反者将受到现行有效法律的处罚。

第三条

本决定将于通过之日起生效，主管部门将负责实施。本决定将在官方公报上发布。

（签字）
利比亚总人民委员会
决定

大阿拉伯利比亚人民社会主义民众国回历 1373 年元月 16 日（公元 2005 年 2 月 24 日）通过。

（法律事务部）

利比亚在地中海渔业保护区的声明

大阿拉伯利比亚人民社会主义民众国，

考虑到其在地中海保护海洋环境及养护生物资源的国际义务，

希望有助于在适度管理该资源的框架内确保合理和持续开发，

寻求保护海洋渔业，避免非法、无序和在未经报告的情况下进行捕鱼，

遵照 1976 年 1 月《保护地中海免受污染公约》缔约国通过的《地中海特别保护区议定书》，特别是该议定书第一条“本议定书缔约国……应采取一切适当措施保护该海洋区域。这对于保护地中海地区的自然资源和自然区域是至关重要的”，

还遵照联合国粮农组织 1993 年 11 月 24 日在其第 27 届大会上通过的《促进公海渔船遵守国际养护与管理措施的协定》（第 15/93 号决议），特别是第三条的有关规定——船旗国“有必要采取措施，确保本国渔船不从事破坏国际养护和管理措施的执行行动”，

进一步遵照联合国粮农组织 1995 年 10 月 31 日在其第 28 届大会上通过的《负责任渔业行为准则》（第 4/95 号决定），该准则规定了适用于养护、管理和开发所有资源的原则和标准，提出了在与环境协调中目的在于保证海洋生物资源持续开发的国内和国际必要的框架，特别是在第七条第一款第一项《渔业管理》中规定“……所有从事渔业管理的人应该通过适当的政策、法律和组织框架制定长期养护和持续利用渔业资源的措施。当地、国内、分区或地区性的养护和管理措施都应以当前最科学的证据为基础，确保渔业资源长期的可持续发展，促进最佳利用目标，保持现在和未来的繁衍；短期考虑不应损害上述目标”，

考虑到推动 2003 年 11 月 25 日和 26 日在威尼斯通过的《地中海渔业可持续发展部长会议宣言》第 10 段规定的“我们考虑到创设渔业保护区有助于养护和控制渔业的改善，从而有助于更好地管理资源，并有劫于我们共致力于打击向非法的、未经报告的和无序的捕捞”，

宣布：

（1）从领海线量起，位于地中海利比亚领水界限北面向海延伸 62 海里的区域为渔区，利比亚享有主权和管辖权。在该区域内，除非利比亚主管

部门向个人或有关人员颁发许可，允许其根据利比亚现行法律和法规在该区域内进行捕鱼活动，否则不论是国内渔船还是外国渔船均不得进行任何形式、任何目的和任何方式的捕鱼。

（2）本声明自颁布之日起生效，并交存联合国。本声明将在国内和国际所有媒体上公布。

（签字）

总人民委员会

决定

大阿拉伯利比亚人民社会主义民众国

回历 1373 年元月 16 日（公元 2005 年 2 月 24 日——译者注）在的黎波里颁布。

总人民委员会第 104 号决定：有关测算大阿拉伯利比亚人民社会主义民众国领海和海洋区域的决定

［回历 1373 年（公元 2005 年）］*

总人民委员会已经审查了：

回历 1369 年（公元 2001 年，下同——译者注）第 1 号法律——涉及人民会议和人民委员会及其执行立法；

公元 1959 年第 2 号法律——公元 1959 年 2 月 14 日通过，确定利比亚领水的界限；

公元 1973 年 10 月 9 日革命司令部理事会的决定——涉及利比亚在斯德拉湾领水的界限；

* 译自 2005 年 8 月 18 日大阿拉伯利比亚人民社会主义民众国常驻联合国代表团向联合国秘书长递交的备忘录。原文为阿拉伯文。

利比亚海事法；

公元 1989 年第 14 号法律——勘探生物资源的规章；

总人民委员会回历 1373 年（公元 2005 年，下同——译者注）第 37 号决定——利比亚在地中海渔业保护区的声明；

总人民委员会回历 1373 年第 88 号决定——涉及属于国家海洋投资局的某些权力；

利比亚与突尼斯和马耳他签订的双边条约——涉及大陆架与国际法院的相关规则；

公元 2000 年 12 月 2 日总人民委员会驻非洲统一组织前秘书处第 356 号备忘录——涉及利比亚测算领海宽度的直线基线；

国家海洋投资局管理委员会秘书处于回历 1373 年 5 月 11 日第 1191 号和回历 1373 年 5 月 22 日在第 1286 号信件中的声明；

（外事联络与国际合作局）陆地与海洋边界委员会主席回历 1373 年 5 月 9 日第 1-8-7 号信件；

会议纪要——回历 1373 年 2 月 19 日举行的以农牧海洋资源部门监察长为主席的会议，审查了利比亚在地中海的渔业保护区声明的文本；

会议纪要——回历 1373 年 5 月 8 日外事联络与国际合作局总人民委员会秘书处及国家海洋投资局举行的有关利比亚在地中海的渔业保护区的会议；

会议纪要——回历 1373 年 5 月 25 日以总人民委员会秘书长为主席的会议，涉及利比亚的渔业保护区及测算利比亚海域的基线；

回历 1369 年总人民委员会第二次例行会议通过的决定；

回历 1373 年总人民委员会第十九次、第十六次和第十五次例行会议通过的决定；

作出如下决定：

第一条

测算大阿拉伯利比亚人民社会主义民众国主权和管辖权支配下的领水及其他海洋区域，从下列地理坐标确定的直线基线量起：

点	东经	北纬
1	11°33′41.00″	33°10′30.03″
2	11°37′47.05″	33°07′59.06″
3	11°41′20.02″	33°07′40.66″
4	11°54′30.02″	33°02′46.00″
5	12°11′31.04″	32°53′18.06″
6	12°26′19.02″	32°49′14.73″
7	12°41′17.07″	32°47′38.01″
8	12°59′51.02″	32°50′11.01″
9	13°12′45.01″	32°55′16.01″
10	13°23′16.05″	32°53′48.07″
11	13°32′04.06″	32°49′12.03″
12	13°48′11.03″	32°48′09.03″
13	13°56′44.02″	32°46′20.05″
14	14°14′59.05″	32°41′27.08″
15	14°20′15.04″	32°38′21.04″
16	14°25′59.01″	32°33′13.05″
17	14°34′58.06″	32°30′00.00″
18	20°30′03.02″	32°30′00.00″
19	20°34′26.04″	32°32′42.02″
20	20°40′24.00″	32°35′37.09″
21	20°56′52.05″	32°43′04.09″
22	21°03′39.07″	32°45′40.08″
23	21°06′06.08″	32°46′14.01″
24	21°25′24.02″	32°47′42.09″
25	21°37′40.09″	32°55′32.00″

续表

点	东经	北纬
26	21°42′56.00″	32°56′27.05″
27	21°56′23.08″	32°54′10.01″
28	22°08′42.01″	32°56′19.00″
29	22°10′31.04″	32°55′34.14″
30	22°16′03.06″	32°52′27.01″
31	22°19′02.04″	32°52′38.03″
32	22°22′38.08″	32°52′20.03″
33	22°29′27.05″	32°50′33.01″
34	22°57′33.04″	32°39′46.03″
35	23°01′40.05″	32°39′18.04″
36	23°06′26.04″	32°38′03.08″
37	23°06′55.04″	32°37′43.05″
38	23°07′36.06″	32°36′48.03″
39	23°07′37.00″	32°36′24.00″
40	23°06′27.05″	32°31′59.03″
41	23°10′24.06″	32°27′47.07″
42	23°14′13.07″	32°22′31.01″
43	23°17′04.04″	32°14′07.07″
44	23°27′31.06″	32°10′41.04″
45	23°40′00.01″	32°10′54.01″
46	23°43′02.00″	32°10′41.00″
47	23°46′30.08″	32°09′50.01″
48	23°58′24.05″	32°06′20.01″
49	24°00′22.06″	32°05′16.08″

续表

点	东经	北纬
50	24°06′16.01″	32°00′42.04″
51	24°14′35.04″	32°00′22.00″
52	24°20′47.04″	32°00′07.04″
53	24°40′58.07″	32°01′20.06″
54	24°42′33.04″	32°01′18.04″
55	24°44′16.08″	32°01′14.03″
56	24°45′49.01″	32°01′06.02″
57	24°52′22.04″	31°59′12.04″
58	24°58′44.01″	31°58′18.01″
59	24°59′42.08″	31°57′51.01″
60	24°02′06.09″	31°56′07.09″
61	25°02′23.07″	31°55′28.06″
62	25°07′50.06″	31°43′06.08″
63	25°08′44.06″	31°40′35.09″
64	利比亚—埃及陆地边界点	

第二条

本决议第一条的坐标表将依照现在有效的规则公布，联合国秘书长因此将得到信息。

第三条

本决议自通过并在官方公报上公布之日起生效。

大阿拉伯利比亚人民社会主义民众国

总人民委员会

签署

回历 1373 年 5 月 13 日通过

关于利比亚在地中海的渔业保护区划界的总人民委员会第 105 号决议

（回历 1373 年，公元 2005 年）

总人民委员会已经审查了：

回历 1369 年第 1 号法律——涉及人民会议和人民委员会及其执行立法；

公元 1959 年第 2 号法律——公元 1959 年 2 月 14 日通过，确定了利比亚领水的界限；

公元 1973 年 10 月 9 日革命司令部理事会的决定——涉及利比亚在斯德拉湾领水的界限；

利比亚海事法；

公元 1989 年第 14 号法律——涉及勘探生物资源的规章；

总人民委员会回历 1373 年第 37 号决定——涉及利比亚在地中海渔业保护区的声明；

总人民委员会回历 1373 年第 88 号决定——涉及属于国家海洋投资局的某些权力；

总人民委员会回历 1373 年第 104 号决定——有关测算大阿拉伯利比亚人民社会主义民众国领海和海洋区域的决定；

利比亚与突尼斯和马耳他签订的双边条约——涉及大陆架与国际法院的相关规则；

公元 2000 年 12 月 2 日总人民委员会驻非洲统一组织前秘书处第 356 号备忘录——涉及利比亚测算领海宽度的直线基线；

国家海洋投资局管理委员会秘书处于回历 1373 年 5 月 11 日第 1191 号和回历 1373 年 5 月 22 日在第 1286 号信件中的声明；

（外事联络与国际合作局）陆地与海洋边界委员会主席回历 1373 年 5 月 9 日第 1-8-7 号信件；

会议纪要——回历 1373 年 2 月 19 日举行的以农牧海洋资源部门监察长为主席的会议，审查了利比亚在地中海的渔业保护区声明的文本；

会议纪要——回历 1373 年 5 月 8 日外事联络与国际合作局总人民委员会秘书处及国家海洋投资局举行的有关利比亚在地中海的渔业保护区的会议；

会议纪要——回历 1373 年 5 月 25 日以总人民委员会秘书长为主席的会议，涉及利比亚的渔业保护区级测算利比亚海域的基线；

回历 1369 年总人民委员会第二次例行会议通过的决定；

回历 1373 年总人民委员会第十九次、第十六次和第十五次例行会议通过的决定；

作出如下决定：

第一条

总人民委员会回历 1373 年第 37 号决定按如下方式划定了利比亚在地中海的渔业保护区，之后大众民国确定宣布该区成为利比亚专属经济区，并根据国内立法和国际法对此区行使主权权利和管辖权：

（1）在北部，为连接下列坐标点的线——

点	东经	北纬
1	12°15′17.29″	34°14′40.01″
2	12°30′49.61″	34°08′56.76″
3	12°41′26.86″	34°04′07.06″
4	12°42′09.53″	34°03′43.62″
5	13°22′37.37″	34°07′46.21″
6	13°40′12.47″	34°05′21.22″
7	13°58′45.78″	34°00′37.39″
8	14°08′15.01″	33°59′10.99″
9	14°18′22.42″	33°57′03.69″
10	14°22′35.32″	33°56′03.88″
11	14°43′17.25″	33°50′36.05″
12	15°01′41.73″	33°43′13.96″
13	20°06′11.35″	33°43′13.96″
14	20°16′14.24″	33°47′43.27″
15	20°20′31.36″	33°49′29.15″

续表

点	东经	北纬
16	20°28′44.82″	33°52′35.75″
17	20°39′35.41″	33°55′51.57″
18	20°44′19.83″	33°56′56.48″
19	20°53′11.55″	33°58′28.67″
20	20°16′56.41″	34°06′22.51″
21	21°28′08.54″	34°08′18.02″
22	21°56′07.31″	34°08′32.94″
23	22°42′31.68″	34°03′36.47″
24	22°43′37.09″	34°03′09.91″
25	22°47′02.23″	34°02′21.50″
26	22°56′04.12″	34°00′01.60″
27	23°04′37.44″	33°57′18.94″
28	23°23′50.74″	33°50′02.19″
29	23°26′17.34″	33°49′26.62″
30	23°34′48.40″	33°47′14.45″
31	23°59′20.08″	33°36′14.36″
32	24°03′43.63″	33°33′14.30″
33	24°19′17.13″	33°18′30.03″
34	24°19′41.67″	33°17′57.36″
35	24°28′23.89″	33°15′25.73″
36	24°31′11.24″	33°14′33.90″
37	24°35′29.92″	33°14′49.28″
38	24°42′27.89″	33°14′57.30″
39	24°44′52.11″	33°14′54.28″
40	24°46′22.55″	33°14′51.59″

续表

点	东经	北纬
41	24°48′37.68″	33°14′46.41″
42	24°52′38.38″	33°14′31.57″
43	24°56′10.67″	33°14′13.52″
44	25°12′19.74″	33°11′16.12″
45	25°13′39.05″	33°10′53.42″
46	25°15′19.98″	33°10′39.34″
47	25°38′18.49″	33°03′59.57″
48	25°42′37.91″	33°02′00.41″
49	25°54′49.31″	32°54′57.88″
50	26°01′06.79″	32°50′28.30″

（2）在南部，为连接下列坐标点的线——

点	东经	北纬
1	11°39′59.24″	33°19′46.97″
2	11°43′01.16″	33°19′27.28″
3	11°45′00.17″	33°19′17.02″
4	12°01′17.49″	33°13′13.26″
5	12°17′41.61″	33°04′06.96″
6	12°29′24.92″	33°00′54.65″
7	12°41′02.36″	32°59′39.70″
8	12°55′39.17″	33°01′39.86″
9	13°10′44.32″	33°07′35.74″
10	13°28′19.42″	33°05′09.14″
11	13°36′34.69″	33°00′50.68″
12	13°50′27.85″	32°59′56.52″

续表

点	东经	北纬
13	14°00′35.25″	32°57′47.74″
14	14°21′17.18″	32°52′16.19″
15	14°29′30.35″	32°47′26.38″
16	14°34′12.26″	32°43′14.41″
17	14°37′49.67″	32°41′56.71″
18	20°25′27.75″	32°41′56.71″
19	20°26′44.08″	32°42′43.63″
20	20°33′32.51″	32°46′03.00″
21	20°50′37.24″	32°53′45.67″
22	20°58′50.70″	32°56′54.30″
23	21°03′35.12″	32°57′59 96″
24	21°2006.61″	32°59′15 21″
25	21°31′41.67″	33°06′37 98″
26	21°42′53.80″	33°08′34.85″
27	21°56′20.74″	33°06′18.15″
28	22°10′33.28″	33°08′46.66″
29	22°17′33.78″	33°06′61.10″
30	22°20′03.20″	33°04′30.06″
31	22°25′26.76″	33°04′03.17″
32	22°34′28.65″	33°01′41.67″
33	23°01′29.33″	32°51′21.09″
34	23°04′42.81″	32°50′59.22″
35	23°13′13.88″	32°48′45.55″
36	23°17′37.42″	32°45′43.84″
37	23°21′34.69″	32°40′25.95″

续表

点	东经	北纬
38	23°21′46.79″	32°35′16.61″
39	23°21′41.77″	32°34′57.59″
40	23°21′58.34″	32°34′39.99″
41	23°27′14.76″	32°27′23.78″
42	23°28′41.27″	32°23′09.10″
43	23°30′00.64″	32°22′43.07″
44	23°40′26.92″	32°22′53.89″
45	23°45′36.16″	32°22′31.84″
46	23°50′45.77″	32°21′16.13″
47	24°04′34.70″	32°17′12.82″
48	24°08′57.88″	32°14′50.51″
49	24°12′00.14″	32°12′29.67″
50	24°15′14.39″	32°12′21.87″
51	24°20′37.05″	32°12′08.94″
52	24°40′38.71″	32°13′21.24″
53	24°43′02.93″	32°13′18.17″
54	24°46′10.00″	32°13′12.98″
55	24°48′50.35″	32°12′54.67″
56	24°55′49.12″	32°10′53.49″
57	25°03′23.80″	32°09′49.31″
58	25°07′43.29″	32°07′48.93″
59	25°14′02.64″	32°03′15.57″
60	25°15′36.20″	31°59′40.71″
61	25°18′34.39″	31°52′56.92″

（3）在西部，为连接下列坐标点的线——

点	东经	北纬
1	11°39′59.24″	33°19′46.97″
2	12°08′48.16″	34°10′30.09″
3	12°15′17.29″	34°14′40.01″

第二条

本决定自通过并在官方公报上公布之日起生效。

大阿拉伯利比亚人民社会主义民众国

总人民委员会

签署

回历 1373 年 6 月 21 日通过

马达加斯加
Madagascar

（英文文本截止于 2010 年 1 月 6 日）

1963 年 2 月 27 日关于确定马达加斯加共和国领海边界的第 63-131 号法令

…………

第二条

测量领海宽度的基线应为附图上绘制的不规则多边形（见 1963 年 3 月 9 日官方公报第 652 页和第 653 页）。其顶点由以下各点确定：

编号	名称	南纬（S）	东经（E）
1	Cap d'Ambre	11°56′	49°15′
2	Nosy Anambo	12°16′	48°39′
3	Nosy Lava	12°45′	48°40′
4	Nosy Iranja	13°35′	47°50′
5	Nosy Lava	13°15′	47°35′
6	Pointe Maromanjo	15°31′	46°28′
7	Cap Saint-André	16°12′	44°27′
8	Chesterfield Island	16°20′	43°58′

续表

编号	名称	南纬（S）	东经（E）
9	Nosy Vao	17°30′	43°46′
10	Nosy Mavony	18°19′	43°45′
11	Nosy Androtra	18°30′	43°48′
12	Cap Kimby	18°52′	44°15′
13	Manombolo Delta	19°03′	44°13′
14	Ilot indien	19°48′	44°22′
15	Cap Ankarana	20°29′	44°07′
16	Nosy Andriangory	20°50′	43°45
17	Nosy Lava	21°45′	43°16
18	Nosy Hao	22°05′	43°11
19	Les Coins de Mire	22°26′	43°15′
20	Pointe Randrehana	22°49′	43°21′
21	Tuléar	23°22′	43°28′
22	Falaise de Lanivato	24°20′	43°40′
23	Cap Andriamanao	25°00′	44°02′
24	Nosy Hanitra	25°14′	44°13′
25	Cap Sainte-Marie	25°35′	45°08′
26	Faux-Cap	25°35′	45°31′
27	Baie de Ranofotsy	25°11′	46°43′
28	Pointe Haperina	25°00′	47°06′
29	Sainte–Luce	24°46′	47°13′
30	Foulpointe	17°41′	49°32′
31	Pointe Albrand	16°42′	50°02′
32	Cap Bellone	16°13′	49°52′
33	Nosy Nepato	16°00′	50°14′
34	Cap Tanjondaingo	15°48′	50°20′
35	Nosy Voara	15°28′	50°27′
36	Nosy Ngotsy	15°16′	50°23′
37	Pointe de Vohémar（Harambazaha）	13°21′	50°01′
38	Nosy Akao	12°48′	49°51′

第三条

连续两点间的基线应为连接它们的直线，但第 29 号点（Sainte-Luce）和第 30 号点（Foulpointe）除外。该两点之间的基线沿海岸低潮标划定。

1985 年 9 月 16 日关于马达加斯加民主共和国海洋区域（领海、大陆架和专属经济区）划界的第 85-013 号法令

（经 1985 年 12 月 11 日第 85-013 号法律修改并批准）

第一条

马达加斯加民主共和国行使主权的领海为从基线量起 12 海里的范围。

第二条

用来测算领海宽度的基线应由法令来确定。

第三条

马达加斯加民主共和国设定一个从基线量起 24 海里的毗连区，并可在该区域内采取必要措施，防止发生违反其海关、财政、移民和卫生法律与规章的行为，并对违反这些法律和规章的行为进行惩罚。

第四条

马达加斯加民主共和国的专属经济区为从测算领海宽度的基线量起 200 海里的区域。

如果马达加斯加民主共和国基线和一个或多个相邻国家基线之间的距离小于 400 海里，则各自的专属经济区范围应由马达加斯加与该国或与这些国家的协议确定。

第五条

专属经济区应包括第四条划定的区域内的海床、底土及其上覆水域。

在该区域内，马达加斯加民主共和国应享有：

（1）以勘探、开发、养护和管理海床上覆水域、海床及其底土的自然资源（不论是生物资源还是非生物资源）为目的的主权权利，以及关于在该区域内从事经济性开发和勘探的其他活动的主权权利，如利用海水、海流和风

力生产能等；

（2）有关人工岛屿、设施和结构的建造与使用，海洋科学研究，海洋环境的保护与保全的管辖权。

第六条

禁止第三国国民在未取得马达加斯加民主共和国政府批准的情况下勘探或开发第四条确定的区域。

第七条

马达加斯加民主共和国的大陆架应包括领海以外的海床及其底土，从测算领海宽度的基线量起扩展到 200 海里的距离，或者到与邻接国家间的协定确定的边界处或 2 500 米等深线外 100 海里处。

第八条

马达加斯加民主共和国行使主权的内海水域的边界如下：

（1）在向海一侧，为根据 1963 年 2 月 27 日颁布的 63–131 号法令确定的用来测算领海宽度的直线基线；

（2）在陆地，为高潮标。

第九条

在本法令中，高潮标指海潮最高时海水到达的最远的点，但暴雨时除外。它们可以在海岸或海湾、泊船处、海港和港口等处，也可以在与海水相连的运河、水道、盐湖、潟湖和池塘等处，在存在河流的情况下，位于海洋的横截线处。

第十条

在河口处，海洋的边界由一条构成海岸线且在河口两侧自然延伸的虚线组成，下一条规定指定的河流状况除外。

第十一条

在一些供出海的船舶航行使用的江口和河口处，海洋的边界应溯河向上，移动至这些船舶通行的第一个自然或人造的障碍处。每条河的边界如下表所示。

河流名称	标明边界	Laborde 网格坐标
Ambazoana	Ambatoharanana 桥 RIGN NO.11 Ambanja 桥	X=644，200 Y=1393，500 X=618，200 Y=1376
Djangoa	Ambanja 路桥 Maromandia	X=605，800 Y=1365，400
Andranomalaza	Maromandia 渡口 Maromandia 路 Befotaka 渡口	X=578 Y=1318，500 X=527，400 Y=1283，500
Laloza	Antsohihy 港	X=566，200 Y=1245，500
Mahajamba	Mahajamba 河和 Mahajambakely 河交点	X=472，500 Y=1163，400
Andranoboka	Andranoboka 村	X=448 Y=1163
河口	Marovoay Betsiboka 西	X=418 Y=1107
Namakia	Namakia 村	X=335，800 Y=1130，200
Andemaka	Andemaka 村	X=322 Y=1144
Mahavavy	Mahavavy 河上的 Mahavavy 桥	X=341，500 Y=1128
Andasibe-Mahombo	Ankasakasa 村	X=232 Y=1080
Sambao	Sambao 河和 Koja 河的交点	X=199 Y=1050
Manongoza	Besalampy 桥	X=193 Y=1037，800
Ranobe	Ranobe 河上的 Berevo 村	X=170 Y=985
Soaninana	Soatanana 村	X=189 Y=814

续表

河流名称	标明边界	Laborde 网格坐标
Tsiribihina	Belo on the Tsiribihina	X=202 Y=709
Antanambalana	Ambinanitelo 村	X=734 Y=1170

第十二条

在第十一条列举的河流和小溪中，海洋的边界为下列线中的较远者：

（1）正常海潮最高时达到的线；

（2）周期性和季节性海潮最高时达到的线。

第十三条

1960 年 9 月 21 日第 60–099 号法令第四条 C–36 项规定的几何间距区域不适用于本法令第十一条列举的河流和小溪，同时也不适用于本法令第九条规定的水域。

第十四条

所有与本法令相冲突的规定，特别是 1973 年 9 月 28 日划定马达加斯加共和国领海和大陆架边界的第 73–060 号法令，特此废除。

第十五条

本法令将发布在共和国的官方公报上。

本法令将作为国家法律予以实施。

马达加斯加民主共和国官方公报

1985 年 12 月 21 日第 1720 号

关于建立共同海洋渔业组织的第 94–112 号法令

首相及政府首脑，

根据《宪法》，

考虑到 1966 年 7 月 6 日颁布的《海事法典》第 66–007 号法案，特别是关于海洋渔业第五卷的规定，

考虑到 1985 年 12 月 11 日确定海洋区域（领海、大陆架和专属经济区）边界的第 85–013 号法案，

考虑到 1993 年 5 月 4 日管理渔业和水产业的第 93–022 号训令，

考虑到 1993 年 8 月 26 日关于指定首相、政府首脑和国防部长负责维护秩序和公共安全的第 93–446 号法令，

考虑到 1993 年 8 月 26 日任命部长内阁成员的第 93–466 号法令，该法令后经 1993 年 10 月 1 日第 93–547 号法令补充，又经 1993 年 10 月 13 日第 93–629 号法令修改，

考虑到 1993 年 9 月 10 日确定国家农业和农村发展部长的职责及该部共同组织的第 93–499 号法令，

与部长内阁合作，

兹宣布如下法令：

第一部分　总　　则

第一条

本法令的目的在于定义及细化 1993 年 5 月 4 日第 93–022 号训令中规定的管理渔业和水产业的原则和政策（以下称之为“第 93–022 号训令”）。

第二条

本法令的规定适用于第 93–022 号训令第一条确定的海洋区域内的所有捕鱼活动。

第三条

渔业及水产养殖部部长负责实施及通过新的法令修改本法令的规定。

第二部分　捕捞分类及船舶类别

第一节　捕 捞 类 型

第四条

维持生计的捕鱼是指徒步或通过非机动的独木舟实施的捕鱼活动，并不会出现销售捕获物的行为。

第五条

商业捕鱼分为：

——徒步或通过独木舟进行的传统捕鱼。使用安装了舷外发动机的独木舟进行的捕鱼活动属于此类捕鱼。

——小型捕鱼，包括使用发动机小于或等于 50 马力的船舶进行的捕鱼。

——产业捕鱼，包括使用发动机大于 50 马力的船舶进行的捕鱼。对于捕虾，最大可允许的推动力为 500 马力。

第六条

娱乐捕鱼是指徒步或通过机动或非机动船舶进行的、不会出现出售捕获物行为的捕鱼活动。此类捕鱼活动常常与旅游活动相伴而生。

第七条

科学捕鱼分为：

——研究捕鱼，为非营利的活动，一般不产生出售捕获物的行为；

——探索捕鱼，其目的是为新的商业捕鱼开发新的捕鱼场所。

第二节　船 舶 分 类

第八条

1. 第一类船舶：马达加斯加渔船或辅助船，包括属于国家财产或属于马达加斯加国民或公司的船舶，其所有捕获物在马达加斯加上岸。

2. 第二类船舶：马达加斯加租赁的捕鱼或辅助船舶，包括《海事法典》中规定的船舶，特别是在第九卷第四章、第五章、第六章、第七章、第八章及第三部分第九章中规定的船舶，其所有捕获物在马达加斯加上岸。有关的租赁合同必须得到马达加斯加海事部长、渔业及水产业部长和财政部部长的事先认证。

3. 第三类船舶：以马达加斯加为基地的外国捕鱼船舶或辅助船舶，其活动得到马达加斯加渔业和水产业部部长的授权，在马达加斯加进行作业，并将其所有的捕获物在马达加斯加上岸。

第九条

第四类船舶：外国捕鱼船舶，包括不属于上述各条定义的捕鱼船舶种类范围内的所有船舶。

第十条

捕捞沿海的甲壳类和底层鱼类，只能由传统捕鱼船舶或属于第一、二、三类捕鱼船舶中的小型船舶或工业捕鱼船舶进行。

第三部分　第一类、第二类和第三类船舶的认可制度

第十一条

第八条规定的任一船舶从事本法令第五条规定的小规模或产业化捕鱼活动，必须持有根据本法令以及为实施本法令而制定的任何规章的规定颁发的执照，并遵守执照中规定的条件。

第十二条

颁发捕鱼执照需要收取一定的费用，费用的数额及条款通过法令确定。

第十三条

捕鱼执照由渔业和水产养殖部部长在收到根据 1993 年 5 月 4 日第 93-022 号训令第五条的规定建立的渔业和水产养殖部际委员会的意见后颁发。渔业和水产养殖部部长应将其决定通知申请人，并必须在当年 10 月 30 日前告知申请人关于下一捕鱼季捕鱼执照申请的续期、授予、撤回、暂停或拒绝情况。

第十四条

1. 根据本法令第十五条的规定，捕鱼执照的最长期限为 12 个月，并可以从颁发之日起再连续续期 12 个月。但是，对于第八条第 2 款和第 3 款规定的船舶，执照续期最多不超过两次。

2. 按照以下优先顺序办理捕鱼执照的续期和发放：

（1）对于运营第一类船舶的现有公司，捕鱼执照应予以续期，优先考

虑的次要理由是：它们在岸上拥有足够的处理、包装和储存捕获物的设施，或者它们能够为其全部捕捞物取得合理的销售价格。

（2）对于运营第二类船舶的现有公司，捕鱼执照应予以续期，其优先顺序与前款界定的次要理由相同。

（3）对于运营第三类船舶的现有公司，捕鱼执照应予以续期，其优先顺序与前面第（1）项界定的次要理由相同。

（4）对于运营第一类船舶的公司，可以发放新的捕鱼执照，并且对于现有的运营第一类船舶的公司和承诺在两年内开展第一类船舶运营的新公司公平发放。如果后者两年内没有兑现开展第一类船舶运营活动的承诺，捕鱼执照将被撤销。

（5）如果渔业资源允许，对现有的和潜在的运营第二类和第三类船舶的公司也可以发放新的捕鱼执照。

第十五条

1. 如有下列情形，将拒绝发放捕鱼执照或对捕鱼执照进行续期：

（1）船舶没有按照现有的法律进行登记；

（2）申请人没有满足法律条件。

2. 除上述第 1 款规定的原因外，捕鱼执照可以因下列情况被拒绝、中止或撤销：

（1）以保证对渔业资源的合理管理，使渔业资源得到持久发展和养护，或达到 1993 年 5 月 4 日第 93–022 号训令第六条规定的鱼类发展和管理计划的目标。

（2）以便在如下情形下保证渔业部门更好地融入国家经济：

——企业在岸上没有足够的处理、包装和储存捕获物的设施；

——与在马达加斯加设立的其他企业取得的价格相比，企业获得的销售价格没有竞争力；

——企业的合伙协议或服务合同没有事先得到国家主管机关的证明。

（3）如果申请人在申请前 12 个月内被发现违反了 1993 年 5 月 4 日第 93–022 号训令的规定或其他关于渔业和水产业的法律或法规。

3. 拒绝发放捕鱼执照的理由须经常由渔业和水产养殖部细化。

4. 除本条和第十四条规定的理由外，主管机关不得中止或撤销捕鱼执照。

5. 如为上述第 2 款第（1）项的原因被中止或撤销了捕鱼执照，所缴纳的执照费应根据执照未到期的有效期按比例进行退还。

第十六条

1. 执照应按照本法令以及根据本法令第三条和第十条通过的规范文件中规定的样式进行拟定，并遵守：

（1）管理渔业活动的立法中规定的一般条件；

（2）可能根据本条第二款的规定制定的任何一般条件；

（3）可能根据本条第三款的规定制定的任何特殊条件。

2. 渔业和水产养殖部部长在收到渔业和水产养殖部际委员会的意见后，可以在适时发布的法令中规定补充一般条件。这些补充条件应包括在特定或全部捕鱼执照中，并且除其他外，与禁渔期、鱼类最小尺寸以及捕鱼装置的特征有关。

3. 渔业和水产养殖部部长在收到渔业和水产养殖部际委员会的意见后，可以在捕鱼执照中增加其认为应该遵守的特别条件。除其他外，这些条件与以下各项有关：

（1）捕鱼、捕鱼装置和任何相关的授权活动的种类与方法；

（2）捕鱼或其他相关的即将授权的活动可以进行的区域；

（3）可允许捕捞的鱼种和数量，包括对副渔获物的适当限制。

4. 为了对渔业进行适当的管理，渔业和水产养殖部部长可以在收到渔业和水产养殖部际委员会的意见后，修改、增加或删除捕鱼执照中的特别条件。如有任何此类修改或删除，应毫不迟延地通知捕鱼执照持有人。

第十七条

根据受益人的要求，并经渔业和水产养殖部部长的同意，捕鱼执照只可转让给同一公司的船舶。

第十八条

1. 渔业和水产养殖部部长应于收到渔业和水产养殖部际委员会的意见之日起 3 个月内，通知申请人对捕鱼执照进行续期、授予、撤销和中止的决定。3 个月后，在没有作出决定的情况下，渔业和水产养殖部部长需将渔业和水产养殖部际委员会的意见通知申请人，以此作为一项决定。

2. 船上应一直携带捕鱼执照原件。

第十九条

本节的规定在细节上作必要修改后，比照适用于第八条规定的辅助船舶。

第四部分　外国船舶的授权制度

第二十条

1. 本部分适用于 1993 年 5 月 4 日第 93–022 号训令以及本法令第九条中规定的外国船舶。

如果不存在所规定的国家间协议，渔业和水产养殖部部长可以与外国个人或法人实体就运营条件达成个人或法人实体应遵守的协议。为比目的，应拟定协议议定书。

2. 如没有根据 1993 年 5 月 4 日第 93–022 号训令第十三条第二款的规定得到授权，本条第一款提到的任何船舶不得在国家管辖海域范围内捕鱼，或在马达加斯加的大陆架上捕捞定居物种。

第二十一条

所有悬挂外国国旗并享有无害通过国家管辖范围内海域权利的船舶，必须清理并收起其渔具，以免其轻易使用。

第二十二条

渔业和水产养殖部部长必须确定能够在国家管辖海域范围内捕鱼的外国船舶的数量、捕鱼执照有效期、可以捕捞的鱼种，在必要时确定每种授权捕捞的鱼种的捕捞配额。这些信息应纳入渔业协议或 1993 年 5 月 4 日第 93–022 号训令第十三条第二款规定的特殊执照中。

第二十三条

被授权在国家管辖海域范围内捕鱼的悬挂外国国旗的船舶必须以最快的通信方式通知渔业和水产养殖部部长其进入或离开马达加斯加海域的情况，并在马达加斯加的海域范围内时定期报告其位置。

第二十四条

1. 除上述第二十二条和第二十三条的规定外，根据 1993 年 5 月 4 日第 93–022 号训令第十三条第二款订立的国际协议必须：

（1）详细说明允许运营的船舶的数量、特征以及准许的捕鱼区域、捕捞类型和捕捞的鱼种；

（2）规定船舶所有人或其代表必须为其船舶取得个人执照，并于必要时详细规定申请和取得该执照的程序；

（3）确定费用和其他经济赔偿的数额；

（4）包含关于船舶所有人向渔业和水产养殖部主管办事处定期传输关于捕获物的统计数据的条款；

（5）要求船舶按照本法令的规定及其实施条例进行标记；

（6）规定船旗国或其他主管部门有义务采取一切适当措施，以保证得到授权的捕鱼船舶尊重协议的规定和条件及现存法律与规章的相关规定。

2. 任何根据 1993 年 5 月 4 日第 93–022 号训令第十三条第二款订立的协议及本法令第二十条规定的任何协议议定书，都必须与根据训令第六条规定制定的管理和发展计划相一致。

3. 前述协议也可以规定如下事项：

（1）在马达加斯加卸载全部或部分的渔获物；

（2）对国民的培训；

（3）海岸基础设施的建设以及技术转让措施；

（4）在悬挂外国国旗的船舶在国家管辖范围内的海域进行航行的全部或部分时间内，马达加斯加检查员或观察员对这些船舶的登临；

（5）当事方协商的其他措施或规定。

第二十五条

本法令第二十条、第二十二条和第二十四条规定的特殊执照的申请必须包含如下信息：

（1）船舶的名称、注册号和注册港；

（2）外部识别标志；

（3）船舶所有人或租赁人的名称和住址；

（4）总吨位、总长度和装载量；

（5）识别信号和使用的无线电频率；

（6）捕捞类型、计划捕捞的鱼种及捕鱼期。

第二十六条

根据本法令第二十二条规定颁发的每个执照只对一艘船舶有效。在多艘船舶参与同一捕鱼活动的情形下，每艘船舶都应持有一个单独的捕鱼执照。执照原件应随时置备于船上。

第二十七条

本法令第二十五条规定的船舶信息必须载入执照内。

如下信息可以补充这些信息或复制在一个附件内：

（1）授权捕鱼的区域；

（2）执照有效期；

（3）可捕的鱼类、其最小尺寸或最小重量以及附带鱼种的最大比例；

（4）最大可捕量；

（5）可以采用的捕鱼方法以及捕鱼设备种类；

（6）捕获物卸载、转运和使用的条件；

（7）悬挂外国国旗的船舶进入马达加斯加港口、进行再补给和维护的条件；

（8）在适当时候参与捕鱼研究项目的条件；

（9）在船上雇佣和培训马达加斯加人员的条件；

（10）如果适当，由一名或两名有资格的马达加斯加观察员在不影响船上活动的情况下登临船舶以监督捕鱼活动、进行必要的统计报告、取得文件的条件；

（11）费用的数额和付费条件。

第二十八条

被授权的悬挂外国国旗船舶的船长应常备捕鱼日志，记录每日的捕鱼活动，即捕鱼区域、气象条件、使用的捕鱼设备、主要鱼种的捕捞总量、附带渔获物的总量以及马达加斯加当局认为有用的所有其他信息。

日志应每月提交给负责渔业的办事处。

第二十九条

船舶的名称应以可辨别的罗马字体书写，高45厘米，宽6厘米，黑底白字，标注于船舶的驾驶台及船舷两侧。

船舶的无线电呼叫标志应以白底红字喷涂于驾驶台的上部，字号至少应为前款规定的大小。

第三十条

有下列原因之一者，渔业和水产养殖部部长可以中止或吊销特别执照：

（1）悬挂外国国旗的船舶违反了渔业规章的规定；或者

（2）该措施是严格管理有关鱼类资源所必要的。

在后一种情况下，所缴纳的执照费用根据未到期的有效期按比例退还。

第五部分 其他捕捞类型

第三十一条

根据现行有效的法规，维持生计的捕鱼或娱乐捕鱼在任何时候都是免费的，不得为此收取任何费用。

第三十二条

1. 本法令第七条规定的科学或实验性捕鱼应得到渔业和水产养殖部部长根据科学研究部部长的意见作出的事先授权。除下文第三十三条规定的一般条件外，这种授权可以附带渔业和水产养殖部部长认为适当的所有条件和限制。

2. 这种不可续期的授权最长的有效期为 12 个月。

第三十三条

1. 已根据前述第三十二条的规定得到授权在马达加斯加水域内进行活动的船舶，在每次捕鱼活动中都应通过马达加斯加当局指定的一个马达加斯加港口。

2. 渔业和水产养殖部部长有权要求所有拟参与本法令第七条规定的研究捕鱼的船舶：

——根据研究计划开展捕鱼活动，并且该研究计划需要考虑根据 1993 年 5 月 4 日第 93-022 号训令制定的发展和管理渔业计划的目标；

——安置部长指定的一名或多名专家参与该捕鱼活动；

——将收集的所有数据和得到的结果在部长确定的时间内提交给部长。

3. 渔业和水产养殖部部长有权要求所有拟参与本法令第七条规定的探索捕鱼的每艘船舶：

——在船上安置部长指定的一名或两名观察员，由此所需要的费用由船舶所有人承担；

——将部长认为必要的一切信息，特别是有关捕鱼的区域、即将使用的捕鱼方法、目标鱼类的信息，事先通知他。

4. 在经过探索性捕鱼后，要想取得探索性期间进行捕捞活动所用的同类型商业捕鱼执照，自然人或法人可以向渔业和水产养殖部部长提交此类申请。这类申请将优先于没有以此为目的进行探索性捕鱼的人提交的其他申请。这种申请可能导致渔业和水产养殖部部长在得到渔业和水产养殖部际委员会的意见后颁发一个或多个捕鱼执照，但要遵守为严格管理有关资源而确立的限制条件，并符合本法令的规定。

第六部分 最后条款

第三十四条

有关社会经济利益的特别法所规定的权利和义务对本法令规定的实施没有影响。

任何与本法令相抵触的规定，特别是 1971 年 5 月 18 日第 71–238 号法令和 1973 年 6 月 22 日第 73–171 号法令的规定，对渔业和水产养殖业而言，都将被废除。

然而，与本法令不相抵触且与本法令所涉事项有关的规章文件的规定，在本法令的实施文件生效前继续适用。

第三十五条

渔业和水产养殖部部长、海运部部长、财政部部长在各自的管辖范围内负责本法令的实施。本法令将公布于共和国的官方公报上。

1994 年 2 月 18 日于塔那那利佛通过。

海 事 法 典

（2004 年 4 月 2 日）

目录

第一章　领海的界限
第二章　公海和国际区域
第三章　国家管辖权的范围
第四章　航线规则
第五章　海盗的制止
第六章　与公海有关的义务
第七章　对外国船舶上个人的管辖权
第八章　军舰和其他政府船舶的豁免
第九章　生物资源的管理和养护
第十章　海洋环境的保护和保全
第二卷　船只
第一章　船只的定义
第二章　登记
第三章　马尔加什登记
第四章　航行种类与航行文件
第五章　船上的安全、生活条件与卫生
第六章　有关船只物权的文件
第七章　船只的结构与维修
第八章　船只的所有权
第九章　船只的共同所有权
第三卷　海员
第一章　海员的定义与船舶所有者
第二章　从事海员的要求
第三章　协议条款
第四章　工作组织
第五章　海员的报酬
第六章　生病与受伤
第七章　协议条款的期间、遣返和生活补贴
第八章　应急条款
第九章　船员在船上的作用与构成

第十章　民事地位、失踪、海事继承
第十一章　个人争端
第十二章　集体争端
第四卷　海洋运输组织
第一章　一般组织
第二章　引航
第三章　拖拽
第五卷　海上事故
第一章　碰撞
第二章　海损
1.一般海损的分类
2.共同海损分摊
3.一般海损的解决
第三章　海上救援
第四章　普通沉船与遇难
第五章　沉船的历史、考古或文化意义
第六卷　海事行政
第一章　海事行政当局
第七卷　纪律与惩罚制度
第一章　一般条款
第二章　违反纪律
第三章　管辖权与程序
第四章　违反船舶内部规章
第五章　违反航行规则
第六章　船舶的失踪、碰撞、搁浅和其他海事事故
第七章　影响船上安全的犯罪
第八章　违反船上劳动规章
第九章　有关海上信号保护的犯罪
第十章　有关海上沉船的犯罪
第十一章　有关海洋环境保护和保全的犯罪

第十二章　有关一般运输组织的犯罪
第十三章　海盗
第二部分　海上商业
第八卷　对船舶的权力主张
第一章　海事担保
第二章　没收
第九卷　船舶运营
第一章　所有权
第二章　租赁
第十卷　人事和辅助人员
第一章　海上人员
第二章　所有者的岸上代理人
第三章　辅助代理人
第十一卷　海上运输和销售
第十二卷　海上保险
第一章　各类保险的共通规则
第二章　各类保险的特殊规则
第三部分　海事纠纷
第十三卷　法律程序
第一章　实质管辖权
第二章　法院的管辖权
第三章　属地管辖
第四章　时效和抗辩规则
第五章　仲裁

第 99–028 号法令：修改海事法典

国民大会于 1999 年 12 月 7 日会议上通过，并且
共和国总统，
依照宪法，

依照 2000 年 2 月 2 日最高宪法法院第 3-11CC/D.3 号决议，

颁布如下法令：

第一条

通过 1966 年 7 月 5 日第 66-007 号法令颁布的《海事法典》依本法令所附的文本进行修改。

第二条

与本法典相抵触的此前条款一律废除。

第三条

本法将在《宪报》上发表。

本法令将作为国家法律执行。

2000 年 2 月 3 日颁布于安塔那那利佛（Antananarivo）

共和国总统迪迪埃·拉齐拉卡（Didier RATSIRAKA）

序　　言

现行《海事法典》在 1966 年 7 月 5 日第 66-007 号法令中颁布。

它涉及不同的领域，影响航行、环境、船只、海员、运输、渔业、海事行政、海上货物买卖、海上保险以及司法程序。

自 1966 年以来，它已经由几个国内文件进行了修改：

1974 年 3 月 7 日第 74-010 号命令修改了《海事法典》第三卷（《宪报》，1974 年 3 月 16 日，第 767 页）；

1977 年 9 月 30 日第 77-063 号命令补充了《海事法典》第 7.5.01 条的规定（《宪报》，1977 年 10 月 15 日，第 2704 页）；

1977 年 9 月 30 日第 77-064 号命令补充了《海事法典》第 7.7.07 条的规定（《宪报》，1977 年 10 月 15 日，第 2706 页）；

1983 年 12 月 21 日第 83-028 号命令废除了经修订的 1966 年 7 月 5 日第 66-007 号法令中与《海事法典》相关的条文以及经修订的 1977 年 12 月 22 日第 77-005 号法令中包含在《总税法典》中的条文（《宪报》，1983 年 12 月 31 日，第 3267 页）；

1985 年 9 月 16 日第 85-013 号命令规定了海洋区域（《宪报》，1985 年 9 月 21 日，第 1917 页）；

1992 年 7 月 17 日第 92-032 号命令修改和补充了《海事法典》第三卷中的条款（《宪报》,1992 年 8 月 24 日，第 1966 页）。

它要求《马尔加什法典》考虑以下自 1966 年以来生效的国际条约：

1969 年的《国际船舶吨位测量公约》，生效时间为 1982 年 7 月 18 日；

1975 年 5 月 6 日生效的《国际干预公海油污事故公约》；

1983 年 3 月 30 日生效的前述公约的议定书；

1975 年 6 月 19 日生效的《1969 年国际油污损害的民事责任公约》；

1981 年 4 月 8 日生效的前述公约的 1969 年公约议定书；

1975 年 7 月 15 日生效的《1971 年设立海上核材料运输民事责任公约》；

1978 年 10 月 16 日生效的《建立 1971 年国际油污损害补偿国际基金的公约》；

1975 年 8 月 30 日生效的《1972 年防止倾倒废物及其他物质污染海洋的公约》；

经 1978 年议定书修改于 1983 年 10 月 2 日生效的《1973 年国际防止船舶污染的公约》；

1980 年 5 月 25 日生效的《1974 年国际海上人命安全公约》；

1981 年 5 月 1 日生效的前述公约 1978 年议定书；

1987 年 4 月 28 日生效的《1974 年关于海上运送旅客及其行李的公约》；

1989 年 4 月 30 日生效的前述公约 1974 年议定书；

1986 年 12 月 1 日生效的《1976 年海事赔偿责任限制公约》；

1984 年 4 月 28 日生效的《1978 年海员培训、发证和值班标准国际公约》；

1985 年 6 月 22 日生效的《1979 年海上搜寻救助公约》；

1994 年 11 月 16 日生效的《1982 年联合国海洋法公约》；

1992 年 3 月 1 日生效的《1988 年禁止危及海上航行安全非法行为议定书》。

马达加斯加虽然仅批准了《1974 年海上人命安全公约》和《1978 年海员培训、发证和值班标准国际公约》，但为了与当前的国内立法与国际公约的修改衔接，应适当修改《海事法典》。

在本次修订中，为了说明当前马达加斯加的主要海事部门，有必要最后介绍一些修改情况：

（1）为了弥补国内航运公司的不足，向外国投资者开放海运业；

（2）通过废除第 4.1.02 条放宽海上运输，这将迫使船东依照公共利益行事；

（3）禁止所有未投保的外国船舶进入马达加斯加港口；

（4）要求所有外国船舶配备一名航运代理或货运代理，负责船舶所有费用的缴纳；

（5）保护具有历史、考古或文化意义的沉船，它们近年来受到大规模的破坏；

（6）改善船员的社会保障，他们经常成为外国操船者造成的严重事故或欺诈的受害者；

（7）规范船员罢工的权利；

（8）对海运部门颁发的所有文件和证书收取费用，以增加国家税收；

（9）为加强威慑的力度，提高罚金的数额。

《海事法典》由下列部分组成：

第一部分：海洋行政部门；

第二部分：海商法；

第三部分：海事争端。

本次修订包括：

将《海洋法公约》的原则条款并入第一卷；

废除旧的第 2.2.03 条，开放海事部门，该条要求所有悬挂马达加斯加国旗的船只至少有一半由马达加斯加国民享有所有权；

在第二卷中将“海洋历史遗迹、考古和文化利益”增加为第八章；

比照非农业部门岸上工人，调整第 3.5.02 条中水手的指数点的模式和价值；

增加包含在第 4.1.04 条中的条件，要求进入马达加斯加港口的外国船只必须配备当地货运代理人或引航员，而且持有目前有效的保险单；

以 10 为系数，提高第七卷规定的罚款数额；

修改第八卷中有关船东责任限额和临时扣押程序的规定；

删除长期航运贷款条款，该条款已不适用；

使用货运代理或引航员的条件应经正式批准及缴纳保证金；

以上为本法的目的。

第一部分　海洋行政部门

第一章　领海的界限

1.1.01　领海宽度

马达加斯加领海从基线向海延伸 12 海里。

1.1.02　内水

领海基线向陆地一侧海域为马达加斯加内水。

1.1.03　正常基线

测算领海宽度的基线为大比例尺海图上标明的沿海岸的低潮线。

1.1.04　岸礁

有岸礁环列的海岸，基线为礁石向海一侧的低潮线。

1.1.05　河口

如果河流直接流入海洋，基线应为一条在两岸低潮线上的两点之间横越河口的直线。

1.1.06　海湾

用横越曲口的直线作为直径划一个半圆，若其面积等于或大于水曲的面积，则该水曲为海湾。

如果海湾天然入口两端的低潮标之间的距离不超过 24 海里，则可在这两个低潮标之间划出一条封口线，该线所包围的水域应视为内水。

如果海湾天然入口两端的低潮标之间的距离超过 24 海里，则 24 海里的直线基线应划在海湾内，以划入该长度的线所可能包围的最大水域。

1.1.07　港口和泊船处

构成海港体系组成部分的最外部永久性海港工程视为海岸的一部分。

近岸设施和人工岛屿不应视为永久性海港工程。

全部或一部分位于领海的外部界限以外且通常用于船舶装卸和下锚的泊船处，包括在领海范围之内。

1.1.08　岛屿和礁石

“岛屿”是四面环水并在高潮时高于水面的自然形成的陆地。岛屿拥有领海。

“礁石”是不能维持人类居住或人类本身的经济生活的岩礁，没有领海。

1.1.09 环绕马达加斯加的岛屿

马达加斯加主权下岛屿的最外缘各点通过直线基线连接马达加斯加，每条线的长度不超过 100 海里。

1.1.10 低潮高地

低潮高地是在低潮时四面环水并高于水面但在高潮时没入水中的自然形成的陆地。

除非在低潮高地上筑有永久高于海平面的灯塔或类似设施，或低潮高地的部分或全部与最近岛屿的距离不超过领海宽度，否则不得将低潮高地作为直线基线的起讫点。

1.1.11 适当的点

由部长会议颁布的法令应根据前条款公布直线基线的永久基点。在基点表上应附有标明领海界限的适当比例的海图。

第二章 公海与中间区域

1.2.01 毗连区

毗连区是领海以外并邻接领海的区域。其宽度为 12 海里。

1.2.02 专属经济区

专属经济区是领海以外并邻接领海的区域。其宽度从基线量起不超过 200 海里。

如果马达加斯加共和国的基线到一个或多个海岸相向国家的基线之间的距离不足 400 海里，则界限应根据按照公平原则达成的协议划定，以有关国家之间的等距离线作为参考点。

1.2.03 大陆架

大陆架为陆地领土向大陆边缘外缘的水下延伸。

大陆架由陆架、陆坡和陆基的海床与底土构成。它不包括深洋洋底及其洋脊，也不包括其底土。

在大陆边从基线量起不能扩展到 200 海里之外的地方，大陆架的外部界限为连接各定点的线。它距离大陆坡脚不超过 60 海里。

在大陆边从基线量起可以扩展到 200 海里之外的地方，大陆架的外部界限为连接各定点的线，其距离 2 500 米等深线之外 100 海里处有 60 海里。

尽管有前款的规定，从基线量起，在海底洋脊上的大陆架的外部界限不应超过 350 海里。

上述各条款提到的定点的坐标应由法令规定。

1.2.04 公海

不包括在内水、领海和专属经济区之内的海洋部分为公海。

第三章 国家管辖权的范围

1.3.01 领海主权

马达加斯加的主权及于领土和内水之外的领海。该主权扩展到领海的上空及其海床和底土。

因此，马达加斯加可就下列事项通过法律和规章：

沿海监管；

航行安全和货运管理；

保护助航设备和系统以及其他设备或设施；

保护电缆和管道；

保全海洋生物资源；

防止破坏渔业规章；

保护海洋环境，特别是防止污染；

防止违反海关、税收、卫生和移民规章。

1.3.02 在专属经济区的权利

专属经济区包括海床及其底土和上覆水域。在该区域，马达加斯加共和国享有：

以勘探和开发、养护和管理海床海床及其底土、上覆水域的自然资源（不论为生物资源还是为非生物资源）为目的的主权和专属权，以及关于在该区内从事经济性开发和勘探如利用海水、海流和风力生产能等其他活动的主权和专属权。

有关人工岛屿、设施和结构的建造与使用，海洋科学研究，海洋环境

的保护和保全的管辖权

其他国家的国民未经马达加斯加政府的许可，不得在专属经济区内从事任何勘探和开发。

1.3.03 在大陆架的权利

国家主权并不延伸到大陆架上覆水域或水域上空。

马达加斯加共和国为下列目的，对大陆架行使主权权利：勘探大陆架和开发其海床与底土的矿物资源、其他非生物资源以及属于定居种的生物，即在可捕捞阶段在海床上或海床下不能移动或其躯体须与海床或底土保持接触才能移动的生物。

前款所指的权利为专属性的。它并不取决于有效或象征性的占领或任何明文公告。它也不影响上覆水域及其上空的法律地位，不妨碍其他国家的权利，特别是航行自由和铺设电缆与管道的自由。

然而，马达加斯加共和国有授权和管理在其大陆架上进行钻探及其他工程的专属权利。

1.3.04 公海自由

公海向所有国家开放。它应用于和平目的。所有国家可以在公海上行使：

航行自由；

飞越自由；

捕鱼自由，但要遵守有关生物资源管理和养护的条约义务；

科学研究自由；

铺设海底电缆和管道的自由；

建造人工岛屿和设施的自由。

前款所述科学研究设备和设施不具有岛屿地位。它们没有领海，但可以有不超过 500 米的安全区。

1.3.05 “区域”及其资源

为本条的目的，“区域”指国家管辖范围以外的海床及其底土。

“资源”包括固体、液体或气体矿物资源，如石油、汽油、硫化物、氦、多金属结核、含金属海水等。

“区域”及其资源是人类共同继承的财产。

“区域”的开发及“区域”内的一切研究活动应依照《联合国宪章》所

载原则和其他国际法规则为全人类的利益进行。

1.3.06 “区域”与考古和历史文物

一切考古和历史文物应为全人类的利益予以保存或处置，但应特别顾及来源国或历史和考古上的来源国的优先权利。

第四章 航行规章

1.4.01 领海内的无害通过权

所有国家的船舶均享有无害通过领海的权利。

通过只要不影响本国的良好秩序或安全就是无害的。

如果外国船舶进行了下列任何活动，其通过即视为损害了本国的良好秩序或安全：

对马达加斯加的领土主权使用或威胁使用武力；

以任何种类的武器进行任何操练或演习；

任何目的在于搜集情报使马达加斯加的防务或安全受到损害的行为；

在船上发射、降落或装载任何飞机；

违反马达加斯加有关海关、财政、移民或卫生的法律和规章上下任何商品、货币或人员；

任何可能造成严重污染的行为；

任何未经批准的捕鱼活动；

研究或测量活动；

任何目的在于干扰马达加斯加任何通信系统或任何其他设施或设备的行为；

与通过没有直接关系的任何其他活动。

1.4.02 某类船舶的特殊义务

潜水艇和其他潜水器在行使无害通过权通过领海时须在海面上航行，并展示其旗帜。此外，外国核动力船舶和载运核物质或其他本质上危险或有毒的物质的船舶，应持有国际条约为这种船舶所规定的证书，并遵守国际协定所规定的预防措施。

1.4.03 在毗连区的权利

马达加斯加得在毗连区行使必要的管制权：

防止在领土或领海内违反海关、财政、移民或卫生的规章；

惩治在领土或领海内违反上述规章的行为。

1.4.04 毗连区之外的紧追权

马达加斯加的主管当局如有充分理由认为外国船舶违反了现行的法律和规章，可以进行紧追。

紧追开始时，外国船舶或其中的小船必须位于马达加斯加的内水、领海、毗连区范围内。紧追只有未曾中断，才可在毗连区外继续进行。

紧追权只可由军舰、军用飞机或其他有清楚标志可以识别且为政府服务并经授权的船舶或飞机行使。

紧追权在被追逐的船舶进入其本国领海或第三国领海时终止。

在无正当理由行使紧追权的情况下，在领海以外被停驶或被逮捕的船舶，对于可能因此遭受的任何损失或损害应获得赔偿。

1.4.05 在公海上的登临权

如有合理根据认为公海上的商船有下列嫌疑，军舰有权检查该船：

从事海盗行为；

从事奴隶贩运；

从事未经许可的广播；

没有国籍，或拒绝展示旗帜。

在上述情况下，军舰可查核授权悬挂旗帜的文件。

如果检查文件后仍有嫌疑，军舰可进一步在该商船上进行检查，但检查须尽量审慎进行。

如果嫌疑经证明为无根据，而且被登临的船舶并未从事被嫌疑的任何行为，则对该船可能遭受的任何损失或损害应予以赔偿。

1.4.06 船舶的国籍

船舶具有其所悬挂旗帜所属国家的国籍。

除非国际公约规定有例外情况，否则船舶应仅悬挂一个国家的旗帜，在公海上应受该国的专属管辖。

悬挂几个国家的旗帜航行，并视方便而换用旗帜的船舶，不得主张其中的任一国籍，并可视为无国籍船舶。

第五章　海盗的制止

1.5.01　海盗行为的定义

下列任何行为构成海盗行为：

（1）私人船舶或私人飞机的船员、机组成员或乘客为私人目的，对下列对象从事任何非法的暴力或扣留行为，或掠夺行为：

在公海上对另一船舶或飞机或对另一船舶或飞机上的人或财物；

在任何国家管辖范围以外的地方对船舶、飞机、人或财物。

（2）明知船舶或飞机成为海盗船舶或飞机的事实而自愿参加其活动的任何行为。

（3）教唆或故意便利第（1）或第（2）项所列的任何行为。

1.5.02　海盗船舶或飞机的定义

如果处于主要控制地位的人员意图利用船舶或飞机从事前条所指的各项行为之一，该船舶或飞机被视为海盗船舶或飞机。如果该船舶或飞机曾被用以从事上述行为，只要该船舶或飞机仍在犯有该行为人员的控制之下，上述规定同样适用。

1.5.03　军舰、政府船舶或政府飞机从事的海盗行为

军舰、政府船舶或政府飞机的船员或机组成员发生叛变控制该船舶或飞机而从事的海盗行为，视同私人船舶或飞机所从事的行为。

1.5.04　海盗船舶或飞机的国籍

某一船舶或飞机虽已成为海盗船舶或飞机，但其国籍仍然保留。

1.5.05　海盗船舶或飞机的扣押

在公海上，或在任何国家管辖范围以外的任何其他地方，马达加斯加可扣押海盗船舶或飞机或为海盗所夺取并在海盗控制下的船舶或飞机，可逮捕船上或机上人员，并扣押船上或机上的财物。

主管法院可判定应处的刑罚，并可决定对船舶、飞机或财产所应采取的行动，但受善意第三者的权利的限制。

1.5.06 有权进行扣押的船舶和飞机

因海盗行为进行扣押，只可由军舰、军用飞机或其他有清楚标志可以识别且为政府服务并经授权扣押的船舶或飞机实施。

第六章 在公海上的义务

1.6.01 确保航行安全的义务

马达加斯加应保持一本船舶登记册，载列悬挂本国旗帜的船舶的名称和详细情况，并应为保证海上安全采取必要的一切措施，特别是关于以下方面的措施：

船舶的构造、装备和适航条件；

船舶的人员配备、船员的劳动条件和训练，同时考虑到适用的国际文件；

信号和其他通信手段及避免碰撞手段的使用；

在船舶登记前后，由合格的海事检验人员按适当的时间间隔对其进行的检查。

1.6.02 救助的义务

每艘船舶的船长只要在不严重危及其船舶、船员或乘客的情况下，都应：

救助在海上遇到生命危险的人；

如果得悉有遇难者需要救助，当在合理情况下期待其采取救助行动时，尽速前往援救；

在碰撞后，对另一船舶、其船员和乘客给予救助，并将自己船舶的名称、船籍港和将要停泊的最近港口通知另一船舶。

马达加斯加应根据与邻国的区域性安排框架，促进海上搜寻和救助服务的建立和运营，以确保海上及其上空的安全。

1.6.03 禁止贩运奴隶

马达加斯加应采取措施，防止和惩罚其船舶贩运奴隶及为此目的非法使用其旗帜。

在悬挂马达加斯加旗帜的船舶上避难的任何奴隶，均当获得自由。

1.6.04 合作制止麻醉药品或精神调理物质非法贩运的义务

马达加斯加与其他国家应进行合作，制止船舶违反国际公约，在海上从事非法贩运麻醉药品和精神调理物质。

马达加斯加如果有合理根据认为一艘悬挂其旗帜的船舶非法贩运麻醉药品或精神调理物质，可要求其他国家合作，制止这种贩运。

1.6.05 合作制止未经许可的广播的义务

任何人在公海上从事未经许可的广播，只要在马达加斯加境内接收到这种广播，并对获得许可的无线电通信造成干扰，即可在马达加斯加法院受到起诉。

马达加斯加可逮捕从事未经许可广播的任何人或船舶，并扣押其使用的广播器材。

“未经许可的广播”指船舶或设施违反国内和国际规章在公海上播送旨在使公众收听或收看的无线电传音或电视广播，但遇难呼号的播送除外。

第七章 对外国船舶上人员的管辖权

1.7.01 领海以外的刑事犯罪

马达加斯加不得在通过其领海的外国船舶上采取措施，以逮捕任何人或进行任何与该船进入领海之前所犯刑事罪行有关的任何调查，如果船舶来自外国港口，且仅通过领海而不进入内水。但是，第 1.5.05 条包含的有关制止海盗的条款、保护和保全海洋环境的条款所列情况或违反专属经济区的法律和规章的情况除外。

1.7.02 在领海的刑事犯罪

马达加斯加仅可在下列情况下在外国船舶上行使刑事管辖权：

罪行的后果及于马达加斯加领土；

罪行属于扰乱当地安宁或领海的良好秩序的性质；

经船长或船旗国代表或外交官请求，马达加斯加当局予以协助；

这些措施是取缔违法贩运麻醉药品或精神调理物质所必要的。

1.7.03 在内水的刑事犯罪

前条规定不影响马达加斯加为在驶离内水后通过领海的外国船舶上进行逮捕或调查的目的而采取国内法授权的任何步骤的权利。

在所有情况下，马达加斯加应将采取的措施通知船旗国外交官员。

1.7.04 民事管辖权

马达加斯加不应为对通过领海的外国船舶行使民事管辖权的目的而停止其航行或改变其航向。

前款不妨害马达加斯加按照国内法为任何民事诉讼的目的而对在领海内停泊或驶离内水后通过领海的外国船舶加以扣押或逮捕的权利。

1.7.05 对公海碰撞情况中的管辖权

遇有船舶在公海上碰撞或任何其他航行事故涉及船长或任何其他为船舶服务的人员的刑事或纪律责任时，对此类人员的任何刑事诉讼或纪律程序，仅可向船旗国或此类人员所属国的司法或行政当局提出。

在纪律事项上，只有发给船长证书或驾驶资格证书或执照的国家，才有权在经过适当的法律程序后宣布撤销该证书，即使证书持有人不是发给证书的国家的国民。

即使作为一种调查措施，船旗国当局以外的任何当局也不应命令逮捕或扣留船舶。

第八章 军舰和其他政府船舶的豁免权

1.8.01 军舰的定义

“军舰”是指属于一国武装部队、具备辨别此种船舶国籍的外部标志、由军官指挥及有服从正规武装部队纪律的船员的船舶。

1.8.02 军舰对马达加斯加法律和规章的不遵守

如果任何军舰不遵守马达加斯加关于通过领海的法律和规章，而且不顾向其提出遵守法律和规章的任何要求，则马达加斯加可要求该军舰立即离开领海。

1.8.03 船旗国的责任

对于军舰不遵守有关通过领海的法律和规章而使马达加斯加遭受的任何损失或损害，船旗国应负国际责任。

1.8.04 军舰的豁免权

除上述各条所规定的内容外，军舰应享有管辖的豁免权。

1.8.05 用于非商业目的的政府船舶

专门用于非商业公共目的的政府船舶应享有管辖的豁免权。

第九章 生物资源的管理和养护

1.9.01 海洋哺乳动物

马达加斯加应采取措施，并与其他国家合作，确保保护海洋哺乳动物，特别应通过适当的国际组织致力于鲸类的保护和研究。

1.9.02 溯河产卵鱼种

在属于溯河产卵鱼种源产地的河流中，马达加斯加根据作为缔约国的国际公约对该鱼种应有主要利益和责任，应在专属经济区外部界限向陆一侧的水域，通过建立适当的捕捞管理措施，确保对该鱼种的养护。

对于在专属经济区外部界限以外的捕捞，马达加斯加应与有关国家保持协商，以期就捕捞的条款和条件达成协议，并适当顾及鱼源国对该鱼种养护的要求和需要。

1.9.03 降河产卵鱼种

马达加斯加对在其水域内度过大部分生命周期的降河产卵鱼种应负有管理责任，并应确保洄游鱼类的出入。

当属于降河产卵的鱼种洄游通过另一个或多个国家的专属经济区时，此鱼种的管理应由马达加斯加与有关的一个或多个国家的协议规定。

1.9.04 出现在两个或两个以上沿海国专属经济区的种群

当同一种群或有关联的几个种群出现在两个或两个以上沿海国的专属经济区内时，马达加斯加应直接或通过适当的分区域或区域组织，与其他国家设法就必要措施达成协议，以协调并确保这些种群的养护和发展。

第十章 海洋环境的保护和保全

1.10.01 一般义务

马达加斯加有依据环境政策、为保护和保全海洋环境的目的开发其自然资源的主权权利。

1.10.02 陆地来源的污染

马达加斯加得制定法律和规章，以防止、减少和控制包括河流、河口湾、管道和排水口结构在内的陆地来源对海洋环境的污染，同时考虑到国际上议定的规则、标准和建议的办法及程序。

马达加斯加还可采取其他可能必要的措施，防止、减少和控制这种污染。

1.10.03 来自海底活动的污染

马达加斯加得制定法律和规章，以防止、减少和控制直接受其管辖的海底活动或其管辖下的人工岛屿、设施和结构对海洋环境的污染。

1.10.04 倾倒造成的污染

马达加斯加得制定法律和规章，以防止、减少和控制倾倒对海洋环境的污染。

未经马达加斯加的事先明示许可，不得在其领海和专属经济区内或在大陆架上进行倾倒。经与由于地理处境可能受到倾倒不利影响的其他国家适当审议此事后，马达加斯加有权准许、规定和控制这种倾倒。

1.10.05 来自大气层或通过大气层的污染

马达加斯加得制定适用于其主权下的上空及悬挂其旗帜的船只或在其领土内登记的航空器的法律和规章，同时考虑到国际上议定的规则、标准和建议的方法、程序及航空安全。

1.10.06 来自船只的污染

马达加斯加得制定法律和规章，以防止、减少和控制悬挂其旗帜或在其领土内登记的船只对海洋环境的污染。

此种法律和规章应至少具有与国际公约制定的规则和标准相同的效力。马达加斯加得特别：

制定有关船只设计、结构和设施的规定；

颁发给船只与适用标准一致的证书；

核实船只的适航性，拒绝授权未达到标准的船只继续航行，直到它在最近的港口进行了必要的修理；

接受其他国家颁发的证明船只适航的证书，除非有重大理由相信该船的条件与证书中所有基本方面的说明不符；

为保护海岸线或相关利益，包括捕鱼、防止污染、防止海上事故或发生在船上的其他事故对污染造成的威胁，给予沿海国在领海以外采取和加强措施的权利。该权利要与实际或潜在的损害成比例。

1.10.07　对港口内船只的权力

当船只自愿位于港口或岸外设施处时，本国可就该船在内水、领海或专属经济区的任何排放进行调查，并在有充分证据的情形下，根据国内法提起司法程序。

如果此种排放对其内水、领海或专属经济区导致或可能导致污染，马达加斯加可就专属经济区以外的排放提起司法程序。

如果排放可能影响了请求国水域，马达加斯加得尽力同意其他国家要求调查的请求。

1.10.08　对通过领海的船只的权力

当马达加斯加有明显根据认为在其领海内航行的船只违反了其法律和规章时，马达加斯加可就该违反行为对该船进行检查，并在有充分证据的情形下，根据国内法提起司法程序，特别是命令拘留该船。

1.10.09 对在专属经济区内航行的船只的权力

当马达加斯加有明显根据认为在专属经济区内航行的船只违反了其法律和规章时，马达加斯加可要求该船提供关于该船的识别标志、注册港口、上次停泊和下次停泊的港口以及其他必要的有关资料，以确定是否已有违法行为发生。

1.10.10　调查的权力

为调查的目的扣留外国船只不得超过为调查目的所必需的时间。任何对外国船只的检查应只限于查阅该船所持有的证书、记录和其他文件。

根据本章对外国船只的执行权力，只有官方授权的个人、军舰、军用飞机或其他有明显标志可以识别且为政府服务并经授权的船舶或飞机方能行使。

行使调查权力时，本国不应危害船只的安全，特别是不得将船只带至不安全的港口或停泊地。

在合理的手续完成之后，例如交存了保证金或其他财务保证后，应迅速释放扣留的船只。

在拒绝释放或对释放附加条件的情形下，必须迅速通知船只的船旗国，该国可请求释放该船。

1.10.11 暂停司法程序

当马达加斯加为处罚的目的对在其领海外有违法行为的外国船只提起司法程序时，如果该船旗国在该程序诉讼提起之日起 6 个月内就同样控告也提起了司法程序，前一程序应立即暂停，除非后一程序的案件涉及重大损害或该船旗国出现一再不能履行其义务的情况。

对自犯罪之日起时限已满 3 年的外国船舶，不得再提起刑事诉讼程序。

1.10.12 民事诉讼程序的提起

本章的任何规定不影响就海洋环境污染造成的损失或损害要求赔偿而提起民事诉讼程序。

1.10.13 对外国船只的处罚

对外国船只在领海以外的违法行为仅可处以罚款。

对领海以内的违法行为采取同样的处罚，但故意或严重的污染行为除外。

1.10.14 对外国船只采取措施的通知

马达加斯加应将对外国船只采取的任何措施通知其船旗国。但是，对领海内的违法行为，马达加斯加的义务仅受紧追措施的限制。对此类任何措施，马达加斯加还应立即通知船旗国外交代表或领事官员，可能时还应通知其海事当局。

第二部分 船 只

（以下内容略——译者注。）*

* 由于以下主要为海商法的内容，故省略——译者。

毛里塔尼亚
Mauritania

（英文文本截止于 2009 年 5 月 22 日）

1988 年 8 月 31 日确定毛里塔尼亚伊斯兰共和国领海、毗连区、专属经济区和大陆架界限及法律制度的第 88-120 号训令

经民族救国军事委员会商讨通过，

民族救国军事委员会主席、国家首脑颁布以下训令：

第一条

毛里塔尼亚伊斯兰共和国领海从以下基线量起延伸至 12 海里：

（1）连接 Blanc 角和 Timiris 角的直线基线；

（2）其他地方的低潮线。

位于基线向陆地一侧的水域为国家内水的一部分。

第二条

在邻接领海处应建立一个区域，宽度为从本训令第一条规定的基线量起 24 海里。

第三条

建立专属经济区，宽度为从本训令第一条规定的基线量起 200 海里。

第四条

毛里塔尼亚伊斯兰共和国的大陆架包括其领海以外依其陆地领土的全部自然延伸扩展到大陆边外缘的海底区域的海床和底土，如果从测算领海宽度的基线量起到大陆边外缘的距离不到200海里,则扩展到200海里的距离。

第五条

毛里塔尼亚伊斯兰共和国在其领土、内水外，对包括海床及其底土在内的整个领海行使主权，但不影响所有外国船舶根据国际法享有的无害通过权。

第六条

在毗连区内，毛里塔尼亚伊斯兰共和国可以为下列事项的目的行使必要的管制权：

（1）防止在其领土或领海内违反其海关、财政、移民或卫生的法律和规章；

（2）惩治在其领土或领海内违反上述法律和规章的行为。

第七条

在专属经济区内，毛里塔尼亚伊斯兰共和国保留以勘探、开发、养护和管理海床上覆水域与海床及其底土的自然资源（不论是生物资源还是非生物资源）为目的的主权和专属权利，与在该区域内从事经济性开发和勘探的其他活动（如利用海水、海流和风力生产能）的主权和专属权利，以及国际法认可的所有其他权利和义务。

第八条

毛里塔尼亚伊斯兰共和国为勘探大陆架和开发其自然资源的目的，对全部大陆架行使主权权利和专属权利。

第九条

所有与本训令相冲突的以前的规定，特别是1978年2月28日第78.043号法案所规定的海商和海洋渔业法典的第179条至191条，特此废止。

第十条

本训令应以最快速度公布，并作为国家法律予以实施。

努瓦克肖特，1988年8月31日。

毛里求斯
Mauritius

（英文文本截止于 2011 年 5 月 20 日）

1977 年海洋区域法
（1977 年 6 月 3 日第 13 号法令）

简称

1. 本法令可以引称为《1977 年海洋区域法》。

说明

2. 本法中：

“基线”指根据直线基线制度确定的基线；

“大陆架”指毛里求斯的大陆架；

“指定区域”指根据第九条宣布的区域；

“专属经济区”指毛里求斯的专属经济区；

“历史性水域”指毛里求斯的历史性水域，包括毛里求斯可能通过在政府公报上公布的指定地区或区域，由毛里求斯国家对其行使专属权利；

“界限”，就毛里求斯的领水、大陆架、专属经济区或历史性水域而言，指组成毛里求斯领土的独立岛屿或岛群的领水、陆架、专属经济区或历史性水域的界限；

"资源"包括生物与非生物资源以及利用海流、风力和潮汐生产能的资源；

"潜水器"包括水下推进装置；

"领水"指毛里求斯的领水。

领水主权及界限

3.（1）毛里求斯的主权延伸至而且一贯延伸至领水及其上空、海床和底土。

（2）领水的界限为一条其上每一点同基线上最近点的距离等于 12 海里的线。

（3）尽管有第（2）款的规定，总理认为有必要考虑国际法和国家惯例时，可以根据第（4）款的规章修改领水界限。

（4）除非得到国会的批准，否则不得根据第（3）款制定规章。

外国船舶对领水的使用

4.（1）在不损害任何其他有效规定的情况下，根据第（2）款、第（3）款、第（4）款，所有船舶（军舰除外，包括潜水器）享有无害通过领水的权利。

（2）外国军舰，包括潜水器，在通知国会秘书、总理办公室之后可以进入或通过领水。

（3）潜水器在通过领水时须在水面上航行，并展示其旗帜。

（4）在符合规定时，不管是绝对的还是受命令中可能说明的例外和资格的限制，如果总理认为对毛里求斯或其任何部分的公共安全、公共秩序、防卫或安全的利益有必要，或根据毛里求斯作为缔约国的任何条约，他可以暂停任何级别的外国船舶进入规章中指明的领水范围。

大陆架

5.（1）大陆架由海底区域的海床和底土组成，是毛里求斯领水以外依其陆地领土的自然延伸：

（a）延伸至大陆边的外缘；或者

（b）如果从测算领海宽度的基线量起到大陆边外缘的距离不到 200 海里，则扩展至此距离。

（2）毛里求斯对大陆架享有并一贯享有专属主权权利。

专属经济区

6.（1）专属经济区是领水以外并邻接领水的区域，从基线量起延伸至

200 海里的距离。

（2）尽管有第（1）款的规定，总理在考虑到国际法和国家惯例后认为有必要时，可以根据第（1）款的规定，通过在政府公报上发布命令，修改第（1）款指明的专属经济区界限。

（3）除非命令的草案已经获得立法会议批准，否则不得根据第（2）款作出命令。

7.（1）在不损害第 3 条、第 5 条、第 6 条，同时不违反第（3）和第（6）款的情况下，毛里求斯在大陆架和专属经济区拥有：

（a）以勘探、开发、养护和管理所有资源为目的的主权权利；

（b）为勘探、开发资源或为方便航行或为任何其他目的建造、维护或经营人工岛屿、岸外码头、设施和其他结构或装置而必要的专属权利和管辖权；

（c）授权、规范和管理科学研究的专属管辖权；

（d）保护和保全海洋环境并防止和控制海洋污染的专属管辖权；

（e）国际法或国家惯例承认的其他这类权利。

（2）除非根据任何与毛里求斯签订的有效协议或许可中的条款，或根据总理的授权，否则个人在大陆架或专属经济区不得：

（a）勘探或开发任何资源；

（b）从事任何研究、开凿或钻探活动；

（c）进行操作和研究；

（d）建造、维护或经营任何人工岛屿、岸外码头、设施或其他结构或装置。

（3）根据第（4）款以及任何为保护毛里求斯利益而有必要采取的措施，外国可以在大陆架和专属经济区的海底铺设或维护电缆或管道。

（4）不得在大陆架或专属经济区的海底铺设电缆或管道，除非获得总理授权，划定了电缆或管道的路线。

（5）第（2）款不适用于毛里求斯公民或在毛里求斯登记并由渔业部批准的法人团体的捕鱼。

（6）所有国家的船舶和航空器在毛里求斯享有主权权利的大陆架或专属经济区内享有下列自由：

（a）航行自由；

（b）飞越自由。

历史性水域

8.（1）总理可通过规章说明历史性水域的界限。

（2）毛里求斯的主权权利延伸至而且一贯延伸至历史性水域及其海床、底土和上空。

大陆架和专属经济区的指定区域

9. 总理可通过规章：

（1）宣布大陆架或专属经济区的任何区域为指定区域。

（2）在他认为必要时制定有关下列事项的条款——

（a）在指定区域内勘探、开发和保护资源；

（b）指定区域内人工岛屿、岸外码头、设施和其他结构与装置的安全和保护；

（c）规范和指导指定区域内的科学研究；

（d）保护指定区域内的海洋环境；

（e）有关指定区域的海关和财政事项；

（f）规范外国船舶进入和通过指定区域；

（g）在不损害毛里求斯利益的前提下，建立航道、海道和分道通航制或任何其他确保航行自由的方式。

颁布的范围

10. 总理可通过规章：

（1）对任何有关大陆架、专属经济区或其任何部分（包括任何指定区域）的有效法令进行他认为适当的限制或修改；

（2）制定他认为能够促进法令实施的条款。

海图的公布

11. 总理可在海图上公布基线以及领海、大陆架、专属经济区和历史性水域的界限。

犯罪

12.（1）任何人违反了本法令或根据本法令制定的任何规章的任何条款，应被视为构成犯罪，将被处以 200 000 卢比以下的罚款或 5 年以下的监禁。

（2）任何犯罪嫌疑人应在调解法院进行审判。

代理人或法人团体犯罪

13.（1）若犯罪行为是由以下人实施的，则以下人员应被视为犯有同样的罪行，除非其能证明犯罪行为是在他不知情或未同意的情况下做出，而且已采取了所有合理的措施防止犯罪行为的发生：

（a）代理人，即代表个人行事的人；

（b）法人团体，指在犯罪行为发生时管理该法人团体或声称以管理人身份行事的每一个人。

（2）尽管有第（1）款的规定，若法人团体的犯罪被证明得到了明示的、默示的或默许的同意，或是归因于该法人团体的主任、主管人、秘书或其他官员的任何疏忽，则该主任、主管人、秘书或其他官员都应被视为构成犯罪。

本法令的适用

14. 若本法令与其他法令冲突，则本法令优先。

规章

15.（1）为执行本法令的目的，总理可在他认为必要时制定规章。

（2）在特殊及不损害上述权力的情况下，根据第（1）款制定的规章可以规定下列全部或部分事项：

（a）任何人在领水、大陆架、专属经济区或历史性水域的行为；

（b）对大陆架与专属经济区资源的勘探和开发、保护和管理；

（c）人工岛屿、岸外码头、设施及其他结构与装置的建造、维护；

（d）海洋环境的保护和保全以及海洋污染的防止和控制；

（e）科学研究活动的规范和实施；

（f）有关许可证的费用；

（g）（a）到（f）段事项所附带的任何事项。

开始执行日期

16. 本法令自公布之日起执行。

首相根据《1977 年海洋区域法》第 15 节制定的规章
（1984 年第 199 号政府通告）

1. 本规章可以引用为《1984 年海洋区域（专属经济区）规章》。

2. 毛里求斯管辖内的专属经济区自毛里求斯领土的基线开始延伸，为表 1 和表 2 列出的坐标范围内的区域。

3. 本规章对《1977 年海洋区域法》中规定的大陆架没有影响。

1984 年 12 月 27 日首相于路易斯港制定。

表 1（规章 2）
确定毛里求斯（Mautitius）、罗德里格斯（Rofrigues）、卡加多斯－卡拉若斯（Cargados Caragos）、圣布兰登（ St.Brandon）、阿加勒加（Agalega）和特罗梅林（Tromelin）各岛专属经济区界限的地理坐标点

纬度（南纬）	经度（东经）
08°58′00″	54°28′04″
08°48′55″	55°56′00″
08°40′21″	57°15′09″
08°33′29″	58°20′19″
08°26′13″	59°23′13″
09°36′54″	59°57′30″
10°28′42″	60°04′44″
11°20′30″	59°59′06″
12°08′42″	59°38′00″
12°57′15″	58°58′00″
12°57′48″	60°11′12″
13°41′30″	61°48′36″
14°35′00″	62°38′43″
15°25′12″	62°57′54″
16°18′48″	63°09′44″

续表

纬度（南纬）	经度（东经）
16°25′48″	64°18′36″
16°56′36″	65°30′12″
18°16′17″	66°41′43″
19°59′19″	67°02′02″
20°51′12″	66°50′27″
22°06′37″	66°00′00″
22°42′42″	65°12′44″
23°10′02″	63°20′40″
23°03′03″	62°24′41″
22°10′28″	60°47′34″
23°22′24″	59°26′36″
23°48′05″	58°14′23″
22°00′32″	57°14′40″
21°18′19″	56°50′09″
20°35′55″	56°27′44″
20°04′57″	56°17′39″
19°00′49″	55°50′45″
15°17′06″	52°33′22″
14°01′33″	52°45′33″
13°31′25″	52°58′48″
12°43′06″	53°33′54″
12°17′52″	53°48′02″
11°44′15″	53°49′25″
10°36′15″	53°51′58″
09°38′16″	53°54′17″

表 2（规章 2）
确定查戈斯（Chagos）群岛专属经济区界限的地理坐标点

纬度（南纬）	经度（东经）
01°37′	71°48′
01°37′	73°07′
02°04′	74°23′
02°58′	75°20′
04°03′	75°55′
05°15′	76°06′
06°28′	75°54′
07°45′	75°58′
08°53′	75°38′
09°54′	74°55′
10°39′	73°40′
10°53′	72°18′
10°34′	70°55′
09°52′	69°52′
08°43′	69°04′
07°26′	68°46′
06°20′	68°15′
05°08′	68°08′
03°08′	68°24′
02°37′	69°13′
01°52′	70°21′

2005年海域法*
（2005年第2号法案）

我同意。

SIR ANEROOD JUGNAUTH
共和国总统
2005年2月28日

目　　录

* 2006年7月26日由毛里求斯常驻联合国代表团以备忘录形式向联合国秘书长提交。

10. 行使无害通过权的限制
11. 历史性水域

第五部分　毗　连　区

12. 毗连区
13. 毗连区的管制权

第六部分　专属经济区

14. 专属经济区
15. 毛里求斯在专属经济区的权利、管辖权和义务
16. 毛里求斯在专属经济区管辖权的行使
17. 勘探和开发专属经济区的授权

第七部分　大　陆　架

18. 大陆架
19. 毛里求斯在大陆架的权利
20. 毛里求斯在大陆架上管辖权的行使
21. 勘探和开发大陆架的授权

第八部分　海洋科学研究

22. 海区的海洋科学研究
23. 海洋科学研究的规章

第九部分　水下文化遗产

24. 内水、群岛水域和领海的水下文化遗产

第十部分 附　　则

为了使《联合国海洋法公约》在毛里求斯生效，毛里求斯议会特颁布如下法案：

第一部分 前　　言

1. 缩略语

本法可称为《2005 年海域法》。

2. 用语

（1）本法中，除非另有说明——

“群岛基线”指第 4 条第（2）款（a）项定义的直线群岛基线。

“群岛水域”指除内水外群岛基线所包围的任何水域。

“基线”指根据第 4 条规定的基线。

“封闭线”指根据第 5 条第（1）款规定的线。

“毗连区”指第 12 条规定的区域。

“大陆架”指第 18 条第（1）款界定的毛里求斯大陆架。

“专属经济区”指第 14 条界定的毛里求斯专属经济区。

“历史性水域”指第 11 条规定的毛里求斯的历史性水域。

“无害通过”与《联合国海洋法公约》第十九条具有相同的含义。

“内水”指——

（a）在群岛水域，封口线向陆一侧的全部水域；

（b）在任何其他情况下，任何基线向陆一侧的全部水域。

“低潮线”指毛里求斯海岸的最低天文潮线，可以根据平均大气条件和水文条件确定。

“海洋文化区”指第 25 条所述的区域。

“海区”指——

（a）群岛水域；

（b）毗连区；

（c）大陆架；

（d）专属经济区；

（e）历史性水域；

（f）内水；

（g）海洋文化区；

（h）领海。

“海里”指 1.852 千米的距离。

“外部界限”，相对于海域而言，指按顺时针方向连接地理坐标各点的大地测量基准的大地测量线。

“领海”指第 7 条界定的毛里求斯领海。

“公约”指 1982 年 12 月 10 日通过的《联合国海洋法公约》。

（2）除非另有说明，否则《公约》中的用语和表述与本法使用的用语和表述具有相同的含义。

第二部分 《联合国海洋法公约》在毛里求斯具有法律效力

3.《公约》在毛里求斯具有法律效力

除非另有规定，《公约》在毛里求斯具有法律效力。

第三部分　基　　线

4. 基线

（1）首相可通过规章规定测算毛里求斯海区的基线。

（2）该基线可以是——

（a）按照《公约》第四十七条规定的方式确定的直线群岛基线；

（b）正常基线，即《公约》第五条规定的低潮线；

（c）依照《公约》第六条规定确定的礁石向海一侧的低潮线；或者

（d）依照《公约》第七条规定的方式确定的直线基线；或者

（e）混合使用第（a）项、第（b）项、第（c）项和第（d）项规定的方法确定的基线。

5. 内水的封闭线

（1）首相可通过规章规定划定内水的封闭线。

（2）该封闭线可使用《公约》第九条、第十条和第十一条规定的所有或其中任何方法确定。

第四部分　领海、内水、群岛水域和历史性水域

6. 领海、内水、历史性水域和群岛水域的法律地位

（1）毛里求斯的主权——

（a）及于并一贯及于——

（i）其领海；

（ii）其内水；

（iii）其群岛水域；

（iv）其历史性水域。

（b）并及于其群岛水域的上空和历史性水域、内水与领海的海床、底土及其自然资源。

（2）除非另有规定，否则毛里求斯的任何有效法律适用于其海区。

7. 领海

毛里求斯的领海是并一贯是基线和一条其上每一点同基线上最近点的

距离为 12 海里的线之间的海域。

8. 在内水行使主权的限制

按照第 5 条规定的封闭线确定的内水，其内的无害通过权应按封闭线确定之前的情况继续存在。

9. 在群岛水域行使主权的限制

毛里求斯在群岛水域行使主权，应受下列限制：

（1）毛里求斯与任何其他国家的协议中规定的权利；

（2）群岛基线确定时已存在的有关水下电缆的权利；

（3）无害通过的权利。

10. 行使无害通过权的限制

（1）首相应制定规章：

（a）指定外国船舶和航空器通过或飞越任何群岛水域、内水与领海的海道及空中航道；

（b）规定船舶通过海道中狭窄水道的分道通航制。

（2）在第（3）款的限制下，首相可制定规章，规定运送有毒废料、核物质或放射性物质的船舶通过群岛水域、内水和领海的的全部或部分。

（3）运送放射性物质的船舶不得通过群岛水域、内水领海的任何部分，除非根据本条规定事先通知了该船的通过计划，而且得到了事先许可和同意，并说明了该船的路线。

（4）首相可通过政府公报暂停外国船舶在任何群岛水域、内水或领海任何部分的无害通过，只要这种暂停是为保护毛里求斯的安全所必要的。

（5）根据本节制定的规章应提供可采取的行动，包括停止和登临船舶，以确保与规章一致。

（6）本条中，“放射性物质”指因有放射性而受到国际控制系统或国际文件限制的废料，特别适用于放射性材料。

11. 历史性水域

首相可通过规章规定毛里求斯的历史性水域界限。

第五部分 毗 连 区

12. 毗连区

毛里求斯的毗连区是并一贯是领海与一条其上每一点同基线最近点的距离等于24海里的线之间的海域。

13. 毗连区的管制权

首相可为在毗连区行使必要的管制权制定规章，防止和惩治在毛里求斯境内以及在其群岛水域、内水和领海内违反其海关、财政、移民或卫生法律的行为。

第六部分 专属经济区

14. 专属经济区

（1）毛里求斯的专属经济区为毛里求斯领海以外并邻接领海的区域，延伸至专属经济区的外部界限。

（2）首相可制定规章规定专属经济区的外部界限。

（3）为本部分的目的，“专属经济区的外部界限”指一条其上每一点同基线上最近点的距离等于200海里的线。

15. 毛里求斯在专属经济区的权利、管辖权与义务

（1）根据国际法，特别是《公约》第五十六条，毛里求斯在专属经济区内享有：

（a）主权权利，有关——

（i）勘探和开发、管理和养护海床上覆水域与海床及其底土的自然资源，不论该资源是生物资源还是非生物资源；以及

（ii）在该区域内从事经济性开发和勘探的其他活动，如利用海水、海流和风力生产能等。

（b）国际法规定的对下列事项的管辖权——

（i）人工岛屿、设施和结构的建造与使用；

（ii）海洋科学研究；

（iii）海洋环境的保护和保全。

（c）国际法规定的其他权利和义务。

（2）本条规定的关于海床和底土的权利应按照国际法特别是《公约》第六部分行使。

16. 毛里求斯在专属经济区行使管辖权

（1）为使毛里求斯能够行使其对专属经济区的主权权利和管辖权，国际法及毛里求斯有效的法律所承认的权利延伸至该区域。

（2）特别是，毛里求斯法律应适用于专属经济区内的人工岛屿、设施和结构，如同它们在领海一样。

17. 勘探和开发专属经济区的授权

首相可制定规章：

（1）根据首相可能确定的任何条款和条件，授权个人勘探专属经济区内的自然资源，或恢复或试图恢复任何此种资源。

（2）规范专属经济区内电缆或管道的铺设。

（3）规定专属经济区内任何钻探的授权和管理。

（4）规定建造、运营和使用——

（a）人工岛屿；

（b）以《公约》第五十六条为目的的设施和结构；

（c）可能干扰毛里求斯在专属经济区内行使权利的设施和结构。

第七部分　大　陆　架

18. 大陆架

（1）毛里求斯的大陆架由其领海以外依其陆地领土的自然延伸扩展到海底区域的海床和底土组成：

（a）大陆架的外部界限受《公约》第七十六条第 2 款的限制；或

（b）若从测算领海宽度的基线量起到大陆边的外缘的距离不到 200 海里，则扩展到 200 海里。

（2）根据《公约》第七十六条第 2 款，大陆架的外部界限须根据《公约》第七十六条第 4 至第 6 款确定，首相可制定规章规定外部界限由第七十六条第 4 款规定的任何方式确定。

19. 毛里求斯在大陆架的权利

（1）根据国际法，特别是《公约》第七十七条，毛里求斯为勘探和开发其自然资源的目的，对大陆架行使主权权利。

（2）第（1）款所指的权利是专属的，即如果毛里求斯不勘探大陆架或开发其自然资源，任何人未经毛里求斯的明示同意，均不得从事这种活动。

（3）根据《公约》第八十条，毛里求斯在大陆架上享有建造、授权和管理下列设施的建造、运营与使用的专属权利：

（a）人工岛屿；

（b）为《公约》第五十六条所规定的目的和其他经济目的的设施和结构；

（c）可能干扰毛里求斯在大陆架行使权利的设施和结构。

（4）毛里求斯对这种人工岛屿、设施和结构应享有专属管辖权，包括海关、财政、卫生、安全和移民的法律与规章方面的管辖权。

20. 毛里求斯在大陆架上管辖权的行使

（1）根据国际法和毛里求斯的有效法律，毛里求斯在大陆架延伸行使其主权权利和管辖权。

（2）特别是，毛里求斯的法律适用于大陆架上的人工岛屿、设施和结构，如同它们在领海一样。

21. 勘探和开发大陆架的授权

（1）首相可制定规章：

（a）根据首相可能规定的任何条款和条件，授权个人勘探大陆架上的自然资源，或恢复或试图恢复任何此种资源。

（b）规范大陆架上电缆或管道的铺设。

（c）规定大陆架上的任何钻探的授权和管理。

（d）规定建造、运营和使用——

（i）人工岛屿；

（ii）以《公约》第七十七条为目的的设施和结构；

（iii）可能干扰毛里求斯在大陆架上行使权利的设施和结构。

（2）为本部分的目的，“自然资源”指——

（a）海床和底土的矿物与其他非生物资源；

（b）属于定居种的生物。

“定居种的生物”指在可捕捞阶段在海床上或海床下不能移动或者其躯体须与海床或底土保持接触才能移动的生物。

第八部分　海洋科学研究

22. 海区的海洋科学研究

（1）根据国际法特别是《公约》第二四五条的规定，毛里求斯在行使主权时，有规定、准许和进行其领海内的海洋科学研究的专属权利。

（2）根据国际法特别是《公约》第二四六条的规定，毛里求斯在行使其管辖权时，有规定、准许和进行其专属经济区内或大陆架上的海洋科学研究的权利。

23. 海洋科学研究的规章

（1）不得在任何海域进行海洋科学研究，除非得到首相的明示同意，并遵守首相可能制定的规章。

（2）根据第（1）款制定的规章应——

（a）制定程序，确保海洋科学研究不会被不合理地推迟或拒绝；

（b）确保任何根据本条获得海洋科学研究许可的个人将其研究成果提供给毛里求斯政府使用；

（c）确保在适当的情况下毛里求斯使用任何生物或非生物资源拥有的知识产权在毛里求斯得到承认和授权。

第九部分　水下文化遗产

24. 内水、群岛水域和领海的水下文化遗产

（1）毛里求斯在行使主权时，有管理和批准其群岛水域、内水和领海水下文化遗产活动的专属权利。

（2）尽管另有其他规定，首相仍可为规范前款活动的目的制定规章。

25. 海洋文化区

（1）毛里求斯的海洋文化区是与毗连区重合的海洋区域。

（2）首相可制定规章，管理和批准海洋文化区的水下文化遗产活动。

26. 专属经济区和大陆架的水下文化遗产

尽管另有其他规定，首相仍可制定规章，禁止或准许在专属经济区或大陆架进行针对水下文化遗产的活动，防止对毛里求斯的主权权利和管辖权造成干扰。

第十部分　附　　则

27. 规章

（1）首相可为本法之目的制定他认为合适的规章。

（2）根据本法制定的规章可规定基线以及海域的界限：

（a）列出各点的地理坐标，并注明大地基准点；

（b）将基线和其他界限在足以确定其位置的一种或几种比例尺海图上标出；或者

（c）如果适当或必要，可同时使用（a）项和（b）项中的方法。

（3）在不违反第（1）款原则的情况下，首相根据本条制定的规章尤其可：

（a）延伸至一个海域的规定如由规章作出修正，应延伸适用于该海域；

（b）规定费用、格式和程序；

（c）规定特许权和其他费用的缴付以及计算方法；

（d）规定没收有关海域内违法行为涉及的财产；

（e）规定任命执行规章所需的官员，并规定其权利和义务。

28. 违法

（1）任何人违反本法或根据本法制定的规章即构成犯罪：

（a）若为个人所为，处以不超过 30 000 000 卢比的罚款或不超过 5 年的监禁；

（b）若为团体所为，处以不超过 150 000 000 卢比的罚款。

（2）根据本法规定，凡法人团体所犯的罪行，如果经证明是在下列人员的同意或默许下所犯，或归因于其疏忽，则下列人员以及团体即构成违法，并应因此受到处罚：

（a）主任、经理、秘书长或该团体中同等级别的官员；或者

（b）声称有此种行为能力的人。

（3）如果一个团体的工作由其成员负责，则第（2）款适用于与该成员的管理职能有关的行为和过失，犹如该成员是该团体的董事。

29. 撤销

下列法律撤销：

（1）《海域法》；

（2）《大陆架法》；

（3）《领海法》。

30. 重大修改

（1）《2002 年海洋环境保护法》修改如下：

（a）第 49 条，取消“海洋区域”的定义，由下列定义代替：

“海洋区域”的定义与《2005 年海域法》中的定义相同。

（b）第 51 条第（2）款，在（f）项后加入以下新项：

（g）对来自或通过大气的污染的控制和预防，适用于其主权下的领空、悬挂其国旗的船只或在其下登记的船只或航空器。

（2）《渔业与海洋资源法》修改如下：

（a）在第 2 条——

（i）取消“毛里求斯水域”的定义，在适当的字母顺序位置加入新的定义：

“海洋区域”的定义与《2005 年海域法》中的定义相同。

（ii）取消“领海”的定义，在适当的字母顺序位置加入新的定义：

“领海”的定义与《2005 年海域法》中的定义相同。

（b）在第 7 条第（1）款，取消（a）项，由下列项代替：

（a）海洋区域包括该海洋区域下面的海床。

（c）取消出现的“毛里求斯水域”和“领海”，分别由“任何海域”和“领海”代替。

（3）《解释和一般条款法》第 2 条修改如下：

（a）在（b）项后加入如下新项：

（c）“群岛水域”、“大陆架”、“专属经济区”、“历史性水域”、“内水”、“海域”和“领海”的含义与《2005 年海域法》中对应的含义相同。

（b）取消“大陆架”的定义。

（c）在适当的字母顺序位置加入下列定义：

“海水”指毛里求斯的领海、内水、群岛水域、历史性水域和专属经济区以及大陆架的上覆水域。

（4）修改《海上航运法》第 2 条，在“监管人”后加入下列定义：

“毛里求斯领海”包括群岛水域。

（5）修改《国家海岸警备法》第 2 条，取消“海区”的定义，由下列定义代替：

“海区”的定义与《2005 年海域法》中的定义相同。

（6）修改《石油法》第 2 条，取消“领海”的定义。

31. 过渡和保留条款

（1）在根据本法确定基线之前，为本法之目的，基线、领海、专属经济区和大陆架应被视为上述第 29 条指定的法律被废除之前即存在的基线、领海、专属经济区和大陆架。

（2）首相依据第 29 条撤销的《海域法》所指定的历史性水域，在本法生效时应被认为依据本法已经是并且一贯是毛里求斯的历史性水域。

（3）为实施根据第 29 条被废除的法律而订立的协议，在本法生效之前：

（a）在不违反有法的情况下依然有效；

（b）应视为是依据本法订立的。

（4）为使本法生效，首相可进一步制定必要或适宜的过渡性、保留性、相应性、附带性或补充性条款。

32. 生效

本法自公布之日起执行。

本法于 2005 年 2 月 15 日由国会通过。

Ram Ramjit Dowlutta，国会议长

2005 年海域法（基线与轮廓线）规章 *

首相根据《2005 年海域法》第 4 条、第 5 条和 27 条制定的《2005 年海域法规章》

1. 这些规章可称为《2005 年海域法（基线与轮廓线）规章》。

2. 在这些规章中，“法律”指《2005 年海域法》。

3. 为本法第 4 条之目的，表 1 中列出的地理坐标点应构成测算毛里求斯海区的基线。

4. 为本法第 5 条之目的，表 2 中列出的地理坐标点应构成界定毛里求斯内水界限的封闭线。

2005 年 8 月 5 日首相制定

表 1（规章 3）毛里求斯岛屿基点

编号	位置	1984 年世界大地测量系统地理坐标	
		南纬	东经
M1	lIe des Roches	20°17′34.8″	57°49′22.9″
M2	un-named reef point	20°16′09.6″	57°49′27.1″
M3	Serpent Island east	19°49′05.8″	57°48′30.3″
M4	Serpent Island	19°49′00.0″	57°48′30.2″
M5	Serpent Island	19°48′57.0″	57°48′27.3″
M6	Serpent Island North west	19°48′57.1″	57°48′15.1″
M7	Pigeon House Rock	19°51′43.2″	57°39′26.1″
M8	Canonniers Pt reef point	19°59′56.1″	57°32′47.4″
M9	Batterie des Grenadiers reef point	20°02′57.3″	57°31′17.5″
M10	Pointe Piments reef point	20°04′33.7″	57°30′30.9″
M11	Baie du Tombeau north terminal point	20°06′08.7″	57°30′51.5″

* 2006 年 7 月 26 日由毛里求斯常驻联合国代表团以备忘录形式向联合国秘书长递交，并根据《公约》第十六条第 2 款及第四十七条第 9 款，于 2008 年 6 月 27 日向联合国秘书长交存了各基点的地理坐标表。

续表

编号	位置	1984 年世界大地测量系统地理坐标	
		南纬	东经
M12	Baie du Tombeau South terminal point	20°06′28.6″	57°30′42.4″
M13	Pte. Roche Noire reef point	20°07′31.2″	57°29′28.1″
M14	Grande Riviere NW Bay reef point	20°09′18.1″	57°27′55.9″
M15	Pointe aux Sables reef point	20°10′05.7″	57°26′10.0″
M16	Pointe Petite Riviere reef point	20°11′48.5″	57°24′14.2″
M17	Petite Riviere Bay north terminal point	20°12′48.9″	57°23′55.3″
M18	Petite Riviere Bay south terminal point	20°12′54.9″	57°23′55.3″
M19	Albion reef point	20°12′58.3″	57°23′33.1″
M20	un-named reef point	20°13′26.1″	57°23′12.7″
M21	Pointe Moyenne reef point	20°14′33.4″	57°22′49.3″
M22	Flic en Flac north reef point	20°16′19.2″	57°22′00.1″
M23	Flic en Flac south reef point	20°16′54.9″	57°21′38.4″
M24	Wolmar north reef point	20°17′29.9″	57°21′28.7″
M25	Wolmar south reef point	20°18′13.3″	57°21′35.9″
M26	Tamarin Bay north terminal point	20°18′58.8″	57°21′46.0″
M27	Tamarin Bay south terminal point	20°19′58.7″	57°21′52.0″
M28	La Preneuse reef point	20°21′24.3″	57°21′04.8″
M29	Hermione Spit reef point	20°22′06.3″	57°21′07.9″
M30	Un-named reef point	20°22′25.8″	57°20′35.3″
M31	Un-named reef point	20°22′53.4″	57°20′09.4″
M32	Un-named reef point	20°23′37.1″	57°19′46.6″
M33	Un-named reef point	20°24′13.1″	57°19′28.2″
M34	Un-named reef point	20°24′58.8″	57°19′08.3″
M35	Un-named reef point	20°26′36.9″	57°18′27.1″
M36	Berjaya reef point 1	20°27′47.8″	57°18′08.3″
M37	Berjaya reef point 2	20°28′21.2″	57°18′07.0″
M38	Berjaya reef point 3	20°28′54.5″	57°18′18.4″
M39	un-named reef point	20°29′17.8″	57°19′42.3″

续表

编号	位置	1984 年世界大地测量系统地理坐标	
		南纬	东经
M40	Baie du Cap west terminal point	20°29′40.8″	57°21′41.2″
M41	Baie du Cap east terminal point	20°30′01.4″	57°22′07.8″
M42	St. Martin reef point	20°30′46.7″	57°23′36.2″
M43	un-named reef point	20°30′55.0″	57°23′57.2
M44	Bel Ombre reef point	20°31′02.6″	57°25′08.6″
M45	un-named reef point	20°31′24.8″	57°29′09.8″
M46	Surinam reef point	20°31′40.4″	57°30′40.5″
M47	River Savanne west terminal point	20°31′23.1″	57°31′01.6″
M48	River Savanne east terminal point	20°31′23.1″	57°31′[illegible]6.1″
M49	Gris Gris rock	20°31′33.8″	57°31′51.5″
M50	Union Ducray mainland	20°31′14.6″	57°32′56.7″
M51	Rivière Gros Ruisseau mainland	20°31′01.3″	57°34′05.4″
M52	Rivière Dragon reef point	20°30′53.0″	57°35′02.3″
M53	Rivière Tabac rock	20°29′47.9″	57°37′42.3″
M54	Le Souffleur reef point	20°29′22.6″	57°39′12.0″
M55	Virginia mainland	20°28′47.1″	57°40′18.7″
M56	Le Bouchon 3 rock	20°28′25.3″	57°41′07.6″
M57	Le Bouchon 2 rock	20°28′23.3″	57°41′10.9″
M58	Pointe Vacoas mainland	20°27′24.1″	57°42′03.5″
M59	Ile des Deux Cocos south	20°27′09.4″	57°42′39.0″
M60	un-named reef point	20°27′19.0″	57°42′54.3″
M61	Pointe d'Esny 7 reef point	20°26′37.8″	57°44′03.0″
M62	Pointe d'Esny 1 reef point	20°26′31.9″	57°44″ 13.2″
M63	Un-named reef point	20°25′20.8″	57°45′33.3″
M64	Laverdie Point reef point	20°24′57.3″	57°45′49.8″
M65	Ile aux Fouquets 1 rock	20°23′47.2″	57°46 41.5″

续表

编号	位置	1984 年世界大地测量系统地理坐标	
		南纬	东经
M66	lIe aux Fous	20°22′58.8″	57°47′15.8″
M67	Rocher des Oiseaux	20°22′48.8″	57°47′23.3″
M68	un-named reef point	20°22′19.8″	57°47′53.8″
M69	un-named reef point	20°21′47.3″	57°48′28.3″
M70	un-named reef point	20°21′01.8″	57°48′55.3″
M71	un-named reef point	20°20′19.8″	57°49′18.8″
M72	un-named reef point	20°19′40.8″	57°49′28.3″
M73	un-named reef point	20°19′13.8″	57°49′29.8″

阿加莱加（Agalega）基点

编号	位置	1984 年世界大地测量系统地理坐标	
		南纬	东经
A1	North Island reef point	10°25′37.3″	56°38′48.4″
A2	North Island reef point	10°25′27.4″	56°38′46.4″
A3	North Island reef point	10°25′05.1″	56°38′37.7″
A4	North Island reef point	10°24′57.5″	56°38′33.4″
A5	North Island reef point	10°24′43.9″	56°38′22.3″
A6	North Island reef point	10°24′21.9″	56°38′03.0″
A7	North Island reef point	10°23′19.7″	56°37′27.5″
A8	North Island reef point	10°22′51.5″	56°37′08.4″
A9	North Island reef point	10°22′17.7″	56°36′50.2″
A10	North Island reef point	10°21′57.3″	56°36′43. 2″
A11	North Island reef point	10°21′41.9″	56°36′37.4″
A12	North Island reef point	10°21′32.4″	56°36′32.9″
A13	North Island reef point	10°21′08.2″	56°36′20.6″
A14	North Island reef point	10°21′02.8″	56°36′17.4″
A15	North Island reef point	10°20′52.2″	56°36′09.6″

续表

编号	位置	1984 年世界大地测量系统地理坐标	
		南纬	东经
A16	North Island reef point	10°20′36.3″	56°35′58.3″
A17	North Island reef point	10°20′31.5″	56°35′53.4″
A18	North Island reef point	10°20′23.9″	56°35′44.5″
A19	North Island reef point	10°20′14.5″	56°35′32.8″
A20	North Island reef point	10°20′11.6″	56°35′27.3″
A21	North Island reef point	10°20′10.2″	56°35′22.2″
A22	North Island reef point	10°20′10.8″	56°35′16.8″
A23	North Island reef point	10°20′12.2″	56°35′14.5″
A24	North Island normal basepoint	10°20′15.2″	56°35′11.6″
A25	North Island normal basepoint	10°20′22.1″	56°35′09.0″
A26	North Island normal basepoint	10°20′25.5″	56°35′09.2″
A27	North Island normal basepoint	10°20′43.5″	56°35′07.7″
A28	North Island reef point	10°21′01.1″	56°35′04.3″
A29	North Island reef point	10°21′10.4″	56°35′07.4″
A30	North Island reef point	10°21′18.6″	56°35′10.3″
A31	North Island reef point	10°21′28.3″	56°35′15.1″
A32	North Island reef point	10°21′33.6″	56°35′18.8″
A33	North Island reef point	10°21′46.4″	56°35′28.7″
A34	North Island reef point	10°22′09.3″	56°35′42.5″
A35	North Island reef point	10°22′21.5″	56°35′48.0″
A36	North Island reef point	10°22′50.8″	56°35′59.5″
A37	North Island reef point	10°23′03.8″	56°36′05.9″
A38	North Island reef point	10°23′10.9″	56°36′11.3″
A39	North Island reef point	10°23′53.0″	56°36′35.4″
A40	North Island reef point	10°24′08.7″	56°36′44.0″
A41	North Island reef point	10°24′31.4″	56°37′01.0″
A42	North Island reef point	10°24′35.1″	56°37′04.2″
A43	North Island reef point	10°25′04.1″	56°37′29.1″
A44	North Island reef point	10°25′20.1″	56°37′40.0″

续表

编号	位置	1984 年世界大地测量系统地理坐标	
		南纬	东经
A45	North Island reef point	10°25′41.9″	56°37′54.7″
A46	North Island reef point	10°25′47.5″	56°38′00.0″
A47	South Island reef point	10°26′41.4″	56°39′10.8″
A48	South Island reef point	10°27′03.6″	56°39′34.7″
A49	South Island reef point	10°27′26.5″	56°40′07.6″
A50	South Island reef point	10°28′46.5″	56°40′39.5″
A51	South Island reef point	10°29′06.5″	56°40′43.7″
A52	South Island reef point	10°29′13.7″	56°40′45.6″
A53	South Island reef point	10°29′21.2″	56°40′52.4″
A54	South Island reef point	10°29′26.7″	56°40′58.6″
A55	South Island reef point	10°29′32.0″	56°41′08.1″
A56	South Island reef point	10°29′34.8″	56°41′17.0″
A57	South Island reef point	10°29′36.98″	56°41′39.81″
A58	South Island reef point	10°29′36.16″	56°41′42.08″
A59	South Island reef point	10°29′35.27″	56°41′43.08″
A60	South Island reef point	10°29′29.60″	56°41′50.24″
A61	South Island reef point	10°29′14.29″	56°42′06.88″
A62	South Island reef point	10°28′51.6″	56°42′15.3″
A63	South Island reef point	10°28′36.4″	56°42′19.8″
A64	South Island reef point	10°28′24.2″	56°42′19.9″
A65	South Island reef point	10°28′18.8″	56°42′19.2″
A66	South Island reef point	10°28′04.3″	56°42′14.4″
A67	South Island reef point	10°27′55.4″	56°42′11.0″
A68	South Island reef point	10°27′41.7″	56°41′59.3″
A69	South Island reef point	10°27′31.9″	56°41′46.3″
A70	South Island reef point	10°27′22.8″	56°41′24.3″
A71	South Island reef point	10°27′11.31″	56°40′57.31″
A72	South Island reef point	10°26′35.38″	56°39′38.37″

圣布兰登群岛（Saint Brandon）（卡加多斯－卡拉若斯群岛）（Cargados Carajos shoals）基点

编号	位置	1984 年世界大地测量系统地理坐标	
		南纬	东经
B1	Pointe Requin reef point	16°49′30.5″	59°28′09.3″
B2	east side main reef point	16°49′34.7″	59°28′09.4″
B3	east side main reef point	16°49′50.5″	59°28′24.0″
B4	east side main reef point	16°50′03.6″	59°28′55.0″
B5	east side main reef point	16°50′05.8″	59°29′31.5″
B6	east side main reef point	16°50′02.8″	59°29′58.8″
B7	east side main reef point	16°49′45.5″	59°30′45.5″
B8	east side main reef point	16°49′24.3″	59°31′27.3″
B9	east side main reef point	16°48′48.0″	59°33′07.9″
B10	east side main reef point	16°48′38.1″	59°33′43.8″
B11	east side main reef point	16°48′24.7″	59°34′17.0″
B12	east side main reef point	16°48′00.1″	59°34′47.3″
B13	east side main reef point	16°47′26.1″	59°35′10.1″
B14	east side main reef point	16°46′40.5″	59°35′39.8″
B15	east side main reef point	16°45′30.5″	59°36′36.5″
B16	east side main reef point	16°45′13.2″	59°36′51.1″
B17	east side main reef point	16°44′02.2″	59°38′03.0″
B18	east side main reef point	16°43′00.7″	59°39′18.6″
B19	east side main reef point	16°42′53.1″	59°39′25.0″
B20	east side main reef point	16°42′15.0″	59°40′02.5″
B21	east side main reef point	16°42′04.3″	59°40′10.7″
B22	east side main reef point	16°40′40.8″	59°41′11.5″
B23	east side main reef point	16°40′19.2″	59°41′30.4″
B24	east side main reef point	16°39′55.2″	59°41′40.6″

续表

编号	位置	1984 年世界大地测量系统地理坐标	
		南纬	东经
B25	east side main reef point	16°39′01.5″	59°41′48.8″
B26	east side main reef point	16°37′53.7″	59°42′06.7″
B27	east side main reef point	16°36′37.5″	59°42′33.0″
B28	east side main reef point	16°35′48.6″	59°42′41.8″
B29	east side main reef point	16°35′05.9″	59°42′40.9″
B30	east side main reef point	16°34′33.9″	59°42′41.6″
B31	main reef closing line terminal	16°33′52.8″	59°42′36.6″
B32	main reef closing line terminal	16°32′25.2″	59°42′42.5″
B33	east side main reef point	16°31′26.6″	59°43′03.9″
B34	east side main reef point	16°31′12.7″	59°43′07.6″
B35	east side main reef point	16°30′50.3″	59°43′07.9″
B36	east side main reef point	16°30′11.0″	59°42′59.3″
B37	east side main reef point	16°29′41.0″	59°42′50.9″
B38	east side main reef point	16°29′15.7″	59°42′40.4″
B39	main reef closing line terminal	16°28′58.2″	59°42′16.2″
B40	main reef closing line terminal	16°28′43.0″	59°41′46.2″
B41	main reef closing line terminal	16 28′12.7″	59°41′12.5″
B42	main reef closing line terminal	16 27′40.2″	59°40′31.9″
B43	North Island north-east reef point	16 22′59.4″	59°38′47.6″
B44	Albatross Island reef point	16 14′34.0″	59°35′55.7″
B45	Albatross Island reef point	16 14′23.4″	59°35′54.5″
B46	Albatross Island reef point	16 14′16.6″	59°35′49.6″
B47	Albatross Island reef point	16 14′09.8″	59°35′45.2″
B48	Albatross Island reef point	16 14′07.7″	59°35′36.2″
B49	Albatross Island reef point	16 14′09.7″	59°35′23.5″
B50	Albatross Island reef point	16 14′13.9″	59°35′15.1″

续表

编号	位置	1984 年世界大地测量系统地理坐标	
		南纬	东经
B51	Albatross Island reef point	16 14′15.8″	59°35′11.0″
B52	Albatross Island reef point	16 14′19.8″	59°35′07.1″
B53	Albatross Island reef point	16 14′26.4″	59°35′06.4″
B54	Albatross Island reef point	16 14′36.8″	59°35′09.7″
B55	Sirene Island north-west reef point	16 28′01.7″	59°34′26.9″
B56	Perle Breaker low tide elevation	16 30′47.6″	59°31′38.2″
B57	Perle Island north-west reef point	16 32′47.8″	59°29′59.3″
B58	Perle Island west reef point	16 32′52.8″	59°29′53.7″
B59	Fregate Island west reef point	16 36′00.0″	59°30′28.7″
B60	Fregate Island west reef point	16 36′05.0″	59°30′28.8″

查戈斯群岛（Chagos Archipelago）基点

编号	位置	1984 年世界大地测量系统地理坐标	
		南纬	东经
迪戈加西亚岛（Diego Garcia）			
C1	South Point reef point	07°26′44.0″	72°25′55.0″
C2	un-named reef point	07°26′39.0″	72°26′12.0″
C3	un-named reef point	07°26′22.5″	72°26′31.5″
C4	un-named reef point	07°26′12.0″	72°26′36.0″
C5	un-named reef point	07°24′31.0″	72°27′37.5″
C6	un-named reef point	07°23′57.5″	72°28′32.0″
C7	un-named reef point	07°23′43.5″	72°28′53.5″
C8	un-named reef point	07°23′30.0″	72°29′07.5″
C9	un-named reef point	07°23′18.0″	72°29′21.5″

续表

编号	位置	1984 年世界大地测量系统地理坐标	
		南纬	东经
C10	un-named reef point	07°23′10.0″	72°29′29.0″
C11	Horsborough Point reef point	07°22′52.0″	72°29′41.0″
C12	un-named reef point	07°22′18.0″	72°29′21.5″
C13	un-named reef point	07°18′48.0″	72°29′30.0″
C14	un-named reef point	07°18′18.0″	72°29′43.5″
C15	un-named reef point	07°18′07.0″	72°29′46.5″
C16	un-named reef point	07°17′48.0″	72°29′45.5″
C17	Cust Point reef point	07°17′23.5″	72°29′38.5″
C18	un-named reef point	07°14′26.5″	72°26′58.5″
C19	un-named reef point	07°14′15.0″	72°26′46.0″
C20	un-named reef point	07°14′00.0″	72°26′21.0″
C21	un-named reef point	07°13′55.0″	72°26′07.0″
C22	Barton Point reef point terminal point	07°13′54.0″	72°25′45.5″
C23	East Island east reef point terminal point	07°13′31.5″	72°25′21.5″
C24	un-named reef point	07°13′30.0″	72°25′12.0″
C25	East Island west reef point terminal point	07°13′36.5″	72°24′57.0″
C26	Middle Island east reef point terminal point	07°13′37.5″	72°24′34.0″
C27	un-named reef point	07°13′37.5″	72°24′29,0″
C28	un-named reef point	07°13′42.5″	72°24′21.0″
C29	un-named reef point	07°14′02.0″	72°23′57.0″
C30	Spurs Reef west terminal point	07°14′07.5″	72°23′53.0″
C31	West Island north reef point terminal point	07°14′49.5″	72°23′05.0″
C32	un-named reef point	07°15′51.5″	72°21′40.0″
C33	un-named reef point	07°15′57.5″	72°21′25.5″

续表

编号	位置	1984 年世界大地测量系统地理坐标	
		南纬	东经
C34	un-named reef point	07°16′08.0″	72°21′11.0″
C35	Simpson Point reef point	07°16′16.0″	72°21′08.5″
C36	un-named reef point	07°16′24.0″	72°21′10.0″
C37	un-named reef point	07°16′34.0″	72°21′18.0″
C38	un-named reef point	07°16′43.0″	72°21′27.5″
C39	un-named reef point	07°16′52.0″	72°21′42.5″
C40	un-named reef point	07°16′56.0″	72°21′51.5″
C41	un-named reef point	07°24′22.5″	72°25′02.5″
C42	un-named reef point	07°24′49.5″	72°25′03.5″
C43	un-named reef point	07°26′16.0″	72°25′13.5″
C44	un-named reef point	07°26′28.0″	72°25′14.5″
C45	un-named reef point	07°26′36.5″	72°25′18.0″
C46	un-named reef point	07°26′41.0″	72°25′24.0″
C47	un-named reef point	07°26′43.0″	72°25′31.5″

埃格蒙特群岛、危岛、伊格尔群岛及三兄弟岛（EGMONT ISLANDS, DANGER ISLAND, EAGLE ISLANDS & THREE BROTHERS ISLAND）

编号	位置	1984 年世界大地测量系统地理坐标	
		南纬	东经
埃格蒙特群岛（EGMONT ISLANDS）			
C48	IIe Sudest reef point south east	06°41′42″	71°23′42″
C49	IIe Sudest reef point east	06°41′28″	71°23′51″
C50	IIe Sudest closing line terminal east	06°39′42″	71°22′55″
C51	IIe Sudest closing line terminal centre	06°38′55″	71°21′48″

续表

编号	位置	1984 年世界大地测量系统地理坐标	
		南纬	东经
C52	lIe Sudest closing line terminal west	06°38′12″	71°20′04″
危岛（DANGER ISLAND,）			
C53	reef point south east	06°23′55″	71°14′35″
C54	reef point north east	06°22′55″	71°14′30″
伊格尔群岛（EAGLE ISLANDS）			
C55	South Island reef point south east	06°14′10″	71°17′50″
C55A	North Island north east	06°11′15″	71°20′30″
三兄弟岛（THREE BROTHERS ISLAND）			
C56	reef point south	06°10′45″	71°32′40″
C57	reef point south east	06°10′45″	71°33′00″
C58	reef point east	06°10′10″	71°32′40″
C59	reef point east	06°09′00″	71°31′20″
C60	reef point north east	06°08′10″	71°30′10″
C61	reef point north west	06°08′10″	71°30′00″
伊格尔群岛（EAGLE ISLANDS）			
C62	North Island reef point north	06°10′10″	71°20′15″
C63	North Island reef point north west	06°10′55″	71°19′30″
C64	South Island reef point north west	06°13′50″	71°17′15″
危岛（DANGER ISLAND			
C65	reef point north west	06°22′55″	71°14′00″
C66	reef point south west	06°23′55″	71°14′15″
C67	reef south of Danger Island west	06°26′50″	71°14′10″
埃格蒙特群岛（EGMONT ISLANDS）			
C68	lle Sipaille reef point west	06°39′06″	71°18′34″

续表

编号	位置	1984 年世界大地测量系统地理坐标	
		南纬	东经
C69	lle Sipaille reef point west	06°39′30″	7[illegible]°18′42″
C70	lle Lubine reef point south	06°40′20″	7[illegible]°19′37″
C71	lle Sudest reef point west	06°41′06″	7[illegible]°22′01″
C72	Ile Sudest reef point west	06°41′50″	7[illegible]°23′28″
佩鲁斯班豪斯（PEROS BANHOS）			
C73	Ile YeYe reef point north	05°14′18″	7[illegible]°57′53″
C74	Moresby reef point north	05°14′07″	7[illegible]°49′47″
C75	Moresby reef point north west	05°14′12″	7[illegible]°49′07″
C76	lle Diamant reef point north west	05°14′51″	7[illegible]°45′48″
C77	Grande lle Mapou reef point northwest	05°15′49″	7[illegible]°44′51″
C78	lle Pierre reef point north west	05°17′04″	7[illegible]°44′02″
C79	lle Pierre reef point south west	05°18′36″	7[illegible]°43′51″
C80	lle Poule reef point west	05°24′30″	7[illegible]°44′46″
耐尔森岛（NELSONS ISLAND			
C81	reef point south west	05°41′05″	72°18′30″
C82	reef point east	05°40′55″	72°19′30″
布莱黑目礁（BLENHEIM REEF）			
C83	reef point south east	05°14′00″	72°29′15″
C84	reef point east	05°11′40″	72°29′30″
C85	reef point north	05°09′10″	72°28′30″
萨洛蒙特群岛（SALOMON ISLANDS）			
C86	Ile de la Passe reef point north east	05°17′57.5″	72°15′18.0″

罗德理格斯岛（RODRIGUES ISLAND）基点

编号	位置	1984 年世界大地测量系统地理坐标	
		南纬	东经
R1	Grande Passe south west terminal point	19°46′09.7″	63°27′42.7″
R2	Grande Passe north east terminal point	19°45′52.0″	63°28′02.1″
R3	un-named reef point	19°45′35.6″	63°28′29.6″
R4	un-named reef point	19°45′25.6″	63°28′43.0
R5	un-named reef point	19°45′12.9″	63°28′53.5″
R6	un-named reef point	19°44′56.0″	63°29′03.1″
R7	un-named reef point	19°44′23.5″	63°29′23.2″
R8	un-named reef point	19°43′51.0″	63°29′34.5″
R9	Passe Onzaine south terminal point	19°43′24.0″	63°29′52.2″
R10	Passe Onzaine north terminal point	19°43′21.4″	63°29′53.2″
R11	un-named reef point	19°43′06.1″	63°30′03.1″
R12	un-named reef point	19°42′51.5″	63°30′07.8″
R13	un-named reef point	19°42′37.5″	63°30′09.7″
R14	un-named reef point	19°42′13.4″	63°30″ 08.3″
R15	Passe St. Francis south terminal point	19°42′04.5″	63°30′10.0″
R16	Passe St. Francis north terminal point	19°41′53.6″	63°30′12.4″
R17	un-named reef point	19°41′40.9″	63°30′13.9″
R18	un-named reef point	19°41′21.5″	63°30′13.7″
R19	un-named reef point	19°41′08.4″	63°30′10.6″
R20	Pointe Coton reef point	19°40′56.2″	63°30′01.9″
R21	un-named reef point	19°40′49.8″	63°29′52.4″
R22	un-named reef point	19°40′46.4″	63°29′42.8″
R23	reef closing line terminal point	19°40′32.8″	63°29′05.1″
R24	reef closing line terminal point	19°40′28.4″	63°28′59.6″
R25	reef closing line terminal point	19°40′14.1″	63°28′32.8″
R26	reef closing line terminal point	19°40′03.4″	63°28′00.5″

续表

编号	位置	1984 年世界大地测量系统地理坐标	
		南纬	东经
R27	reef closing line terminal point	19°39′48.7″	63°27′32.5″
R28	reef closing line terminal point	19°39′31.5″	63°26′48.4″
R29	reef closing line terminal point	19°39′30.9″	63°26′38.1″
R30	Mathurin Bay east terminal point	19°39′34.8″	63°26′24.4″
R31	Mathurin Bay west terminal point	19°39′18.7″	63°24′20.5″
R32	un-named reef point	19°39′12.0″	63°23′52.1″
R33	un-named reef point	19°39′10.0″	63°23′31.2″
R34	un-named reef point	19°39′12.3″	63°23′18.0″
R35	un-named reef point	19°39′22.7″	63°23′11.1″
R36	un-named reef point	19°39′12.3″	63°21′54.2″
R37	un-named reef point	19°39′13.4″	63°21′43.2″
R38	un-named reef point	19°39′26.9″	63°21′25.9″
R39	un-named reef point	19°39′30.8″	63°20″ 55.0″
R40	un-named reef point	19°39′23.0″	63°19′57.9″
R41	un-named reef point	19°39′24.6″	63°19′09.8″
R42	un-named reef point	19°39′29.1″	63°18′57.1″
R43	un-named reef point	19°39′35.1″	63°18′45.4″
R44	un-named reef point	19°39′54.1″	63°18′30.2″
R45	un-named reef point	19°40′36.4″	63°18′12.9″
R46	un-named reef point	19°40′50.4″	63°18′05.5″
R47	un-named reef point	19°41′33.4″	63°17′50.0″
R48	un-named reef point	19°42′05.8″	63°17′47.6″
R49	un-named reef point	19°42′11.1″	63°17′44.4″
R50	un-named reef point	19°42′38.0″	63°17′34.5″
R51	un-named reef point	19°43′29.0″	63°17′24.7′
R52	un-named reef point	19°44′13.1″	63°17′24.0″
R53	un-named reef point	19°44′34.1″	63°17′20.2″

续表

编号	位置	1984 年世界大地测量系统地理坐标	
		南纬	东经
R54	un-named reef point	19°44′47.2″	63°17′21.4″
R55	un-named reef point	19°45′17.7″	63°17′35.9″
R56	un-named reef point	19°46′24.5″	63°18′45.8″
R57	un-named reef point	19°46′32.8″	63°18′50.3″
R58	un-named reef point	19°48′12.3″	63°18′49.2″
R59	un-named reef point	19°48′51.7″	63°19′08.9″
R60	un-named reef point	19°48′56.1″	63°19′11.3″
R61	un-named reef point	19°49′48.6″	63°19′57.0″
R62	un-named reef point	19°49′50.6″	63°19′59.7″
R63	un-named reef point	19°50′00.4″	63°20′23.4″
R64	un-named reef point	19°50′05.2″	63°20′40.5″
R65	un-named reef point	19°50′05.9″	63°20′48.8″
R66	un-named reef point	19°50′05.3″	63°20′57.6″
R67	un-named reef point	19°50′02.5″	63°21′11.7″
R68	un-named reef point	19°50′00.6″	63°21′30.9″
R69	un-named reef point	19°49′59.8″	63°22′24.9″
R70	un-named reef point	19°49′56.5″	63°22′59.6″
R71	un-named reef point	19°49′49.1″	63°24′11.8″
R72	un-named reef point	19°49′42.2″	63°25′20.9″
R73	un-named reef point	19°49′40.0″	63°25′25.0″
R74	un-named reef point	19°49′29.9″	63°25′37.0″
R75	un-named reef point	19°49′22.7″	63°25′42.2″
R76	un-named reef point	19°49′18.0″	63°25′44.2″
R77	un-named reef point	19°48′29.4″	63°26′02.8″
R78	un-named reef point	19°48′16.4″	63°26′06.9″
R79	un-named reef point	19°47′58.8″	63°26′13.9″
R80	un-named reef point	19°47′10.2″	63°26′28.5″

续表

编号	位置	1984 年世界大地测量系统地理坐标	
		南纬	东经
R81	un-named reef point	19°47′04.2″	63°26′25.8″

特罗梅林岛（ILE TROMELIN）

编号	位置	1984 年世界大地测量系统地理坐标	
		南纬	东经
T1	reef point	15°53′54.9″	54°31′30.3″
T2	reef point	15°53′54.9″	54°31′35.6″
T3	reef point	15°53′51.6″	54°31′42.4″
T4	reef point	15°53′41.6″	54°31′46.9″
T5	reef point	15°53′37.4″	54°31′46.9″
T6	reef point	15°53′26.9″	54°31′43.7″
T7	reef point	15°53′18.3″	54°31′32.7″
T8	reef point	15°53′13.0″	54°31′20.4″
T9	reef point	15°53′02.7″	54°31′03.2″
T10	reef point	15°53′03.1″	54°30′56.8″
T11	reef point	15°53′19.0″	54°31′01.6″
T12	reef point	15°53′33.7″	54°31′08.7″
T13	reef point	15°53′50.4″	54°31′22.6″

表 2（规章 4）毛里求斯的岛屿内水界限的封闭线基点

从			到			
点	南纬	东经	点	南纬	东经	
M47	20°31′23.1″	57″ 31′01.6″	M48	20°31′23.1″	57°31′16.1″	河流封闭线
M11	20°06′08.7″	57°30′51.5″	M12	20°06′28.6″	57°30′42.4″	海湾封闭线
M17	20°12′49.9″	57°23′55.3″	M18	20°12′54.9″	57°23′55.3″	海湾封闭线

续表

从			到			
点	南纬	东经	点	南纬	东经	
M26	20°18′58.8″	57°21′46.0″	M27	20°19′58.7″	57°21′52.0″	海湾封闭线
M28	20°21′24.3″	57°21′04.8″	M29	20°22′06.3″	57°21′07.9″	海湾封闭线
M40	20°29′40.8″	57°21′41.2″	M41	20°30′01.4″	57°22′07.8″	海湾封闭线
M58	20°27′24.1″	57°42′03.5″	M59	20°27′00.4″	57°42′39.0″	海湾封闭线
M13	20°07′31.2″	57°29′28.1″	M14	20°09′18.1″	57°27′55.9″	礁石封闭线
M29	20°22′06.3″	57°21′07.9″	M30	20°22′25.8″	57°20′35.3″	礁石封闭线
M37	20°28′21.2″	57°18′07.0″	M38	20°28′54.5″	57°18′18.4″	礁石封闭线
M64	20°24′57.3″	57°45′49.8″	M65	20°23′47.2″	57°46′41.5″	礁石封闭线
M71	20°20′19.8″	57°49′18.8″	M72	20°19 40.8″	57°49′28.3″	礁石封闭线
M73	57°49′28.3″	57°49′29.8″	M1	20°17′34.8″	57°49′22.9″	礁石封闭线

罗德理格斯岛（RODRIGUES ISLAND）

从			到			
点	纬度	经度	点	纬 度	经度	
R30	19°39′34.8″	63°26′24.4″	R31	19°39′18.7″	63°24′20.5″	历史性海湾封闭线
R31	19°46′09.7″	63°27′42.7″	R2	19°45′52.0″	63°28′02.1″	礁石封闭线
R9	19°43′24.0″	63°29′52.2″	R10	19°43′21.4″	63°29′53.2″	礁石封闭线
R15	19°42′04.5″	63°30′10.0″	R16	19°41′53.6″	63°30′12.4″	礁石封闭线
R23	19°40′32.8″	63°29′05.1″	R24	19°40′28.4″	63°28′59.6″	礁石封闭线

圣布兰登（ST.BRANDON）

从			到			
点	纬度	经度	点	纬 度	经度	
B31	16°33′52.8″	59°42′36.6″	B32	16°32′25.2″	59°42′42.5″	礁石封闭线

续表

从			到			
点	纬度	经度	点	纬 度	经度	
B39	16°28′58.2″	59°42′16.2″	B40	16°28′43.0″	59°41′46.2″	礁石封闭线
B41	16°28′12.7″	59°41′12.5″	B42	16°27′40.2″	59°40′31.9″	礁石封闭线

查戈斯群岛（CHAGOS ARCHIPELAGO）*

从			到			
点	纬度	经度	点	纬 度	经度	

所罗门岛（SALOMON ISLAND）

从			到			
点	纬度	经度	点	纬 度	经度	
S1	05°18′19.0″	72°14′38.5″	S2	05°18′39.0″	72°13′54.5″	礁石封闭线

佩鲁斯班豪斯岛（PEROS BANHOS ISLAND）

从			到			
点	纬度	经度	点	纬 度	经度	
C75	05°14′12″	71°49′07″	P1	05°14′52.0″	71°47′45.0″	礁石封闭线
P2	05°22′27.0″	71°45′07.5″	P3	05°23′33.0″	71°45′01.0″	礁石封闭线
P4	05°27′29.0″	71°49′20.0″	P5	05°25′30.0″	71°49′59.0″	礁石封闭线
P5	05°25′30.0″	71°49′59.0″	P6	05°25′42.0″	71°52′52.5″	礁石封闭线
P6	05°25′42.0″	71°52′52.5″	P7	05°23′27.0″	71°57′30.5″	礁石封闭线
P8	05°22′19.5″	71°58′28.0″	P9	05°20′25.5″	71°58′41.0″	礁石封闭线

* 原文如此，无数据——译者注。

续表

从			到			
点	纬度	经度	点	纬 度	经度	
P9	05°20′25.5″	71°58′41.0″	P10	05°18′52.0″	71°58′23.0″	礁石封闭线
P11	05°15′10.0″	71°56′49.5″	P12	05°15′29.0″	71°55′46.5″	礁石封闭线
P13	05°15′52.0″	71°54′51.0″	P14	05°16′05.0″	71°53′37.0″	礁石封闭线
P15	05°16′06.5″	71°53′12.0″	P16	05°16′03.0″	71°52′29.0″	礁石封闭线
P17	05°16′05.0″	71°51′45.0″	P18	05°15′14.5″	71°50′44.0″	礁石封闭线
P18	05°15′14.5″	71°50′44.0″	P19	05°15′15.0″	71°50′21.5″	礁石封闭线

埃格蒙特群岛（EGMONT ISLANDS）

从			到			
点	纬度	经度	点	纬 度	经度	
C50	06°39′42″	71°22′55″	C51	06°38′55″	71°21′48″	礁石封闭线
C51	06°38′55″	71°21′48″	C52	06°38′12″	71°20′04″	礁石封闭线

迪戈加西亚岛（DIEGO GARCIA）

从			到			
点	纬度	经度	点	纬 度	经度	
C22	07°13′54.0″	72°25′45.5″	C23	07°13′31.5″	72°25′21.5″	礁石封闭线
C25	07°13′36.5″	72°24′57.0″	C26	07°13′37.5″	72°24′34.0″	礁石封闭线
C30	07°14′07.5″	72°23′53.0″	C31	07°14′49.5″	72°23′05.0″	礁石封闭线

封闭线所有基点的坐标均按照 1984 年世界大地测量系统标出，所有的封闭线均以 1984 年世界大地测量系统上的测地线计算。

基点连接线描述*：

毛里求斯岛

基点	基线
M1-M2	礁石向海的低潮线
M2-M3	直线基线
M3-M4-M5-M6	岛屿的低潮线
M6-M7	直线基线
M7-M8	直线基线
M8-M9-M10-M11	礁石向海的低潮线
M11-M12	海湾的封闭线
M12-M13	礁石向海的低潮线
M13-M14	礁石的封闭线
M14-M15-M16-M17	礁石向海的封闭线
M17-M18	海湾的封闭线
M18- M19-M20- M21-M22- M23-M24- M25-M26	礁石向海的封闭线
M26-M27	海湾的封闭线
M27-M28	礁石向海的封闭线
M28-M29	海湾的封闭线
M29-M30	礁石的封闭线
M30-M31-M32-M33-M34-M35-M36-M37	礁石向海的封闭线
M37-M38	礁石的封闭线
M38-M39-M40	礁石向海的封闭线
M40-M41	海湾的封闭线
M41-M42-M43-M44-M45-M46-M47	礁石向海的封闭线
M47-M48	河口的封口线
M48-M49	礁石向海的封闭线
M49-M50-M51	低潮线

* 2008 年 6 月 28 日由毛里求斯常驻联合国代表团以照会形式向联合国秘书长递交。

续表

基点	基线
M51-M52- M53-M54- M55-M56	礁石向海的封闭线
M56-M57	岛屿的低潮线
M57-M58	礁石向海的封闭线
M58-M59	海湾的封闭线
M59-M60- M61-M62- M63-M64	礁石向海的封闭线
M64-M65	礁石的封闭线
M65-M66-M67-M68-M69-M70-M71	礁石向海的封闭线
M71-M72	礁石的封闭线
M72-M73	礁石向海的封闭线
M73-M1	礁石的封闭线

罗德理格斯岛（ISLAND OF RODRIGUES）

基点	基线
R1 – R2	礁石的封闭线
R2-R3-R4-R5-R6-R7-R8-R9	礁石向海的封闭线
R9–R10	礁石的封闭线
R10-R11-R12-R13-R14-R15	礁石向海的封闭线
R15-R16	礁石的封闭线
R16-R17-R18-R19-R20-R21-R22-R23	礁石向海的封闭线
R23-R24	礁石的封闭线
R24-R25-R26-R27-R28-R29-R30	礁石向海的封闭线
R30-R31	历史性海湾的封闭线
R31-R32- R33-R34-R35-R36-R37-R38-R39-R40-R41-R42 R43-R44-R45-R46-R47-R48-R49-R50-R51-R52-R53-R54-R55-R56-R57-R58 R59-R60-R61-R62-R63-R64-R65-R66 R67-R68-R69-R70-R71-R72-R73-R74 R75-R76-R77-R78-R79-R80-R81-R1	礁石向海的封闭线

圣布兰登（SAINT BRANDON）
（卡加多斯 – 卡拉若斯群岛）（Cargados Carajos Shoals）

基点	基线
B1-B2-B3-B4-B5-B6-B7-B8-B9-B10-B11-B12-B13-B14-B15-B16-B17-B18-B19-B20-B21-B22-B23-B24-B25-B26-B27-B28-B29-B30-B31	礁石向海的封闭线
B31-B32	礁石的封闭线
B32-B33- B34-B35- B36-B37-B38	礁石向海的封闭线
B38-B45	群岛基线
B45-B46-B47-B48-B49-B50-B51-B52	礁石向海的封闭线
B52-B58	群岛基线
B58-B1	群岛基线

阿加勒加岛（AGALEGA ISLAND）

基点	基线
A1-A2-A3-A4-A5-A6-A7-A8-A9-A10-A11-A12-A13-A14-A15-A16-A17-A18-A19-A20-A21-A22-A23-A24	礁石向海的封闭线
A24-A25-A26-A27-A28	沿海岸的低潮线
A28-A29-A30-A31-A32-A33-A34-A35-A36-A37-A38-A39-A40-A41-A42-A43-A44-A45-A46-A47-A48-A49-A50-A51-A52-A53-A54-A55-A56-A57-A58-A59-A60-A61-A62-A63-A64-A65-A66-A67-A68-A69-A70-A71-A72-A1	礁石向海的封闭线

特罗梅林岛（TROMELIN ISLAND）

基点	基线
T1-T2-T3-T4-T5-T6-T7-T8-T9-T10-T11-T12-T13-T1	礁石向海的封闭线

查戈斯群岛（CHAGOS ARCHIPELAGO）
群岛基线的顶点

C50 – 埃德蒙特群岛（Egmont Islands ）（东）

C53 – 危岛（Danger Island ）（东）

C57 – 三兄弟岛（Three Brothers）（东南）
C83 – 布莱黑目礁（Blenheim Reef ）（东南）
C84 – 布莱黑目礁（Blenheim Reef ）（东）
C85 – 布莱黑目礁（Blenheim Reef）（北）
C74 – 佩鲁斯班豪斯岛（Peros Banhos）（北）
C75 – 佩鲁斯班豪斯岛（Peros Banhos ）（西北）
C76 – 佩鲁斯班豪斯岛（Peros Banhos）（西北）
C77 – 佩鲁斯班豪斯岛（Peros Banhos ）（西北）
C78 – 佩鲁斯班豪斯岛（Peros Banhos ）（西北）
C61 – 三兄弟岛（Three Brothers）（西北）
C62 – 伊格尔群岛（Eagle Islands ）（北）
C63 – 伊格尔群岛（Eagle Islands ）（西北）
C64 – 伊格尔群岛 Eagle Islands（西北）
C65 – 危岛（Danger Islands ）（西北）
C67 – 危岛（Danger Islands ）（西）
C69 – 埃德蒙特群岛（Egmont Islands）（西）
C70 – 埃德蒙特群岛（Egmont Islands）（南）
C46 – 迪戈加西亚岛（Diego Garcia）
C47 – 迪戈加西亚岛（Diego Garcia）
C1 – 迪戈加西亚岛（Diego Garcia）
C2 – 迪戈加西亚岛（Diego Garcia）
C3 – 迪戈加西亚岛（Diego Garcia）
C10 – 迪戈加西亚岛（Diego Garcia）
C11 – 迪戈加西亚岛（Diego Garcia）
C15 – 迪戈加西亚岛（Diego Garcia）
C16 – 迪戈加西亚岛（Diego Garcia）
C17 – 迪戈加西亚岛（Diego Garcia）
C18 – 迪戈加西亚岛（Diego Garcia）
C19 – 迪戈加西亚岛（Diego Garcia）
C20 – 迪戈加西亚岛（Diego Garcia）

摩洛哥
Morocco

（英文文本截止于 2009 年 1 月 16 日）

1973 年 3 月 2 日确定摩洛哥领水和专属渔区边界的第 1.73.211 号法案

第一条

摩洛哥的领水从基线量起延伸至 12 海里。基线为根据法令确定的低潮线以及直线基线和海湾封口线。

摩洛哥的主权及于领水上空及其海床和底土。

第二条

在没有就领水问题达成协议的情况下，领水宽度不得超过中间线，即其上各点与摩洛哥海岸基线及其相邻国家海岸基线上最近点的距离相等的线（此处英文译文疑有误，其中“相邻国家”应为“相向国家”——译者注）。

第三条

当摩洛哥海岸基线与另一国相对海岸基线之间的距离不超过 24 海里，或构成一条太窄而不足以使船舶和飞行器不受阻碍地通过的公海地带时，应根据摩洛哥作为缔约国的国际公约所规定的条件，并按照国际法认可和确定的“无害通过”原则，授予通过摩洛哥领水的过境通行权。

第四条、第五条和第六条——废止

【原文：法文】

回历 1395 年 7 月 11 日（1975 年 7 月 21 日）确定摩洛哥海岸海湾封口线及领水和专属渔区边界地理坐标的第 2.75.311 号法令

考虑到载有 1393 年 1 月 25 日（回历）（1973 年 3 月 2 日）确定领水和专属经济区边界的第 1.73.211 号法律的国家诏令，

经 1394 年 12 月 3 日(回历)(1974 年 12 月 17 日)大臣议事会会议讨论，

首相颁布如下法令：

第一条

如下海湾、泊船处、小湾、小岛、礁石以及摩洛哥海岸的其他弯曲之处，应按照如下坐标确定的封口线纳入摩洛哥的内水范围：

大西洋海岸
（自北向南）

从 Ben Chargui 上的灯塔：	纬度：33°43′,8N 经度：07°20′,7W
	地图号：6145
到 Ras Mohammedia （Fédala 岬）：	纬度：33°43′,5N 经度：07°23′,9W
从 Ras Mohammedia （Fédala 岬）：	（同上）
	地图号：5462
到 Taraf El Makk	纬度：33°36′,9N

（E l Hank 角）:	经度：07°39′,2W
从 Teref Azemmour	纬度：33°22′,4N
（Azemmour 岬）:	经度：08°17′,9W
	地图号：6170
到 Ras El Jadida	纬度：33°16′,1N
（Mazagan 角）:	经度：08°31′W
从 Jorf El Asfar	纬度：33°09′,8N
（Blanc du Nord 角）:	经度：08°37′,8W
	地图号：6170
到 Taraf Sidi Moussa	纬度：33°00′N；
（Sidi Moussa 岬）:	经度：08°44′,8W
从 Ras Beddouza	纬度：32°32′,6N
（Cantin 角）:	经度：09°17′,2W
	地图号：6226
到 Ras Asfi Latitude	纬度：32°21′,8N
（Safi 角）:	经度：09°17′,6W
从 Ras Asfi	
（Safi 角）:	（同上）
	地图号 6226
到 Taraf Sidi Abderrahman	纬度：32°06′,9N
（Sidi Abderrahman 岬）:	经度：09°19′,4W
从 Sakhrat Ras Hadid	纬度：31°41′,9N
（Hadid 角礁）:	经度：09°41′,4W
	地图号：6226
到 Jazirat Essaouira	纬度：31°30′N
（Mogador 岛）:	经度：09°47′,7W
从 Jazirat Essaouira	
（Mogador 岛）:	（同上）
	地图号：6226
到 Ras Sim（Sim 角）:	纬度：31°23′,5N

经度：09°50′,8W

从 Ras Sim（Sim 角）： （同上）

地图号：6227

到 Ras Tafelney

（Tafelney 角）： 纬度：31°06′,3N

经度：09°50′,6W

从 Ras Tafelney

（Tafelney 角）： （同上）

到 Taraf Tamri 纬度：30°42′,2N

（Tamri 岬）： 经度：09°52′,5W

从 Ras Ghir（Ghir 角）： 纬度：30°37′,9N

经度：09°52′,5W

地图号：6227

到 Taraf Aghesdis 上的灯塔

（Arhesdis 岬上的灯塔）： 纬度：30°26′,1N

经度：09°38′,7W

从 Taraf Aghesdis 上的灯塔

（Arhesdis 岬上的灯塔）： （同上）

地图号：6227

到 Taraf Tifnit 纬度：30°12′,1N

（Tifnit 岬）： 经度：09°38′,7W

直布罗陀海峡和地中海沿岸
（自西向东）

从 Taraf Farte 纬度：35°47′,8N

（Frailecito 岬）： 经度：05°54′,6W

地图号：1809

到 Taraf Al-Wawareb 纬度：36°54′,6N

（Lanchones 岬）： 经度：05°27′,8W

从 Taraf Al-Qawareb

（Lanchones 岬）：　　（同上）

地图号：1809

到 Taraf Al-Labua　　纬度：35°55′,2N
（Leona 岬）：　　经度：05°24′,2W
从 Tarad Al-Labua
（Leona 岬）：　　（同上）

地图号：1809

到 Sakharat Moussa　　纬度：35°54′,2N
（Santa Catalina 群礁）：　　经度：05°17′,3W
从 Taraf Al-Mina　　纬度：35°53′,8N
（Al-Mina 岬）：　　经度：05°16′,8W

地图号：1711

到 Al Aswad 角　　纬度：35°41′N
（Negro 角）：　　经度：05°16′,4W
从 Al-Aswad 角
（Negro 角）：　　（同上）

地图号：1711

到 Ras El Targa　　纬度：35°24′,9N
（Pointe Cotelle）：　　经度：05°01′,1W
从 El Targa 角
（Cotelle 岬）：　　（同上）

地图号：1711

到 Essayaine 角　　纬度：35°13′,2N
（Pecheurs 岬）：　　经度：04°40′,2W
从 Essayaine 角
（Pecheurs 岬）：　　（同上）

地图号：1711

到 Baba 角　　纬度：35°11′,8N
（Baba 角）：　　经度：04°17′W
从 Baba 角

（Baba 角）:	（同上）
	地图号：1711
到 Taraf El-Khwan	纬度：35°15′,6N
（Los Frailes 岬）:	经度：03°55′,6W
从 Taraf El Khwan	
（Los Frailes 岬）:	（同上）
	地图号：1711
到 Taraf Sidi Chaib	纬度：35°16′,3N
（Sidi Chaib 岬）:	经度：03°45′W
从 Tarf 角	纬度：35°17′N
（Quilates 角）:	经度：03°40′,7W
	地图号：1711
到 Taraf Betoya	纬度：35°13′,7N
（Betoya 岬）:	经度：03°12′,5W
从 Taraf Betoya	
（Betoya 岬）:	（同上）
	地图号：1711
到 El-Qedim 角	纬度：35°26′,3N
（Viejo 角）:	经度：02°59′,8W
从 Faralna 灯塔	纬度：35°25′,5N
（Los Farallones 灯塔）:	经度：02°56′,5W
	地图号：1711
到 Sakharat Restinga Attaoufania	纬度：35°09′,1N
（Restinga de Tofufinu 群礁）:	经度：02°47′W
从 Sajharat Restinga Attacufania	
（Restinga de Tofino 群礁）:	（同上）
	地图号：1711
到 Jaafaryines 群岛（Zaffarines）	纬度：35°11′N
（Jazirat Al-Mou′tamar 北岬）	经度：02°26′,4W
（Congreso 岛）:	

从 Jaafaryines 群岛（Zaffarines）
（Jazirat Al-Malik 北岬）（del Rey 岛）： 纬度：35°11′,2N
经度：02°25′,4W
地图号：6011
到阿尔及利亚和摩洛哥在地中海岸的边境： 纬度：35°05′,2N
经度：02°12′,7W

第二条

摩洛哥领海的外部边界应为这样一条线：其从低潮线、根据第一条列出的地理坐标点确定的直线基线和海湾封口线量起，距离海岸 12 海里。

大西洋海岸
（自北向南）

从 Spartel 角（Spartel 角）： 纬度：35°47′18″N
经度：05°55′33″W
到 Afkir 角（Stafford 岬）： 纬度：27°42′00″N
经度：13°09′50″W

地中海海岸
（自西向东）

从 Taraf Al-Mina（Al-Mina 岬）： 纬度：35°53′50″N
经度：05°16′45″W
到 阿尔及利亚和摩洛哥
在地中海上的边界： 纬度：35°05′12″N
经度：02°12′42″W

第三条

摩洛哥专属渔区的外部边界应为这样一条线：其从低潮线、根据第一条列出的地理坐标点确定的直线基线和海湾封口线量起，距离海岸 70 海里。

大西洋海岸
（自北向南）

从 Spartel 角（Spartel 角）：	纬度：35°47′18″N
	经度：05°55′33″W
到 Drâ 角（Drâ 角）：	纬度：28°44′00″N
	经度：11°05′20″W

第四条

摩洛哥专属渔区的外部边界为摩洛哥海岸与相对的另一国海岸之间的中间线，自低潮线、根据第一条列出的地理坐标点确定的直线基线和海湾封口线量起。

大西洋海岸
（自北向南）

从 Spartel 角（Spartel 角）：	纬度：35°47′18″N
	经度：05°55′33″W
到 Afkir 角（Stafford 岬）：	纬度：27°42′00″N
	经度：13°09′50″W

地中海海岸
（自西向东）

从 Taraf Al-Mina（Al-Mina 岬）：	纬度：35°53′50″N
	经度：05°16′45″W
到 阿尔及利亚和摩洛哥在地中海上的边界：	纬度：35°05′12″N
	经度：02°12′42″W

第五条

在直布罗陀海峡，摩洛哥的领海和专属渔区的外部边界为摩洛哥海岸和相对的另一国海岸之间的中间线，自第一条规定的地理坐标点确定的海湾封口线量起。

自西向东

从 Spartel 角（Spartel 角）： 纬度：35°47′18″N
经度：05°55′33″W
到 Taraf Al-Mina（Al-Mina 岬）： 纬度：35°53′50″N
经度：05°16′45″W

…………

关于在摩洛哥海岸外建立 200 海里专属经济区的 1980 年 12 月 18 日第 1–81 号法案

（1981 年 4 月 8 日第 1–81–179 号国王诏令公布）

第一条

兹于领水外并邻接领水处建立一个称为“专属经济区”的区域。

该区域延伸至 200 海里的距离，自测算领海宽度的直线基线或正常基线量起。

第二条

在该区域内，摩洛哥政府享有以勘探和开发、养护和管理海床上覆水域、海床及其底土的自然资源（不论是生物资源还是非生物资源）为目的的主权权利，以及关于在该区内从事经济性开发和勘探等其他活动的主权权利，如利用海水、海流和风力生产能。

第三条

在该区内进行捕鱼的权利专属于悬挂摩洛哥国旗的船舶或由摩洛哥自然人或法人运营的船舶。这些船舶应遵守国王诏令中关于海洋渔业规则的回历 1393 年 10 月 27 日（1973 年 11 月 23 日）第 1-73-255 号法案规定的处罚形式。

第四条

除国际法赋予的其他权利外，摩洛哥政府在该区内享有对下列事项的专属管辖权：

（1）人工岛屿、设施和结构的建造与使用；

（2）海洋科学研究；

（3）海洋环境的保护。

第五条

外国国家或外国公民在专属经济区内从事任何科学或考古研究或勘探，都须经摩洛哥行政部门的事先同意。

第六条

1. 专属经济区的设立不影响领海范围外的航行自由、飞越自由、铺设海底电缆和管道的自由以及与这些自由有关的海洋其他国际合法用途，诸如与船舶、飞机及海底电缆和管道的操作有关的那些用途。

2. 外国国家及其国民行使本条第一款规定的自由，应适当顾及摩洛哥的主权权利，并应遵守其根据国际法通过的法律和规章。

3. 在行使航行自由时，所有外国船舶不得在该区内从事捕鱼活动，包括作出装载捕鱼设备和传动装置、从事研究以及污染或威胁海洋环境的行为。这些行为有害于该区的资源或有害于摩洛哥的经济安全。

第七条

在领海以外并邻接领海且宽度为从测算领海宽度的直线基线或正常基线量起24海里的被称为“毗连区”的区域内，摩洛哥政府为下列事项行使必要的管制权：

防止在其领土或领海内违反其海关、财政、移民或卫生的法律或规章；

惩治在其领土或领海内违反上述法律和规章的行为。

为了允许防止和惩治上述违法行为，于回历1397年10月25日（1977年10月9日）由第1-77-339号国王诏令通过的《海关和间接税款法典》关于海关和间接税款管理的第二十五条，兹作出如下修改：

“第二十五条

“1. 海关区域包括一个海上区域和一个陆上区域。

“2. 海关的海上区域对应的是摩洛哥的领水和毗连区。

“3. 陆上区域延伸至：”

（其他未作修改。）

第八条

关于回历 1393 年 1 月 26 日（1973 年 3 月 2 日）第 1–73–211 号法案的国王诏令，标题修改如下：

“关于回历 1393 年 1 月 26 日（1973 年 3 月 2 日）确定领水界限的第 1–73–211 号法案的国王诏令”。

此国王诏令的第四条、第五条和第六条废止。

第九条

在回历 1393 年 10 月 27 日（1973 年 11 月 23 日）管理海洋渔业的第 1–73–255 号法案的国王诏令中，“专属经济区”一词将代替该国王诏令第二条、第三十六条、第三十七条中的“专属渔区”一词。

第十条

回历 1378 年 1 月 4 日（1958 年 7 月 21 日）研究和开发碳氢化合物沉淀物的第 1–58–227 号国王诏令的规定，应适用于专属经济区海床和底土资源的勘探和开发。

第十一条

在不影响地理和地貌特征的情况下，即在考虑一切相关的因素，根据国际法确定的公平原则，通过国家间的双方协议进行划界的前提下，专属经济区的外部边界应不超过中间线，即其上各点到摩洛哥海岸基线上最近点和到与摩洛哥海岸相向或相邻国家海岸基线上最近点的距离相等。

第十二条

对于回历 1378 年 1 月 4 日（1958 年 7 月 21 日）研究和开发碳氢化合物沉淀物的第 1–58–227 号国王诏令第三条的规定，增加以下规定作为第四款：

“上述第二款和第三款的规定在不影响特殊的地理和地貌持征的情况下，即考虑一切相关的因素且根据国际法确定的公平原则进行划界的前提下，海洋区域的划界应根据国家的双方协议来进行”。

第十三条

在不损害国家的主权权利并尊重国家利益的情况下，本法案的规定不应妨碍摩洛哥所赞同的国际合作原则，且应通过与其他国家间达成协议予以落实。

尤其是，在非洲联盟的体制内，摩洛哥坚持在生物资源方面与周边的内陆国开展特权合作的原则。合作的形式应通过双边的、区域的和分区域的协议予以确定。

莫桑比克
Mozambique

（英文文本截止于 2010 年 1 月 7 日）

1967 年 6 月 27 日第 47，771 号法令

第一条

在欧洲大陆海岸和几内亚、安哥拉、莫桑比克的海岸，第 2130 号法第 1 条规定的用以测算领海宽度的正常基线应以下表所列的地理坐标点确定的封口线和直线基线加以补充：

…………

（4）补充莫桑比克正常基线的封口线和直线基线为——

点	纬度（S）	经度（E）
Delgado 岬角	10°41′24″	40°38′54″
Tehomagi 岛	10°45′24″	40°40′22″
Rongui 岛	10°50′08″	40°41′38″
Vamizi 岛	11°00′50″	40°43′53″
Quero-Niumi 岛	11°41′30″	40°39′12″

续表

点	纬度（S）	经度（E）
Medjumbi 岛	11°49′09″	40°38′09″
Querimba	12°27′09″	40°38′40″
Diabo 点	12°45′48″	40°38′09″
Maunhane 点	12°58′32″	40°36′02″
Metampia 点	14°01′24″	40°38′42″
Cogune 角北边的一个点	14°10′39″	40°44′06″
Pinda shoal 东边的一个点	14°13′52″	40°47′49″
Relamzapo 点	14°27′43″	40°50′55″
Quitangonba 岛	14°51′15″	40°50′04″
Injaca 岛	15°00′12″	40°48′17″
Goa 岛	15°03′14″	40°47′33″
Sena 岛	15°05′12″	40°46′37″
Infusse 灯塔	15°29′42″	40°33′54″
Mafamede 岛	16°21′38″	40°02′45″
Puga–Puga 岛	16°27′36″	39°57′12″
Caldeira 岛	16°39′12″	39°43′52″
Moma 岛	16°49′04″	39°31′52″
Epidendron 岛	17°05′54″	39°08′12″
Casuarina 岛	17°07′52″	39°05′28″
Fogo 岛	17°14′58″	38°52′47″
Quisungo 岛	17°19′40″	38°05′15″
Padjini 角北边的一个点	25°17′12″	33°19′20″
Inhaca 岬角	25°58′10″	32°59′40″

莫桑比克部长会议1976年8月19日第31/76号法令

第一条

1. 莫桑比克人民共和国的领海宽度为自基线量起12海里。

2. 用以测算领海宽度的正常基线由经莫桑比克人民共和国为此目的正式认可的海图上标注的沿海岸低潮线确定。

3. 正常基线以封口线和直线基线作为补充。后者由莫桑比克根据国际法在其海岸各点之间划定，并将通过发展和经济规划部部长与交通部部长联合发布的法令确定。

…………

第二条

在邻接领海且自基线量起向海延伸200海里的区域内，莫桑比克人民共和国享有关于勘探和开发、养护和管理海床、底土及其上覆水域的自然资源（不论是生物资源还是非生物资源）的主权权利。

第三条

1. 如无相反协议，而且前几条规定的界限同与莫桑比克人民共和国海岸相向的国家规定的界限重叠，则莫桑比克人民共和国确定的界限将不超过这样一条线：线上各点到两国测量各自的领海和专属经济区宽度的基线上最近点的距离相等。

2. 如前款确定的等距离线位于其海岸与莫桑比克人民共和国海岸相向的国家划定的领水或专属经济区界限之内，则本法令规定的专属经济区延伸至该界限。

纳米比亚
Namibia

（英文文本截止于 2009 年 5 月 22 日）

纳米比亚领海和专属经济区 1990 年第 3 号法案
（1990 年 6 月 30 日）

本法为确定和划分纳米比亚领海、内水、专属经济区和大陆架并规定附带事项的法令（1990 年 6 月 6 日经总统签署）。

纳米比亚共和国国民大会兹颁布如下法律：

用　语

1. 在本法案中，除非上下文另有规定——

“公约”指 1982 年 4 月 30 日在联合国第三次海洋法会议上通过的 1982 年《联合国海洋法公约》；

“低潮线”指最低天文潮线；

“纳米比亚”指《纳米比亚宪法》第一条第（4）款中规定的纳米比亚共和国，就任何的权利或权力而言，指赋予有关权利或权力或同类性质的权利或权力的当局；

“海里”指 1 852 米的国际海里。

纳米比亚领海

2.（1）从低潮线量起 12 海里的海域为纳米比亚领海。

（2）（a）纳米比亚在确定领海范围时，须适当考虑《公约》中规定的规则或者不时对纳米比亚产生约束力的国际条约所体现的规则，并且在适当考虑上述国际规则的情况下，纳米比亚应认可除第一款规定的据以测量 12 海里距离的低潮线以外的基线；

（b）本节规定的任何基线可用适当的标记标注在经纳米比亚正式承认的比例尺海图上；

（c）在法院审理的任何诉讼程序中，（b）项提到的任何海图应作为相关事项的初步证据。

（3）本法生效时，纳米比亚境内与领海或从低潮线量起少于 12 海里的海域有关的任何现行法律应适用于纳米比亚的领海。这些法律中对“领水”或“低潮线”的任何提及应分别视为对本法案中的“领海”和“低潮线”的提及。

纳米比亚的内水

3.（1）低潮线或其他用来测算领海宽度的基线向陆一侧的水域构成纳米比亚内水的一部分。

（2）第（1）款的规定作为关于纳米比亚内水规定的其他法律的补充，而非取代。

纳米比亚的专属经济区

4.（1）位于纳米比亚领海以外但从低潮线或其他用来测量领海宽度的基线量起 200 海里内的海域构成纳米比亚的专属经济区。

（2）为确定专属经济区的范围，第二节第（2）部分规定应比照适用。

（3）在专属经济区内——

（a）纳米比亚所有关于开发、勘探、养护或管理海洋自然资源（不论是生物资源还是非生物资源）的法律同样适用；

（b）纳米比亚有权行使其认为必要的任何权利，以防止违反其财政法律或任何关于海关、移民、卫生或海洋自然资源的法律。

（4）本法案生效时，与任何渔区有关的任何现行的纳米比亚法律应适用于纳米比亚的专属经济区。这些法律中任何提及“渔区”的地方应视为提及本法案界定的“专属经济区”。

领海和专属经济区的划界

5. 在确定纳米比亚领海和专属经济区的范围时或在其范围已经确定之后，如果它与任何其他国家的领海、专属经济区或其他海洋区域的范围相重叠或交叉，则纳米比亚的领海和专属经济区可以通过与相关国家的协议来确定或修改。在这种协议达成之前，或在不可能达成这类协议的情况下，纳米比亚领海或专属经济区的范围可根据具体情形由纳米比亚酌情确定或修正。

纳米比亚的大陆架

6.（1）《公约》中规定的大陆架或对纳米比亚具有拘束力的国际条约中定义的大陆架应为纳米比亚的大陆架。

（2）第（1）款中提及的大陆架应被视为纳米比亚的一部分，并为如下目的被视为国家领土——

（a）开发海洋的自然资源；及

（b）任何与采矿、宝石、金属或矿物（包括天然石油）有关的法律的任何规定，适用于邻接大陆架的纳米比亚部分。

法律的废止与修改

7. 表中所列的法律特此废止，或按照表格第三列的规定予以修改。

简称与生效

8. 本法案可称为《纳米比亚领海和专属经济区法》（1990），并自总统在政府公报上确定的日期开始生效。

表　废止或修改的法律（第七节）

号码及年代	简称	废止或修改的程度
1973 年第 58 号法案	1973 年《海洋渔业法案》	1. 用如下规定代替第十七节的规定： “没收和扣押。 “17.（1）一旦法院确认行为人犯有本法案所述罪行，除其可能进行的任何刑罚，法院还可以宣布与违法行为有关或在违法过程中使用的任何鱼类、海草、贝壳或工具或渔船或其他船舶或交通工具，或违法人员的相关权利，没收归国家所有，并在法院认为适当的时段内暂停该违法个体的任何注册或根据本法取得或被授予的执照或许可：只要能够证明违法者以外的其他人已经采取一切合理措施，避免工具、船舶、渔船或交通工具与罪行有关，这种没收声明就不会影响违法者以外的人对工具、船舶、渔船或交通工具所拥有的任何权利。 “（2）《刑事诉讼法案》（1977 年第 51 号法）第三十五节第（3）款和第（4）款的规定，应比照适用于这些权利。 “（3）任何根据本条规定或第六条第（6）款规定而被没收为国家所有的鱼类、海草、贝壳、渔船、船舶、交通工具或工具或任何权利，均可被出售、销毁，或以总统指示的其他方式予以处理。” 2. 修订第 22A 条： （1）以“100 万兰特*”代替第（4）款中的“5 万兰特”。 （2）将第（4）款中“或判不超过 7 年的监禁，或罚金与监禁并处”删除。 （3）用以下条款代替第（5）款的规定： “（5）（a）总统可以通过政府公报通知的形式制定与第（2）款授权船舶有关以及与本法案第 10 条第（1）款，第 11 条第（a）项、（b）项和（e）项，第 13 条第（1）款（a）项、（c）项、（d）项、（f）项、（g）项、（h）项、（i）项、（j）项、（l）项、（m）项和（n）项所提及的任何事项有关的规章。

* 南非基本货币单位。

续表

号码及年代	简称	废止或修改的程度
		（b）可根据（a）项针对不同船舶或不同国家的船舶，或针对不同鱼类或鱼类产品，制定不同的规章。 （c）任何人使用根据第（2）款得到授权的船舶，违反或不遵守本款（a）项所提述的规定，即属犯罪，一经定罪，可被处以第（4）款规定的处罚。
1979 年 AG32 号声明	1979 年《西南非洲领水声明》	全部废止。

纳米比亚共和国总统声明

《纳米比亚领海和专属经济区法》开始生效（1990 年第 3 号法令）。

根据 1990 年《纳米比亚领海和专属经济区法》第八部分赋予我的权力，我于此宣布，该法自 1990 年 7 月 10 日生效。

一九九〇年六月三十日于温得和克经我签署，并盖纳米比亚共和国国玺。

纳米比亚领海和专属经济区法（修正）
（1991 年）

解释性说明：

下划实线的词语表示在原法中插入的部分。

方括号内加粗的词语表示原法中遗漏的部分。

法　令

本法修改1990年《纳米比亚领海和专属经济区法》，以建立纳米比亚的毗连区。在该区内，纳米比亚享有防止违反某些法律的权利。本法同时对纳米比亚大陆架问题及其他附带事项作出进一步的规定。

（1991年12月12日经总统签署）

纳米比亚共和国国民大会颁布如下法律：

插入部分 1990年第3号法案3A	1. 兹将以下部分插入1990年《纳米比亚领海和专属经济区法》（以下称“主法”）第3条之后。
纳米比亚毗连区	3A（1）纳米比亚领海以外但从测算领海宽度的低潮线或从其他基线量起24海里以内的海域构成纳米比亚的毗连区。 （2）为确定纳米比亚的毗连区范围，第二条第（2）款的规定应比照适用。 （3）在纳米比亚的毗连区内，纳米比亚有权行使其认为必要的任何权利，以防止违反财政法或其他任何有关海关、移民或卫生的法律。
修改1990年第3号法案第4条	2. 主法的第4条兹修改如下，用如下的（b）项代替第3款： （b）纳米比亚有权行使其认为必要的任何权利，以防止违反[任何财政法律或]其他任何有关[海关、移民或卫生或]海洋自然资源的法律。
修改1990年第3号法案第六条	3. 主法的第6条兹修改如下，用如下规定代替第（2）款的规定： （2）第（1）款提及的大陆架应[被视为纳米比亚的一部分]，并为如下目的被视为国家领土： （a）开发海洋的自然资源； （b）任何与采矿、宝石、金属或矿物（包括天然石油）有关的法律的任何规定，适用于邻接大陆架的纳米比亚部分。
1990年第3号法案全称的修改	4. 兹以如下全称取代主法的全称： “确定并划分纳米比亚的领海、内水、毗连区、专属经济区和大陆架，并规定其附带事项”。
简称	5. 该法可称为《纳米比亚领海和专属经济区法修正法》（1991）。

尼日利亚
Nigeria

（英文文本截止于 2009 年 5 月 22 日）

1969 年第 51 号石油法令

…………

14.（1）在本法令中，除非上下文另有要求：

…………

“大陆架”指邻接尼日利亚海岸的洋底区域的海床和底土，其水深不超过海平面以下 200 米（或其自然资源可被开采的任何深度），但不包括尼日利亚领水下的此类区域。

…………

“勘探”，就石油而言，指通过表面地质学或地球物理学的方法进行初步研究，包括航空勘测，但不包括 300 英尺以下的钻探。

……

“探矿”，就石油而言，指通过一切地质学或地球物理学的方法进行的搜索，包括钻探和地震作业在内。

……

1978 年 10 月 5 日第 28 号专属经济区法令

尼日利亚专属经济区划界

1.（1）根据本法令的其他规定，兹宣布一个称为“尼日利亚专属经济区”的区域（以下称为“专属区”）。该区域从尼日利亚领水的外部界限起，延伸至距离测量尼日利亚领水宽度的基线 200 海里的地方。

（2）虽有第（1）款的规定，但根据尼日利亚与沿海邻国之间的任何条约或书面协定的规定，尼日利亚和这些国家之间的专属区的界线应为中间线或等距离线。

…………

1967 年第 5 号、1969 年第 51 号、1971 年第 30 号关于专属区的开采等法令

2.（1）在不违反《1967 年领水法令》、《1969 年石油法令》和《1971 年海洋渔业法令》的情况下，勘探和开发专属区海床、底土及其上覆水域自然资源的主权权利或专属权利属于尼日利亚联邦共和国。这些权利可以由联邦军事政府行使，或由政府随时为此指派的作为此方面代表的联邦委员会委员或机构在一般情况下或特殊情况下行使。

（2）本条第（1）款应符合尼日利亚作为缔约国的关于开采专属区内生物资源的任何条约的规定。

建造设施等权力及与之相关的违法行为

3.（1）为勘探和开发、养护和管理专属区内自然资源以及对该区进行经济性勘探和开发的目的，主管部门可以建造或许可别人在指定的区域并在符合可能规定的的条件下建造、运营或使用——

（a）人工岛屿；

（b）设施和结构。

（2）为了保护政府公报上的命令所指定区域内的设施，主管部门可以禁止船舶在没有其同意的情况下进入这些命令中详细列出的地区。命令中规定的例外除外。

（3）如果任何船舶违反本条规定的命令进入这些指定区域的任何部分，其所有人或船长应被判有罪，处以 5 000 奈拉的罚款或 12 个月的监禁，或二者并罚，除非其能证明这些命令所施加的禁止并不为其所知，而且亦不会在合理查讯后为其所知。

（4）在本条中，“指定区域”指为上述第（1）款规定的目的经主管部门指定的专属区的任何区域。

刑法和民法等的适用

4.（1）作为或不作为若存在以下情形，则将为本法之目的被视为发生在尼日利亚境内：

（a）在一个指定区域内的设施之上、之下或其上空发生，或在距离该设施 200 米以内的水域发生；

（b）发生在尼日利亚的任何区域,构成该区域内现行法律下的违法行为。

（2）联邦税收法院对上述第（1）款规定的违法行为具有管辖权，不管这些违法行为（如果的确发生在尼日利亚境内）是否可按照适用的法律经联邦税收法院以外的法院审理。

（3）对本法令规定的违法行为的诉讼应由联邦检察官提起。

（4）在本条中，“法律”指任何关于刑法或民法（包括侵权法）的法案、法令、法律、政令以及据此制定的补充文书，包括法庭规则和在刑事问题以外的事项上可适用的法律规则或在尼日利亚任何地区通过的法律规则。

法人实体的违法行为

5.（1）如果法人实体犯有本法令指定的罪行，而且该罪行经证明得到了该法人实体的任何董事、经理、秘书或该法人实体内其他同级别官员或行使这些权力的人的同意或默许，或可归因于这类人的疏忽，则这些人包括该法人实体本身即构成犯罪，并将被起诉和处以相应的刑罚。

（2）为本条之目的，在保持国家所有权的前提下为经营任何行业的目的而建立或者作为企业的一部分或事务由其成员管理的法人实体,其“董事”为该法人实体的成员。

释　　义

6. 在本法令中，除非上下文另有要求：

…………

“专属区”指本法令第 1 条划定的尼日利亚专属经济区。

引　　用

7. 本法令可以引用为《1978 年专属经济区法令》。

1988 年领水法令（修订）

联邦军事政府兹颁布如下法令：

1.《领水法》（在本法令中称为“主法”）兹以本法令规定为准进行修订。

2. 主法的第一部分修订如下：

（1）在第（1）款中，用“12”代替“30”；

（2）删除原第（3）款，并增加如下条款作为新的第（3）款——

“（3）（a）定义《释义法》第十八条第（1）款中的领水，用‘12 海里’取代‘30 海里’”。

3. 本法令可以引用为《1988 年领水法令（修订）》。

1988 年 1 月 1 日于阿布扎

圣多美和普林西比
Sao Tome and Principe

（英文文本截止于 2009 年 5 月 22 日）

关于领海和专属经济区划界的第 1/98 号法律

鉴于保护与圣多美和普林西比民主共和国海洋区域内生物资源和非生物资源有关的合法权利和实质利益的需要；

鉴于渔业和勘探与开发海床及其底土以及圣多美和普林西比领海邻接水域内的自然生物资源、非生物资源对国家经济具有极为重要的作用；

考虑到《联合国海洋法公约》；

鉴于有必要划定专属经济区的界限，圣多美和普林西比对该区域内所有的自然生物资源和非生物资源享有主权权利和专属管辖权；

在此，国民大会根据《宪法》第八十六条（b）项的规定颁布如下法律：

第一条　领海

圣多美和普林西比民主共和国的领海宽度为从基线量起 12 海里，距离基线上最近点的距离为 12 海里的各点组成的一条线为其外部界限。

第二条　群岛基线

1. 用于测量圣多美和普林西比民主共和国领海宽度的基线为连续连接两个主要岛屿及位于其周边的小岛、伸出水面的礁石的最外侧各点形成的直线基线。各点的地理坐标确定如下：

点	最高点	纬度				经度			
		度	分	秒	北纬/南纬	度	分	秒	东经/西经
1	Ilhéu das Rolas（SE）	00	00	45	S	06	31	44	E
2	Ilhéu das Rolas（E）	00	00	47	S	06	31	21	E
3	Ilhéu das Rolas（SW）	00	00	28	S	06	31	00	E
4	Ilhéu Gabado（SW）	00	07	52	N	06	29	05	E
5	Ilhéu Côco（W）	00	12	02	N	06	27	58	E
6	Ponta Furada（W）	00	14	39	N	06	27	56	E
7	Ponta Alemã	00	15	48	N	06	28	20	E
8	Ponta Diogo Vaz（W）	00	19	06	N	06	29	51	E
9	Pedra de Calé（NW）	01	43	40	N	07	22	55	E
10	Ilhéus Monteiros（NE）	01	41	14	N	07	28	20	E
11	Ponto a Sul da Ponta da Garça(E)	01	37	40	N	07	27	52	E
12	Ilhéu Caroço（SE）	01	30	47	N	07	26	05	E
13	Ilhéu Santana（E）	00	14	29	N	06	45	59	E
14	Sete Pedras（SE）	00	02	17	N	06	37	48	E

2. 用来确定地理坐标的椭圆体及其原点如下——

使用的椭圆体：国际基准点

在圣多美岛：

（1）Fortaleza

纬度：0°20′49,02″N

经度：6°44′41,85″E

（2）Morro do Papagaio

纬度：1°36′46,87″N

经度：7°23′39,65″E

第三条 基线内的水域

被基线围绕的水域为圣多美和普林西比民主共和国的群岛水域。

第四条 专属经济区界限

1. 圣多美和普林西比民主共和国专属经济区的宽度为自测算领海宽度的基线量起 200 海里。

2. 除非圣多美和普林西比民主共和国与其他海岸与之相邻的国家共同签署的国际条约有特别规定，否则圣多美和普林西比民主共和国专属经济区的外部边界不超过中间线，即线上各点到两国基线上最近点的距离分别相等。

3. 等距离线为线上各点到各国各自根据国际法划定的基线上最近点的距离分别相等的线。

第五条 地理坐标点

1. 专属经济区的外部界限根据以下列出的各点的地理坐标以及附于本法之后的海图来确定：

点	纬度					经度				
	度	分	秒	小数（m.&s.）	北纬/南纬	度	分	秒	小数（m.&s.）	东经/西经
1	1	28	47.7	0.479917	南	7	16	16.9	0.271361	东
2	1	05	50.3	0.097306	南	6	40	38.3	0.677306	东
3	0	47	15.8	0.787722	南	6	11	30.7	0.191861	东
4	0	29	09.4	0.485944	南	5	43	56.3	0.732306	东
5	0	05	33.8	0.092722	南	5	06	05.2	0.101444	东
6	0	41	45.3	0.695917	北	3	37	03.2	0.617556	东
7	0	54	37.0	0.910278	北	3	12	11.9	0.203306	东
8	1	11	35.5	0.193194	北	3	16	22.4	0.272889	东
9	1	24	44.0	0.412222	北	3	20	44.8	0.345778	东
10	1	36	45.5	0.612639	北	3	25	37.9	0.427194	东
11	1	56	23.1	0.939750	北	3	35	09.0	0.585833	东
12	2	05	56.3	0.098972	北	4	25	32.8	0.585833	东
13	2	16	08.6	0.269056	北	5	05	47.1	0.096417	东

续表

点	纬度					经度				
	度	分	秒	小数（m.&s.）	北纬 / 南纬	度	分	秒	小数（m.&s.）	东经 / 西经
14	2	25	11.6	0.419889	北	5	32	02.5	0.534028	东
15	2	33	24.7	0.556861	北	5	51	26.2	0.857278	东
16	2	49	33.4	0.825944	北	6	24	15.7	0.404361	东
17	2	56	41.5	0.944861	北	6	43	07.2	0.718667	东
18	3	01	31.2	0.025333	北	7	01	26.7	0.024083	东
19	3	02	33.5	0.042639	北	7	07	38.9	0.127472	东
20	2	52	34.3	0.876194	北	7	22	35.9	0.376639	东
21	2	38	50.7	0.647417	北	7	42	20.8	0.705778	东
22	2	31	35.3	0.526472	北	7	53	20.4	0.889000	东
23	2	22	58.9	0.383028	北	8	06	56.8	0.115778	东
24	2	18	06.9	0.301917	北	8	14	23.9	0.239972	东
25	2	11	30.9	0.191917	北	8	23	44.5	0.395694	东
26	2	04	20.2	0.072278	北	8	32	45.0	0.545333	东
27	1	49	01.5	0.817083	北	8	30	25.8	0.507167	东
28	1	42	09.0	0.702500	北	8	28	57.6	0.482667	东
29	1	27	42.9	0.461912	北	8	25	12.0	0.420000	东

2. 点 1、2、3、4、5、6、7 为圣多美和普林西比民主共和国与几内亚共和国之间的等距离线。

3. 点 1（三相点）为圣多美和普林西比民主共和国基线与赤道几内亚共和国基线以及加蓬共和国基线之间的等距离点。

4. 点 7、8、9、10 和 11 是到基线最外点之间的距离为 200 海里的几何点，通过绘制半径为 200 海里并以如下坐标标明的基线点为圆心的圆弧确定：

（1）Ponta Furada：

纬度：0°14′39″N

经度：6°27′56″E

（2）Ponta Diogo Vaz:

纬度：0°19′06″N

经度：6°29′51″E

（3）Principe

Ilhéu Bombom:

纬度：1°31′03″N

经度：7°25′05″E

5. 点 11、12、13、14、15、16、17、18、19 划定圣多美和普林西比民主共和国与尼日利亚共和国之间的等距离线。

6. 点 19（三相点）为圣多美和普林西比民主共和国基线与尼日利亚共和国基线以及赤道几内亚共和国相应基线之间的等距离点。

7. 点 19、20、21、22、23、24、25、26 划定圣多美和普林西比民主共和国与赤道几内亚共和国之间的中间线。

8. 点 26（三相点）为圣多美和普林西比民主共和国基线与赤道几内亚共和国基线以及加蓬共和国基线之间的等距离点。

9. 点 26、27、28 和 29 划定圣多美和普林西比民主共和国与赤道几内亚共和国之间的中间线。

10. 点 30、31、32、33、34、35、36、37、38 和点 1 划定圣多美和普林西比民主共和国与加蓬共和国之间的中间线。

第六条 圣多美和普林西比民主共和国在专属经济区的权利

圣多美和普林西比民主共和国行使国际公约和法律规定与创设的权利，包括但不限于如下权利：

（1）以勘探和开发、养护和管理海床、底土及其上覆水域的自然资源（不论是生物资源还是非生物资源）为目的的主权权利；

（2）与人工岛屿、设施和结构的建造与使用有关的专属权利和管辖权；

（3）关于在该区内从事经济性勘探和开发的其他活动的专属管辖权，包括利用海流和其他任何可能带来技术和科学发展的海洋形态等；

（4）关于保护海洋环境特别是控制和消除污染的管辖权；

（5）科学研究。

第七条 其他国家的权利

1. 其他所有国家享有航行自由、飞越自由、铺设海底电缆与管道的自由，以及其他与航行和交通有关的对海洋的国际合法利用。

（5）海底电缆和管道的铺设应按照与圣多美和普林西比民主共和国之间的协议来进行。

第八条 本法的范围

本法没有规定圣多美和普林西比民主共和国根据 1982 年 12 月 10 日《联合国海洋法公约》及其他相关的最后国际文书所享有的全部权利，也不妨害这些权利的范围。

第九条 撤销

第 14/78 号、第 15/78 号和第 48/82 号法令和法律特此撤销。

第十条 生效

本法自公布之日起生效。

国民大会 1998 年 3 月 11 日于圣多美城颁布。

塞内加尔
Senegal

（英文文本截止于2009年5月22日）

关于领海、毗连区及大陆架界限的第85-14号法案
（1985年2月25日）

第一条

领海的宽度为自基线量起12海里，基线上各点的坐标由法令确定。

第二条

建立一个称为“毗连区”的海域，其宽度为自领海外部界限量起12海里。

第三条

塞内加尔对其领海的全部水域行使主权。

第四条

在毗连区内，塞内加尔享有为防止在其领土或领海内违反其海关、税收、卫生和移民法律与规章以及惩治在其领土或领海内违反上述法律和规章的行为所必要的权利。

第五条

上述关于领海的规定不妨碍根据塞内加尔于1982年12月10日在蒙特哥湾签署的《联合国海洋法公约》授予所有外国船舶的无害通过权。

第六条

大陆架包括其领海以外依其陆地领土的全部自然延伸扩展到大陆边外缘的海底区域的海床和底土；如果从测算领海宽度的基线量起到大陆边外缘的距离不到 200 海里，则扩展到 200 海里的距离。

第七条

塞内加尔为勘探大陆架或开发其自然资源之目的，对大陆架的全部区域行使主权和专属权利。

第八条

现有的与本法案相冲突的所有规定，特别是《1976 年 4 月 9 日领海和大陆架划界的第 76–54 号法案》，特此废止。

本法案作为国家的法律而适用。

1987 年 8 月 18 日制定《海洋渔业法典》的第 87–27 号法案

序　　言

…………

为了使立法与新形势特别是与《海洋法公约》带来的结果相一致，应制定《海洋渔业法典》，以取代 1976 年 7 月 2 日的第 76–89 号法案。

…………

此外，船舶和捕鱼设备的定义虽然外延有所扩大，但已经简化，以适应海洋渔业技术的发展。

…………

处罚措施大幅度提高，以保证更大的威慑力，从而防止出现可能危害渔业发展的任意开采。

国民大会经对本问题进行讨论，并在会上通过决定……

共和国总统兹颁布如下法案：

第一条

本法典的规定适用于在塞内加尔管辖的海洋水域内捕鱼的所有人以及此种行为中使用的设备和船舶，但现行有效的国际公约中另有规定者除外。

第一部分　塞内加尔管辖的渔区

第二条

在塞内加尔管辖的水域内捕鱼的权利由塞内加尔享有。本权利可以在领海以及从测量领海宽度的基线量起 200 海里的专属经济区内行使。海洋水域与河流水域的边界应由法令确定。

…………

第三部分　捕　鱼　权

第十七条

在塞内加尔管辖水域内捕鱼应取得授权。授权应由海洋渔业部部长以执照的形式授予捕鱼船舶。

…………

第二十三条

取得执照的船舶行使捕鱼权的区域应由法令确定……

第二十四条

悬挂外国国旗的船舶或由在塞内加尔从事生产的企业租赁的外国船舶，可以根据塞内加尔与相关国家订立的条约和协议的规定，在塞内加尔管辖的水域内捕鱼。

允许船舶在塞内加尔水域内捕鱼的条件应详细规定在公约或协议中。租赁的条件由法令确定。

…………

第六十九条

所有与本法案不一致的规定，特别是《1976 年制定海洋渔业法典的第 76–89 号法案》，特此废除。

本法案作为国家的法律予以实施。

1987 年 8 月 18 日于达喀尔颁布。

1990 年 6 月 18 日关于绘制基线的第 90–670 号法案

共和国总统，

考虑到《宪法》，特别是其中第三十七条和第六十五条的规定，

考虑到 1985 年 2 月 25 日领海、毗连区和大陆架划界的第 85–14 号法案的规定，

考虑到 1987 年 8 月 18 日制定海上渔业法典的第 87–27 号法案，特别是其第二条的规定，

最高法院在其 1990 年 4 月 6 日的会议上就动物资源部部长的报告发表了意见，

兹发布如下法令：

第一条

塞内加尔管辖范围内的海域（领海、毗连区、大陆架和经济区）的宽度应从本法令确定的正常基线（低潮线）和直线基线量起。

第二条

直线基线为连接如下各点形成的线：

（1）从 Langue de Barbarie 的尖端（15°52′42″N，16°31′36″W）到点 P1（15°48′05″N，16°31′32″W）；

（2）从点 P2（14°45′49″N,17°27′42″W）到 Yoff 岛的北端（14°46′18″N，17°28′42″W）；

（3）从 Yoff 岛的北端（14°46′18″N，17°28′42″W）到 Ngor 岛的北端（14°45′30″N，17°30′56″W）；

（4）从 Ngor 岛的北端（14°45′30″N，17°30′56″W）到 Almadies 灯塔（14°44′36″N，17°32′36″W）；

（5）从 Almadies 灯塔（14°44′36″N，17°32′36″W）到 Madeleines 岛的西南端（14°39′10″N，17°28′25″W）；

（6）从 Madeleines 岛的西南端（14°39′10″N，17°28′25″W）到 Manuel 角的尖端（14°39′00″N，17°26′00″W）；

（7）从 Manuel 角的尖端（14°39′00″N，17°26′00″W）到点 Sud Goree（14°39′48″N，17°23′54″W）；

（8）从点 Sud Goree（14°39′48″N，17°23′54″W）到 Rufisque 灯塔（14°42′36″N，17°17′00″W）；

（9）从 Sangomar 的西端（13°50′00″N，16°45′40″W）到 Oiseaux 岛北端（13°39′42″N，16°40′20″W）；

（10）从 Oiseaux 岛南端（13°38′15″N，16°38′45″W）到点 Djinnak（13°35′36″N，16°32′54″W）；

（11）从点 P3（12°46′30″N，16°47′20″W）到点 P4——Oiseaux 岛北端（12°45′30″N，16°47′20″W）；

（12）从点 P4（12°45′30″N，16°47′20″W）到点 P5——Oiseaux 岛南端（12°44′50″N，16°47′20″W）；

（13）从点 P5（12°44′50″N，16°47′20″W）到点 P6——Goelette 岛南端（12°39′15″N，16°47′00″W）；

（14）从点 P6（12°39′15″N，16°47′00″W）到点 P7——点 Diemboring 上的塔（12°29′00″N，16°47′36″W）。

第三条

在其他任何地方，塞内加尔管辖海域的宽度均从低潮线量起。

第四条

陆、海、空三军部长，外交部部长，内务部部长，设备、交通和住房部部长，农村发展和供水部部长，工业和手工业部部长，动物资源部部长应在各自职责范围内负责本法令的实施。本法令将公布在官方刊物上。

1990 年 6 月 18 日于达喀尔颁布。

塞舌尔
Seychelles

（英文文本截止于 2010 年 1 月 6 日）

1977 年海洋区域法案
（1977 年第 15 号法案）

第一条 引用及生效

本法案可以引用为《1977 海洋区域法案》，并自总统通过命令确定之日起开始生效。

第二条 释义

本法案中：

“基线”指根据直线基线制度确定的基线；

“大陆架”指塞舌尔的大陆架；

“指定区域”指根据该条规定宣布为该类区域的区域；

“专属经济区”指塞舌尔的专属经济区；

“历史性水域”指塞舌尔的历史性水域；

“界限”，对塞舌尔的领水、大陆架、专属经济区或历史性水域而言，指有关构成塞舌尔领土的单个或混合的一群或多群岛屿所拥有的水域、大陆架、专属经济区或历史性水域的边界；

“资源”包括生物资源和非生物资源以及利用潮汐、风力和海流生产能的资源；

“潜水艇”包括具有任何推进装置的水下交通工具；

“领水”指塞舌尔的领水。

第三条

1. 塞舌尔的主权及于并将永远及于塞舌尔的领水及其海床和底土以及这些水域的上覆空域。

2. 领水的界限为一条其上每一点距离基线最近点12海里的线。

3. 虽有第2款的规定，但如果总统认为有必要根据国际法和国家惯例修改领水的界限，他可以按照第（4）款的规定，通过在政府公报上发布命令，修改领水的界限。

第四条

1. 在不影响任何其他法律效力并符合第2、3、4款规定的限制下，所有外国船舶（除军舰、潜水艇外）享有无害通过领水的权利。

2. 外国军舰（包括潜水艇在内）向总统办公室提交通知后可以进入或通过领水。

3. 潜水艇在通过领水时应在海面航行，并展示其旗帜。

4. 总统如果认为为塞舌尔或其任一部分的公共安全、公共秩序、防卫和安全或者为遵守塞舌尔作为缔约国的任一条约而有必要，他可以通过在政府公报上发表命令，中止任何级别的外国船舶进入命令中规定的领水的某一区域，无论该中止是全部中止还是遵照命令中可能指定的一些例外或要求的中止。

第五条 大陆架

1. 大陆架包括塞舌尔领海以外依其陆地领土的全部自然延伸扩展到如下海底区域的海床和底土：

（1）扩展到大陆边外缘；

（2）如果大陆架外缘距离基线的距离不足200海里，则扩展到200海里的距离。

2. 塞舌尔拥有并一贯拥有对大陆架的全部和专属的主权权利。

第六条 专属经济区

1. 专属经济区是领海外并邻接领海的一个区域，从基线量起宽度为 200 海里。

2. 尽管有第 1 款的规定，如果总统认为根据国际法和国家惯例而有必要，他可以根据第（3）款的规定，通过在政府公报上发布命令，修改第 1 款规定的专属经济区的界限。

第七条 对大陆架和专属经济区的权利

1. 在不妨害第三条、第五条、第六条规定的情况下，根据第 3 款和第 6 款，塞舌尔在其大陆架和专属经济区内享有：

（1）以勘探、开发、养护和管理所有资源为目的的主权权利；

（2）建造、维护和使用为勘探与开发资源或为航行便利或其他目的所必要的人工岛屿、浮动码头、设施与其他结构或设备的专属权利和管辖权；

（3）批准、管理和进行科学研究的专属管辖权；

（4）养护和保护海洋环境以及防止和控制海洋污染的专属管辖权；

（5）国际法和国家惯例所承认的其他权利。

2. 除根据塞舌尔缔结的任何协议的规定或总统授权或根据总统授权所颁发的执照的规定外，任何人不得在大陆架和专属经济区内：

（1）勘探和开发任何资源；

（2）进行任何调查、挖掘或钻探活动；

（3）进行任何研究；

（4）建造、维护和使用任何人工岛屿、浮动码头、设施或其他结构与设备。

3. 在遵守第 2 款第（4）项的规定及任何为保护塞舌尔利益所采取的必要措施的情况下，外国可以在大陆架以及专属经济区的海床上铺设海底电缆或管道。

4. 除非已经取得总统对电缆或管道线路的授权，否则不得在大陆架或专属经济区的海床上铺设任何电缆或管道。

5. 第 2 款的任何规定不适用于塞舌尔公民或在塞舌尔登记并经渔业部部长批准的法人团体进行的捕鱼活动。

6. 所有国家的船舶和飞机在尊重塞舌尔对其大陆架和专属经济区行使主权权利的情况下享有如下自由：

（1）航行自由；

（2）飞越自由。

第八条

1. 总统可以通过在政府公报上发布命令的形式确定历史性水域的边界。

2. 塞舌尔的主权权利及于并永久及于历史性水域以及历史性水域的海床、底土和上覆空域。

第九条 大陆架和专属经济区的指定区域

总统可以通过在政府公报上发布命令：

（1）宣布大陆架和专属经济区的任何区域为指定区域。

（2）制定其认为必要的关于下列事项的措施——

（a）指定区域内资源的勘探、开发以及保护；

（b）指定区域内人工岛屿、浮动码头、设施及其他结构和设备的安全与保护；

（c）指定区域内科学研究的管理和开展；

（d）指定区域内海洋环境的保护；

（e）与指定区域有关的海关和其他财政事项；

（f）外国船舶进入和通过指定区域的管理；

（g）航路、航道、分航制度或任何确保航行自由而不损害塞舌尔利益的安排的制定。

第十条 法律的补充

总统可以通过在政府公报上发布命令：

（1）在作出其认为适当的限制和修改后，将现行的成文法扩展至大陆架和专属经济区或其任何部分，包括指定区域；

（2）制定其认为便于实施这些法律所必要的规定。

第十一条 海图的公布

总统可以在海图上公布基线以及领水、大陆架、专属经济区和历史性水域的界限。

第十二条 违法行为

1. 任何人违反了本法案或根据本法案制定的任何规定和命令，均构成违法行为，一经定罪，可被处以不超过 20 万卢比的罚款或 5 年以下的监禁。

2. 任何违法的人应在最高法院受审。

第十三条 代理人或法人违法

1. 如果违法行为是由下列人员所为，则他们应被视为犯有同样的罪行，除非其证明该罪行在其完全不知情或未经其同意的情况下发生，并采取了一切合理的步骤防止该违法行为发生：

（1）代理人，即代表他人行事的人；

（2）法人团体，即在违法行为发生时与该法人团体的管理有关或以管理资格行事的每一个人。

2. 虽有第 1 款的规定，如果该违法行为是由法人所为，并经证明该违法行为得到了董事、经理、秘书或其他长官的同意（无论是明示的还是默示的），或得到了默许，或可归因于法人的任何疏忽，则这些董事、经理、秘书或其他长官应被视为犯有同样的罪行。

第十四条 法案的适用

若现行法律的规定与本法案和根据本法案制定的规章和命令的任何规定相抵触，则应以本法案和根据本法案制定的规章和命令的规定为准。

第十五条 规章

1. 总统可以为实施本法案之目的制定其认为必要的规章。

2. 在不损害前项权力的情况下，根据第 1 款制定的规章可以特别规定如下全部或部分事项：

（1）对任何人在领水、大陆架和专属经济区以及历史性水域内的行为的管理；

（2）对大陆架和专属经济区内资源的勘探和开发、养护和管理的管制；

（3）对人工岛屿、浮动码头、设施和其他结构与设备的建造、维护的管理；

（4）对海洋环境的养护和保护及对海洋污染的防止与控制。

（5）科学研究的管理与操作；

（6）规定执照的费用；

（7）从第（1）项到第（6）项所规定的各类事项的附带事项。

专属经济区（二号）令
（1978 年）

根据《1977 年海洋区域法案》第六条第 2 款授予的权力，总统认为有必要根据国际法和国家惯例制定如下法令：

1. 本法令可以引用为 1978 年《专属经济区（二号）令》。

2. 专属经济区的界限依存档于总长办公室的第 ML/AND/52 号海图上显示的区域 A 的边界划定，并在本附表上作详细描述。

3. 1978 年《专属经济区令》特此撤销。

附　表
专属经济区界限表示

从点 1 到点 2、3、4、5、6、7、8、9、10、11、12、13 的边界，由距离塞舌尔共和国最近的陆块 200 海里的点的轨迹构成。

从点 13 到点 14、15、16、17、18，边界为塞舌尔共和国与毛里求斯领土之间距离相等的中间线。

其后，边界为从距离塞舌尔共和国最近的陆块 200 海里的点到点 19 的轨迹。

从点 19 到点 20、21、22、23、24、25、26、27、28、29，边界为塞舌尔共和国和马达加斯加共和国、法属格罗里厄士群岛、马约特岛、科摩罗群岛及马菲亚岛（坦桑尼亚）之间距离相等的中间线。

上文提到的各点的地理坐标如下表所示。

点	纬度（赤道以南）	经度（格林威治以东）
1	07°46′	43°15′
2	06°04′	46°41′
3	06°19′	47°49′
4	06°30′	48°40′

续表

点	纬度（赤道以南）	经度（格林威治以东）
5	05°41′	49°57′
6	04°32′	50°04′
7	01°38′	52°36′
8	00°29′	56°03′
9	02°39′	58°48′
10	04°01′	59°15′
11	05°34'	59°09
12	07°10'	59°30'
13	08°27'	59°22'
14	08°33'	58°23'
15	08°45'	56°25'
16	08°56'	54°30'
17	09°39'	53°53'
18	12°17'	53°49'
19	12°47'	53°14'
20	11°31'	50°29'
21	11°05'	50°42'
22	10°17'	49°26'
23	11°01'	48°30'
24	10°47'	47°33'
25	10°37'	46°56'
26	11°12'	45°47'
27	10°55'	45°31'
28	10°27'	44°51'
29	08°05'	43°10'

1999 年海洋区域法案
（1999 年第 2 号法案）

本法案撤销《海洋区域法案（Cap 122）》，并规定根据《联合国海洋法公约》确定塞舌尔的海洋区域及其他有关事项。

本法案经国民大会和总统颁布。

第一部分　序　　言

第一条

本法可引用为《1999 年海洋区域法案》，自总统在政府公报上公布之日起执行。本法的不同条款可在总统指定的不同时间执行。

第二条

本法案中：

“群岛水域”是指第六条定义的塞舌尔的群岛水域；

“群岛海道通过”指第十八条规定的通过；

“经授权的官员”指根据第二十三条第（5）款规定获得授权的官员；

“基线”指根据第三条确定的基线；

“毗连区”指第八条定义的塞舌尔的毗连区；

“公约”指 1982 年《联合国海洋法公约》；

塞舌尔与一个外国之间的“等距离线”指其上每一点同基线上最近点以及同该外国基线上相应点的距离相等的线；

“专属经济区”指第九条定义的塞舌尔的专属经济区；

“外国”指除塞舌尔以外的国家；

“外国船舶”指在外国登记的船舶；

“无害通过”的含义等同第十七条规定的含义；

“内水”的含义等同第五条规定的含义；

有关群岛水域、领海、毗连区、大陆架和专属经济区的“界限”是指涉及单个、混合或一群岛屿且构成塞舌尔领土的水域、海域、陆架或区域的界限；

“低潮线”指在最低天文海潮时塞舌尔沿岸的低水位线；

就船舶而言，“经营人”指船舶的所有人或经营者；

“海里”为国际海里，1 海里为 1 852 米；

“船舶”指船只、小艇或任何种类的海上航行器，包括潜水艇；

“潜水艇”指任何具有推进装置的水下航行器；

“领海”指第四条定义的塞舌尔的领海。

第二部分　领海、内水、群岛水域与毗连区

第三条

1. 为本法案的目的，基线应为：

（1）低潮线；或者

（2）若总统已根据第 2 款规定直线群岛基线，则指群岛基线。

2. 总统可通过政府公报公布的命令，在遵守命令中说明的限制和例外的情况下，规定直线群岛基线。

3. 总统可在依第 2 款公布的命令中标明直线群岛基线：

（1）在大比例尺海图上标明基线的位置；或者

（2）列出基点的地理坐标，标明大地测量学基准点。

第四条

领海的外部界限为一条其上每一点同基线上最近点的距离为 12 海里的线。

第五条

1. 塞舌尔的内水由下列线向陆地一侧的海域组成：

（1）低潮线；或

（2）总统通过政府公报公布的命令根据第 2 款规定的封口线。

2. 总统可在政府公报上通过命令规定封口线，以确定塞舌尔的内水界限。

第六条

塞舌尔的群岛水域由依据第三条设立的直线群岛基线向陆一侧的海域组成，直到内水向海一侧的界限。

第七条

塞舌尔的主权管辖权及于并一贯及于内水、领海和塞舌尔的群岛水域

以及这些水域和海域的海床、底土、上空。

第八条

1. 受第 2 款限制，塞舌尔的毗连区由领海以外并邻接领海的区域组成。其向海一侧的界限为一条其上每一点同基线上最近点的距离为 24 海里的线。

2. 毗连区不得延伸至《公约》确定的外国领海的任何部分，并且在适当的情况下，第 1 款可作必要延伸，以满足任何特殊情况下该款的要求。

3. 塞舌尔享有并可行使有关毗连区的必要权力和权利，以防止或惩治在塞舌尔包括在领海、群岛水域内违反海关、财政、移民或卫生法律和规章的行为。

第三部分　专属经济区与大陆架

第九条

受第十三条第 2 款作出的有关专属经济区划界的任何命令的限制，塞舌尔的专属经济区由领海以外并邻接领海的区域组成，其向海一侧的界限为一条其上每一点同基线上最近点的距离为 200 海里的线。

第十条

依照本法案，塞舌尔在专属经济区拥有并一贯拥有：

（1）以勘探和开发、养护和管理与海床及其底土、上覆水域的自然资源（不论是生物资源还是非生物资源）为目的的主权权利，以及利用海水、海流和风力生产能的主权权利。

（2）授权和管理建造、经营与使用以下各项的专属权利——

（a）人工岛屿；

（b）为第（1）项的目的或为任何其他经济目的设置的设施和结构。

（3）授权和管理设施与结构的建造、经营、使用以及管辖干扰塞舌尔行使权利且与专属经济区有关的设施和结构的专属权利；

（4）对第（2）项提及的人工岛屿、设施和结构的专属管辖权；

（5）管理、授权和控制海洋科学研究的专属管辖权；

（6）保护和保全海洋环境、防止和控制海洋污染的专属管辖权；

（7）国际法承认的其他权利和管辖权。

第十一条

1. 除依照第十三条第 2 款就大陆架作出的命令另有规定外，塞舌尔的大陆架为其领海以外依其陆地领土的自然延伸扩展到超过领海界限的海底区域的海床和底土：

（1）扩展到大陆边的外缘；或者

（2）若从基线量起到大陆边外缘不超过 200 海里，则延伸至 200 海里的距离。

2. 为第 1 款的目的，若从基线的最近点开始大陆边缘延伸超过 200 海里，则大陆架外部界限的划定和确定应适当考虑国际法的要求和限制。

3. 为本条的目的，大陆边缘包括塞舌尔陆块没入水中的延伸部分，由陆架、陆坡和陆基的海床与底土构成，但不包括深洋洋底及其洋脊，也不包括其底土。

第十二条

1. 依照本法案，塞舌尔对大陆架拥有并一贯拥有：

（1）为勘探大陆架和开发其自然资源的目的对大陆架的专属主权权利；

（2）第十条第（2）到第（7）项所提及的专属经济区的权利和管辖权应相应地适用于大陆架。

2. 第 1 款第（1）项中的“自然资源”指海床和底土的矿物与其他非生物资源以及属于定居种的生物，即在可捕捞阶段在海床上或海床下不能移动或其躯体须与海床或底土保持接触才能移动的生物。

第十三条

1. 如果根据本法案确定的塞舌尔的专属经济区或大陆架延伸到相邻或相向国家依《公约》确定的专属经济区或大陆架，则塞舌尔的专属经济区或大陆架应通过塞舌尔与有关国家之间的协议确定；在没有协议的情况下，则依国际法确定。

2. 总统得为使第 1 款所作的协议或其他决定生效的目的，在政府公报上通过命令，详细说明塞舌尔专属经济区或大陆架的一般界限或专属经济区或大陆架的特别区域的界限。

第十四条

1. 塞舌尔将：

（1）尊重任何外国在本法案生效前铺设的海底电缆及在不登陆的情况下通过群岛水域；

（2）在收到维修或更换电缆的位置和意图的通知后，允许维修或更换任何该种电缆。

2. 塞舌尔不得阻碍外国在专属经济区或大陆架上铺设或维修海底电缆和管道。

3. 第 2 款并不妨碍：

（1）塞舌尔行使第十条或第十二条提及的有关专属经济区或大陆架的权利或管辖权；

（2）塞舌尔有权对进入其领土的电缆和管道规定条件，或对为勘探专属经济区或大陆架或开发自然资源或经营其管辖下的人工岛屿、设施和结构的目的而建造与使用的电缆及管道行使管辖权。

第四部分　通　过　权

第十五条

在塞舌尔对其专属经济区或大陆架行使主权权利和专属管辖权的情况下，外国船舶和航空器根据本法规定的国际法原则、惯例和条款，在专属经济区内和大陆架上享有：

（1）航行自由；

（2）飞越自由。

第十六条

1. 在不妨碍任何其他成文法的原则下，除第 2、3、4 款另有规定外，外国船舶享有无害通过领海和群岛水域的权利。

2. 外国军舰只有在通知塞舌尔港口当局并得到其事先批准后方可进入或通过领海或群岛水域。

3. 潜水艇在通过群岛水域或领海时应浮出水面，并展示其旗帜。

4. 拟行使无害通过权的任何外国核动力船舶或载运核物质或任何其他放射性物质或材料的外国船舶，应事先通知塞舌尔港口当局，并在得到允许之后方可通过。

5. 如果总统认为为保护塞舌尔的国家安全（包括武器演习在内）有必要，总统可在政府公报上发布命令，宣布在指定的时段在群岛水域或领海的部分区域暂时停止无害通过权。

第十七条

1. 无害通过是指继续不停和迅速进行的通过，不损害塞舌尔的和平、良好秩序或安全。其目的是：

（1）穿过领海或群岛水域但不进入内水，或停靠于内水以外的泊船处或港口设施处；或者

（2）驶往或驶出内水，或停靠于这种泊船处或港口设施处。

2. 除第 3 款另有规定外，通过应不损害塞舌尔的和平、良好秩序或安全。外国船舶未经批准不得在群岛水域或领海内从事下列活动：

（1）对塞舌尔的主权、领土完整或政治独立进行任何武力威胁或使用武力，或以任何其他违反《联合国宪章》所体现的国际法原则的方式进行武力威胁或使用武力；

（2）在船上发射、降落或接载任何军事装置；

（3）以任何种类的武器进行任何操练或演习；

（4）任何目的在于搜集情报使塞舌尔的防务或安全受到损害的行为；

（5）任何目的在于影响塞舌尔防务或安全的宣传行为；

（6）违反塞舌尔海关、财政、移民或卫生的法律和规章上下任何商品、货币或人员；

（7）任何捕鱼或开发生物和非生物资源的活动；

（8）任何故意或可能给塞舌尔国家、人民、资源或环境造成危害或损害的行为；

（9）进行研究或测量活动；

（10）任何目的在于干扰塞舌尔任何通信系统、电话通信、任何其他设施或设备的行为，无论此种系统、设施或设备是位于陆上还是位于海上或海底；

（11）与通过没有直接关系或旨在妨碍国际航行的任何其他活动。

3. 如果外国军舰未依照第十六条第 2 款事先通知并得到许可后在群岛水域或领海内航行，其在领海或群岛水域的通过即损害了塞舌尔的和平、良

好秩序或安全。

4. 为本条的目的：

（1）外国船舶如果仅以停船或下锚为理由，就不属于继续不停和迅速通过。不过，如果停船或下锚是出于以下原因则除外——

（a）通常航行所附带发生的；

（b）因不可抗力或遇难而必要；

（c）为救助遇险或遭难的人员、船舶或飞机的目的。

（2）外国船舶有权从事任何与第 2 款有关的活动，如果它——

（a）得到塞舌尔港口当局的事先许可；或者

（b）根据塞舌尔成文法的授权或许可，或根据成文法发放的执照、租约或任何合法的授权。

5. 在行使无害通过权时，外国船舶应遵守：

（1）塞舌尔的法律、命令、指示、许可或有关通过群岛水域或领海的任何涉及下列内容的规章——

（a）航行安全及海上交通规则；

（b）保护助航设备和设施以及其他设施或设备；

（c）保护电缆和管道；

（d）养护海洋生物资源；

（e）防止违反塞舌尔的渔业法律和规章；

（f）防止违反塞舌尔的海关、财政、移民或卫生法律和规章；

（g）海洋科学研究和水文测量；

（h）保全塞舌尔的环境，并防止、减少和控制环境污染。

（2）所有关于防止海上碰撞的被普遍接受的国际规章。

第十八条

1. 在不违反本法案及国际法的情况下，所有船舶或飞机享有群岛海道通过权。

2. 根据第 5 款，群岛海道通过权仅可在根据第十九条指定的海道及其上空航道中行使。

3. 在行使群岛海道通过权时，外国船舶应遵守：

（1）海上安全或为防止、减少和控制船舶污染而被普遍接受的国际规则、程序及惯例。

（2）涉及下列内容的有关群岛水域的任何成文法、命令、指示、许可及任何主管当局的规定——

（a）航行安全、海上交通管理或海道的使用或分道通行制；

（b）渔船和防止捕鱼，包括渔具的装载；

（c）违反海关、财政、移民或卫生法律和规章上下任何商品、货币或人员；

（d）防止、减少和控制污染，使有关在群岛水域内排放油类、油污废物及其他有毒物质的国际规章生效。

4. 在行使群岛海道通过权时，外国飞机应：

（1）遵守国际民用航空组织制定的适用于民用飞机的航空规则以及外国飞机通常遵守的安全措施，并在操作时随时适当地顾及航行安全；

（2）随时监听国际上指定的空中交通管制主管机构所分配的无线电频率或有关的国际呼救无线电频率。

5. 如果没有根据第十九条指定通过或越过群岛水域的海道或空中航道，可通过正常用于国际航行的水道或航道行使群岛海道通过权。

6. 外国船舶或飞机通过或飞越群岛水域停止连续和迅速通过，仅以船舶或飞机因不可抗力所必要的行为为限。

7. 在本节中，群岛海道通过权指在正常方式下为在下列地点之间连续迅速和无障碍过境的目的而拥有的航行与飞越的权利：

（1）公海或专属经济区的一部分；

（2）公海或专属经济区的另一部分。

第十九条

总统可通过在政府公报上公布的命令：

（1）依据本法案指定用于行使群岛海道通过权或与行使群岛海道通过权有关的海道和空中航道；

（2）规定分道通航制。

第五部分　管辖权、执行与违法

第二十条

1. 根据第 2 款和第二十三条，塞舌尔对外国船舶在通过领海期间在船上发生的犯罪没有刑事管辖权。塞舌尔当局不得就该罪行在船上逮捕任何人或进行任何调查。

2. 第 1 款不适用于：

（1）外国船舶上的人犯下的本法所述的罪行，或根据本法对外国船舶上的人所适用的任何成文法规定的罪行，而该外国船舶位于塞舌尔领海内。

（2）外国船舶为商船或属于外国政府但用于商业目的，并且：

（a）罪行后果及于塞舌尔；

（b）罪行属于扰乱塞舌尔的和平或领海的良好秩序；

（c）船长或船旗国外交代表或领事官员请求塞舌尔当局予以协助；

（d）逮捕或调查为取缔非法贩运麻醉药品或精神调理物质所必要；或者

（e）该船在驶离塞舌尔内水后通过领海。

3. 塞舌尔当局不得：

（1）逮捕与外国船舶驶入领海前所犯罪行有关的任何人，如果该外国船舶来自外国港口而且正在通过领海，且没有进入塞舌尔内水；或者

（2）进行与该船罪行有关的调查，除非塞舌尔当局——

（a）有明显根据相信因为该违法行为导致大量排放，对海洋环境造成重大污染或造成重大污染的威胁；或者

（b）有明显根据相信因为该违法行为导致大量排放，导致塞舌尔海岸、领海或专属经济区的任何资源受到严重损害或受到重大损害的威胁。

4. 在第 3 款第（2）项第（a）目适用的情况下，如果船舶拒绝向当局提供关于该船的识别标志、登记港口、最后和下一个停泊的港口以及其他必要的有关信息，以确定是否已有属于第 3 款第（2）项第（a）目规定的违法行为发生，则塞舌尔当局可对该船进行实际检查。

5. 在第 3 款第（2）项第（b）目适用的情况下，塞舌尔当局可扣留该船，直到作出判决，除非该船缴纳了合理的保证金或担保金。

第二十一条

1. 除本条另有规定外，不得为对外国船舶上某人行使民事管辖权的目的而停止其通过领海或改变其航向。

2. 除第 3 款另有规定外，不得为任何民事诉讼的目的而对船舶进行扣押或加以逮捕，但涉及该船舶本身在通过领海的航行中或为该航行的目的而承担或担负的义务或责任则不在此限。

3. 第 2 款不妨害对在领海内停泊或驶离内水后通过领海的外国船舶进行扣押或加以逮捕的权利。

第二十二条

1. 塞舌尔法院对塞舌尔领土（包括内水、群岛水域及领海）有管辖权。

2. 为实施本法案以及根据第三十条扩展至专属经济区的任何其他成文法，塞舌尔法院的管辖权和权利延伸至塞舌尔的专属经济区及大陆架。

第二十三条

1. 如果经授权的官员有明显根据怀疑外国船舶违反了本法案或一部成文法，而该成文法根据本法案具有强制性，或涉及第 17 条规定的影响塞舌尔的和平、良好秩序或安全的活动，则该官员可在根据本法属于塞舌尔管辖范围的海域内或在国际法授予这种管辖权的情况下，不需要授权即可：

（1）为调查违法行为或为此活动的目的停止、登临及检查该船；

（2）要求出示、检查及复印任何许可证书、航海日志、船舶记录或其他船舶文件；

（3）扣留该船；

（4）逮捕船长或船舶负责人或船上的任何其他人或参与本款提及的违法事例或活动的任何人。

2. 在船舶被扣留的情况下，船舶及其船员应被带至港口，交由法院拘留，并依据本法案处理。

3. 当船舶依据第 2 款被起诉至法院时，法院可：

（1）命令扣留该船，直至完成有关调查；

（2）在该船缴纳了适当的担保金或保证金后命令释放该船；

（3）在第 1 款第（4）项提及的船长或其他任何人缴纳了适当的担保金或保证金后，命令将其释放；

（4）如不能按照第（2）或第（3）项缴纳担保金或保证金，则命令扣留该船、船长或其他任何人（视情况而定）。

4. 根据本条行使职能时，经授权的官员应注意不得危及航行安全或对该船造成任何伤害，不得将该船带至不安全的港口或停泊地，亦不得使海洋环境遭受任何不合理的危害。

5. 为本法案的目的，总统可指定任何人为经授权的官员。

第二十四条

1. 除第 2 款另有规定外，如果外国船舶违反了本法案或依据本法案有效的成文法，或涉及第十七条规定的任何危害塞舌尔和平、良好秩序或安全的活动，则该船的每一个经营者、船长、船舶负责人、参与违法活动的船员即构成犯罪，一经定罪，被处以 500 000 塞舌尔卢比的罚款及 10 年监禁。

2. 除非塞舌尔共和国与船舶的登记国之间有协议，否则法院不得依据第 1 款对行为人、船长、船舶负责人、船员就违反塞舌尔渔业法的违法犯罪行为施行监禁。

3. 尽管有其他成文法的规定，法院除根据第 1 款规定作出任何处罚之外，还可命令被判定犯有该款所述罪行的人交付塞舌尔当局因追捕、扣押该船并将该船带至港口产生的费用，并赔偿使用该船或由船上人员造成的损害。

4. 根据第 3 款发布的交付数额如未能交付，则成为塞舌尔共和国受益的民事债务，可依此强制执行。

5. 根据第 1 款对违法行为进行指控时，如果被指控者证明作为犯罪主体的船舶是依据第十七条第 4 款第（2）项获得本法案的授权作出或从事此种违法的行为或活动，即为充分的免责辩护。

第二十五条

1. 根据本法案，任何人不得在专属经济区或大陆架内实施以下行为，除非该人根据与塞舌尔依据本法案或其他成文法达成的协议：

（1）勘探或开发专属经济区或大陆架的任何资源；

（2）进行任何调查或挖掘；

（3）进行任何研究；

（4）建造、维护或操作任何人工岛屿、岸外设备、设施或其他结构或装置，或在其上进行钻探；或者

（5）从事任何经济活动，

2. 任何人违反第 1 款即构成犯罪，一经定罪，可处以 500 000 塞舌尔卢比罚款及 10 年监禁。

第二十六条

凡妨碍或阻挠经授权的官员行使其职责或阻止该官员执行其职责的，依照本法案即构成犯罪，一经定罪，可被处以 500 000 塞舌尔卢比罚款及 10 年监禁。

第六部分　总　　则

第二十七条

总统应督促编制海图或标明大地测量学基准点的地理坐标列表，并在总统认为适当的时候标明下列全部或部分事项：

（1）基线、低潮线及第五条第 2 款规定的封口线；

（2）领海、大陆架或专属经济区向海一侧的界限；

（3）第十九条规定的海道、空中航道或指定分道通航制的中心线。

第二十八条

经总统证明为依据第二十七条编制的海图或地理坐标表的真实副本的文件，将在任何诉讼程序中被接受为该条提及并在该文件中显示的任何事项的最终证据。

第二十九条

总统得督促：

（1）以总统认为适当的方式公开依据第二十七条准备的海图或地理坐标表；

（2）将每一份海图及地理坐标表的副本交存联合国秘书长。

第三十条

1. 总统得通过在政府公报上公布的命令，将任何成文法的适用范围扩大到专属经济区或大陆架或其任何部分，命令中指定的例外情况和修改除外。如此延伸的法律将对专属经济区或大陆架（视情况而定）有效。

2. 根据第 1 款作出的命令应符合塞舌尔的国际义务。

第三十一条

如果本法案中的条款与任何其他成文法的条款冲突，则以本法案为准。

第三十二条

1. 成文法的提法：

（1）就本法案开始施行之后的任何阶段而言，“领水”应根据第四条的规定解释为“领海”；

（2）就本法案开始施行之后的任何阶段而言，海洋区域应根据本法案解释为有关的区域。

2. 第 1 款第（2）项中，“海洋区域”为：

（1）内水；

（2）群岛水域；

（3）领海；

（4）毗连区；

（5）专属经济区；

（6）大陆架。

第三十三条

1. 为执行本法案的目的以及在不违反上述规定的情况下，总统可就下列全部或部分事项制定其认为必要的规章：

（1）任何人员在群岛水域、领海、专属经济区、大陆架的行为的管理。

（2）与专属经济区有关的规章——

（a）勘探、开发、养护和管理海床、底土及其上覆水域的自然资源（非定居种），不论是生物资源还是非生物资源；

（b）开发专属经济区的经济的其他活动；

（c）海洋环境的保护和保全及海洋污染的防止和控制；

（d）人工岛屿、设施和结构的建造、经营与使用；

（e）海洋科学研究的授权和控制。

（3）与大陆架有关的规章——

（a）对自然资源的勘探、开发和管理；

（b）海洋环境的保全与海洋污染的防止和控制；

（c）人工岛屿、设施和结构的建造、经营与使用；

（d）海洋科学研究的授权和控制。

（4）为充分行使塞舌尔在专属经济区或大陆架的权利及管辖权所必要或适宜的其他此类事项。

（5）规范内水、群岛水域或领海的使用。

（6）为第八条第3款的目的行使与毗连区有关的权利和授权的规章。

（7）根据本法应缴纳的费用，无论是否与任何活动有关。

（8）规定对违反法律规定的行为处以不超过100 000塞舌尔卢比的罚款或不超过5年的监禁，或二者并处。

第三十四条

1. 废除《1977年海洋区域法案》。

2. 尽管根据本法案废除《1977年海洋区域法案》，但根据该法案制定并在本法案生效之前立即生效的合法文件将继续有效，有如根据本法案制定的一样，直到根据本法案予以修改或废除。

兹证明本文本为1999年3月16日国民大会通过的议案的正确文本。

国民大会书记官
谢拉·班克斯（Sheila Banks）

2002年海洋区域（专属经济区和大陆架）命令*，
（2002年11月14日）

为了行使《1999年海洋区域法案》第十三条第2款的权力，总统发表下列命令：

（1）本命令可简称为《2002年海洋区域（专属经济区和大陆架）命令》。

（2）塞舌尔共和国专属经济区和专属大陆架的外部界限以“1984年世界大地测量体系”为基础，由点3（S17）、2（18）和1（S19）以及9到1

* 原文注：本文本封面是塞舌尔发给联合国的照会，时间为2003年4月23日。

和 a 的地理坐标确定，标明如下。界线由一系列连接上述坐标的大地测量线组成。

点	南纬（赤道以南）	东经（格林威治本初子午线以东）
3.（S17）	11°01′15″	48°29′07″
2.（18）	10°39′01″	46°54′40″
1.（S19）	11°08′23″	45°46′03″
9.	8°00′46″8981	43°11′43″6089
8.	7°58′59″3681	43°12′13″6578
7.	7°57′11″8372	43°12′42″7024
6.	7°55′24″3056	43°13′13″7426
5.	7°53′36″7733	43°13′43″7784
4.	7°51′49″2402	43°14′13″8099
3.	7°50′01″7063	43°14′43″8372
2.	7°48′14″1717	43°15′13″8601
1.	7°46′26″6364	43°15′43″8788
a.	7°44′39″1003	43°16′13″8933

（3）在取消该命令附表中对点 23、24、25、26 和 29 到点 1 的所有提述的情况下，海洋区域（专属经济区）命令应继续有效。

2002 年 11 月 14 日制定

总统 弗朗斯·阿尔贝·勒内（F.A.Rene）

塞拉利昂
Sierra Leone

（英文文本截止于 2009 年 5 月 22 日）

海域（设立）法令
（1996 年）

本法为按照 1982 年《联合国海洋法公约》设立塞拉利昂海洋区域以及为了相关目的的法令。

鉴于塞拉利昂政府于 1982 年 12 月 10 日在牙买加蒙特哥湾签署了《联合国海洋法公约》（在本法令中以下称《公约》）；

鉴于塞拉利昂政府已于 1994 年 12 月 12 日批准了《公约》；

同时鉴于有必要实施《公约》中关于设立领海、毗连区、专属经济区和大陆架的规定，以使《公约》的这些规定在塞拉利昂具有法律效力；

兹根据《1992 年塞拉利昂管理（国家临时管理委员会）声明》第三条的规定，国家临时管理委员会通过并颁布如下法令：

第一条 用语

本法令中，除非上下文另有要求：

“1 海里”为 1 852 米；

“国务秘书”为负责海洋资源的国务秘书。

第二条 领海

塞拉利昂领海为陆地领土及内水外并邻接陆地领土和内水的一个海水带，其宽度为从基线量起12海里。基线为标注于大比例尺官方海图上的塞拉利昂沿岸低潮线。

第三条 对领海和领海上空等的主权

根据《公约》的规定以及其他相关的国际法规则，塞拉利昂的主权及于领海上空及其海床和底土。

第四条 共和国的内水

兹声明：领海基线向陆一侧的水域构成塞拉利昂内水的一部分。

第五条 外国船舶及航空器对领海的使用

1. 所有国家的船舶在塞拉利昂领海内享有无害通过权。

2. 只有不损害塞拉利昂的和平、良好秩序或安全，通过才是无害的：

任何外国军舰不得进入或通过塞拉利昂的领海，除非其事先取得塞拉利昂国务秘书的书面同意，且遵守国务秘书确定的条件。

3. 任何外国航空器不得进入或通过塞拉利昂领海的上空，除非其事先取得国务秘书的书面同意，并遵守国务秘书规定的条件。

4. 违反本条规定的任何外国船舶或航空器应被没收，或者由其所有人支付可能另外规定的罚款。

第六条 无害通过权的中止

1. 国家临时管理委员会可以通过发布公共通告禁止或中止任何船舶无害通过塞拉利昂的领海，如果其认为这种禁止或中止对保护塞拉利昂的和平、良好秩序或安全是必要的。

2. 任何船舶若违反了根据第1款发布的公共通告的规定应被没收，或者由其所有人支付另外规定的罚款。

第七条 毗连区

1. 塞拉利昂的毗连区为邻接领海的一个海洋区域，从测算领海宽度的基线量起24海里。

2. 在毗连区内，塞拉利昂政府可以为下列事项行使必要的管制权：

（1）防止违反其海关、财政、移民、卫生或环境法律；

（2）惩治在塞拉利昂领土、领海或毗连区内发生的违反第（1）项规定的法律的行为。

第八条 设立专属经济区

1. 塞拉利昂的专属经济区包括位于塞拉利昂领海之外并邻接塞拉利昂领海的海洋区域的水体、海床和底土，其外部界限为一条向海一侧的线，线上各点到测量领海宽度的基线上最近点的距离为 200 海里。

2. 专属经济区为塞拉利昂渔区的一部分。

第九条 塞拉利昂在专属经济区的主权权利

1. 塞拉利昂在专属经济区内享有：

（1）对下列事项的主权权利——

（a）勘探和开发、养护和管理海床上覆水域及其底土的自然资源（不论是生物资源还是非生物资源）；

（b）利用海水、海流和风力生产能。

（2）对下列事项的管辖权——

（a）人工岛屿、设施和结构的建造与使用；

（b）海洋科学研究；

（c）海洋环境的保护和保全。

（3）《公约》规定的其他权利和义务。

2. 除塞拉利昂公民外，任何国家、国际组织和个人均不得在专属经济区内从事任何侵犯第 1 款规定的塞拉利昂权利和管辖权的活动，除非经塞拉利昂政府书面同意。

3. 违反本条任何规定的行为即构成犯罪。

第十条 其他国家对专属经济区的利用

在不违反塞拉利昂法律的情况下，其他国家可以在专属经济区内享有如下自由：

（1）航行自由；

（2）飞越自由；

（3）在塞拉利昂管辖的大陆架上铺设海底电缆和管道的自由，但要遵守塞拉利昂对这些管道和电缆的管辖权，且塞拉利昂享有制定其铺设条件的权利。

第十一条 塞拉利昂的大陆架

1. 塞拉利昂的大陆架包括其领海以外依其陆地领土的自然延伸，扩展到从测算领海宽度的基线量起 200 海里距离区域的海床和底土。

2. 大陆架海床之上、之下以及大陆架底土内的全部自然资源归塞拉利昂所有。塞拉利昂对大陆架享有的权利包括：

（1）以勘探、开发、养护和管理自然资源为目的的主权权利；

（2）批准、管理和控制科学研究的专属权利和管辖权；

（3）建造、维护和运营人工岛屿、浮动码头、设施及其他为勘探与开发大陆架资源、方便航行或其他目的所必要的结构和设备的专属权利和管辖权；

（4）国际法规定的其他权利。

3. 第 2 款规定的权利不影响大陆架上覆水域及其上空的法律地位。

4. 为本条之目的，大陆架的自然资源包括海床和底土的矿物与其他非生物资源以及属于定居种的生物，即在可捕捞阶段在海床上或海床下不能移动或躯体须与海床或底土保持接触才能移动的生物。

第十二条 海域界限证明

1. 标示在官方海图上的确定领海、专属经济区和大陆架边界的线，为第二条、第七条、第八条和第十一条规定的各海域界限的最终证据。

2. 永久描述专属经济区和大陆架外部界限的官方海图与相关信息的副本，包括大地测量数据，可以从按照《公约》要求保存这些信息的联合国秘书长处获得。

第十三章 专属经济区内的犯罪行为

任何在专属经济区内发生的违反本法令及根据本法令制定的规章的犯罪行为，应视为发生在塞拉利昂。

第十四章 处罚

任何人违反了本法令以及根据第十五条制定的规章，即构成犯罪，一经定罪，应被处以 500 万利昂以下的罚款，或判处 5 年以下的监禁，或这两种刑罚并处，并被没收在该犯罪行为中使用的任何物品。

第十五章 规章

1. 国务秘书可以制定实施本法令的规章。

2. 在不影响第 1 款的一般性原则的情况下，本条可以制定关于如下事项的规章：

（1）保护和保全海洋环境中珍稀和脆弱的生态系统；

（2）防止、减少和控制因有毒、有害或有碍健康的物质的排放引起的海洋环境污染，特别是持久性的来自陆源地或通过大气层或来自倾倒的物质所引起的污染；

（3）防止来自船舶的污染，特别是含有油类残余物质的排放，例如舱底水、污水和压舱水；

（4）防止勘探和开发海床与底土的自然资源时来自设施及设备的污染，规范这些设施和设备的设计、建造、配置、操作与使用；

（5）任何需要规定的必要事项。

1996 年 3 月 28 日通过并颁布。

索马里
Somalia

（英文文本截止于2010年1月6日）

关于领海和港口的第37号法律
（1972年9月10日）

…………

第一条 领海

1. 索马里领海包括延伸到大陆海岸和海岛海岸200海里范围内的海域部分，根据本法第二条和第三条的规定划界。

2. 索马里领海为索马里民主共和国主权范围。在领海内的船舶上发生的有关刑事、卫生和公共安全的违法行为受索马里法律的支配。

第二条 领海的测算

1. 用于测算领海宽度的正常基线为沿海岸的低潮线。

2. 在海岸极为曲折的地方，或在紧邻海岸有一系列小岛的情况下，得采用连接各适当点的直线基线的方法来确定测算领海宽度的基线。

3. 领海基线向陆一侧的水域构成本法第四条规定的国家内水的一部分。

第三条 岛屿及群岛的领海

1. 如果岛屿位于200海里以内，环绕其周围的海水带将构成领海。该海水带宽度为 200 海里，从沿着岛屿弯曲处的低潮线量起。

2. 构成群岛组成部分的岛群应被视为一个整体，其领水应从群岛的中心量起。

第四条 内水和海港

1. 内海水域包括所有对海船开放的索马里河流中所有可航水域以及附表中划定的海港区域。

2. 根据索马里法律和本法，索马里内水为共和国的主权范围。

第五条 渔业和沿海航行

1. 在领海内捕鱼和在索马里港口间定期运输人员与货物的权利，保留给悬挂索马里国旗的船舶和其他获得授权的船舶。

2. 任何侵犯上述规定的行为应处 5 000 索马里先令以上 1 万索马里先令以下的罚款。如果该船舶或其经营人属重犯，则加倍罚款，且船长承担索马里刑事法律规定的犯罪责任，其船舶应予以没收。

3. 任何违反第 1 款规定所订立的运输合同为无效合同。履行或计划履行该合同的船舶应被处以相当于 5 倍于类似经营所规定或约定的运费的罚金。

第六条 无害通过领海

根据本法规定，任何国籍的商业船舶享有无害通过领海的权利，但要符合本法和国际海洋法的一般原则。

第七条 无害通过的含义

1. 通过是指为了穿过领海但不进入内水或为驶往或驶出内水前往公海之目的而通过领海的航行。

2. 通过包括停泊和下锚在内，但以通常航行所附带发生的或由于不可抗力或遇难所必要的目的为限，但不得上下任何商品或人员。

第八条 无害通过的限制

只要不损害共和国的和平、良好秩序、卫生或安全，通过就是无害的。这种通过的进行应符合本法和国际法的一般原则和规则。

第九条 禁止通行

1. 索马里民主共和国未承认的国家的船舶不得通过领海和内水。

2. 如违反上述规定，索马里当局可以采取一切必要措施保证该规定得到遵守。

第十条　军舰

1. 外国军舰不得通过领海，除非其得到索马里政府的批准。

第十一条　在领海内遵守索马里的法律

1. 所有行使无害通过权的船舶应遵守索马里的法律和规章。

2. 在通过领海时，每艘船舶应悬挂其国旗，并遵守主管机关根据索马里法律发布的命令。

3. 如违反上述两个条款中的任何一款，船舶应被处以 1 000 索马里先令以上 10 万索马里先令以下的罚款，除非该事实或不作为构成一个更为严重的罪行。

第十二条　进入内水

1. 所有驶入内水或港口的船舶应遵守《海事法典》为此目的所作的规定。

2. 在遵守本法第五条设定的限制条件的情况下，除上文第九条第一款提及的船舶外，所有商船都有权进入索马里港口进行商业经营活动，特别是从船上上下货物和人员。

第十三条　防卫区

索马里主管机关可以采取必要措施暂时中止所有外国船舶在领海个别区域的无害通过，如果这种中止对保护国家安全有必要。

第十四条　服务收费

在内水对船舶收取的费用对通过领海的外国船舶应同样收取。费用包括为保证这些船舶安全实施航行管辖规则而踢动服务或采取措施所需的费用。

第十五条　对外国船舶的刑事管辖权

1. 共和国在通过领海或在港口停泊的外国船舶上应行使刑事管辖权，以逮捕与在该船通过期间船上所犯任何罪行有关的任何人，或进行与该罪行有关的任何调查。刑事管辖权限于如下各类案件：

（1）罪行后果及于共和国领土；

（2）罪行属于扰乱国家和平或领海和港口秩序的性质；

（3）船长或船旗国的领事请求地方当局予以协助；

（4）为取缔违法贩运麻醉药品所必要。

2. 当局可以根据索马里法律或规章的授权采取任何步骤，在外国船舶离开内水或港口正在通过领海时对其进行逮捕或登临进行调查。

3. 在本条第一款和第二款规定的情形下，如经船长请求，地方当局应在采取一切措施前通知船旗国的领事机关，并应为领事机关和船员间的联络提供便利。遇有紧急情况，采取措施应与发出通知同时进行。

4. 当外国船舶仅通过领海不进入内水时，地方当局不得在通过领海的该船舶上采取任何步骤，以逮捕与该船驶入领海前所犯任何罪行有关的个人或进行任何与犯罪有关的调查。

第十六条 对外国船舶的民事管辖权

当局不得为任何民事诉讼目的而对船舶进行强制执行或加以扣留，除非出现如下情形：

（1）涉及船舶本身在航行中承担或担负的义务或责任或为了其通过领海和内水之目的；

（2）《海事法典》规定的情形。

第十七条 政府船舶

1. 前条规定的规则亦适用于为商业目的的政府船舶。

2. 上述规则不影响用于非商业目的的政府船舶所享有的豁免权。

第十八条 政府对船舶的捕获

在对外国船舶违法行为给予处罚的情形下，索马里当局可以扣留该船舶，直到该处罚已执行或已提供了足额的担保。

第十九条

凡与本法冲突或不一致的规定兹予以废除。

第二十条 本法的生效

本法自公布之日起第 30 日生效。

1972 年 9 月 10 日，于摩加迪沙

南　非
South Africa

（英文文本截止于 2010 年 5 月 6 日）

1994 年第 15 号海洋区域法案

兹规定共和国海洋区域的法案，并规定与之相关的事项。

南非共和国会颁布如下法案：

第一条　定义

本法案中，除非上下文另有所指：

1.“基线”系指第二条第（1）款、第（2）款、第（3）款规定的基线。

2.“设施”系指任何位于内水、领水或专属经济区内或位于大陆架内或大陆架上的：

（1）任何设施，包括用来将物体从下列载体上运来或运走的运输管道——

（a）船舶；

（b）研究、勘探或生产平台；或者

（c）共和国的海岸。

（2）任何用来勘探或开采任何物质的勘探或生产平台。

（3）任何勘探或生产船舶。

（4）1958 年《邮局法案》（1958 年第 44 号法案）第一条中规定的无线

电通信线路。

（5）任何用来勘探或开发海床的船舶或设备。

（6）从第（1）项和第（2）项规定的除管道以外的设施外缘量起 500 米范围内的任何区域。

（7）位于第（1）项和第（2）项中规定的设施之下或之上的任何区域。

3.“低潮高地”指四周环水自然形成的陆地区域，并在低潮时高于水平面，但在高潮时没入水下，且位于距离大陆或岛屿的低潮线不超过 12 海里的区域内。

4.“低潮”指 18.6 年潮汐周期内的平均低潮高度。

5.“低潮线”指低潮海平面与陆地交汇处，包括低潮高地上的低潮线。

6.“部长”指交通部部长。

7.“海里”指国际海里，即 1 海里为 1 852 米。

8.“官方承认的大比例尺海图或地图”指由南非海军水文学家和测量官总长分别提供的大比例尺海图或地图。

9.“规定”指规章规定。

10.“无害通过权”指 1981 年《海上交通法案》（1981 年第二号法案）第二条规定的无害通过权。

11.“海洋”指海洋水域，包括海床及其底土。

12.“直线基线”指同一表面上两点之间的最短距离。

13.“本法案”包括规章。

第二条　基线

1. 根据第 2 款和第 3 款，低潮线应为基线。

2. 尽管有第 1 款的规定，表 2 中一组坐标点相连形成的直线基线应为海岸该相应部分的基线。

3. 尽管有第 1 款和第 2 款的规定，根据第 4 款和第 5 款规定确定的外部界限应为基线。

4. 第三条第 1 款第（2）项规定的内水，其外部界限应按规定的方式予以确定。

5. 在无第 4 款规定的内水外部界限的情况下，该外部界限应为构成海港体系完整部分的海港设施。

6. 在法院进行的任何诉讼程序中，任何规定的海图或地图应作为相应内容的初步证据被接受。

第三条 内水

1. 共和国的内水包括：

（1）基线向陆一侧的全部水域；

（2）所有的海港。

2. 共和国内有效的任何法律（包括普通法）应同样适用于其内水和内水的上覆空域。

3. 内水不存在无害通过权，除非相应的内水在本法案生效以前为领水。

第四条 领水

1. 从基线量起 12 海里以内的海域为共和国的领水。

2. 共和国内有效的任何法律，包括普通法，应同样适用于领水和领水的上覆空域。

3. 无害通过权在领水内适用。

第五条 毗连区

1. 位于第四条提及的领水以外且从基线量起 24 海里以内的海域应为共和国的毗连区。

2. 在毗连区及其上覆空域，共和国有权行使其认为必要的一切权利，以防止违反其财政、海关、出境、入境或卫生的法律，并惩罚这类违法行为。

第六条 海洋文化区

1. 位于第四条提及的领水以外且从基线量起 24 海里以内的海域应为共和国的海洋文化区。

2. 在不违反其他法律规定的情况下，共和国对在海洋文化区内发现的具有考古或历史性质的物体具有与其对领水相同的权利和权力。

第七条 专属经济区

1. 位于第四条提到的领水以外从基线量起 200 海里以内的海域为共和国的专属经济区。

2. 除其他法律规定外，共和国对专属经济区内的所有自然资源享有与其对领水相同的权利和权力。

第八条 大陆架

1. 1982 年 12 月 10 日在蒙特哥湾通过的 1982 年《联合国海洋法公约》第七十六条所规定的大陆架为共和国的大陆架。

2. 除其他法律规定外，大陆架的外部界限由表 3 中提到的坐标点连接形成的直线基线构成。

3. 为以下目的大陆架应被视为不可分割的国家领土：

（1）1982 年《联合国海洋法公约》第七十七条第 4 款规定的勘探和开发自然资源；

（2）与宝石、金属、矿藏包括天然石油的开采有关的任何法律。

第九条 对设施适用的法律

1. 共和国有效的任何法律，包括普通法，对设施应同样适用。

2. 为第 1 款之目的，“设施”应视为位于 1944 年《地方法院法案》（1944 年第 32 号法案）第一条规定的、由司法部部长指定的行政区内。

3. 在无第 2 款规定的指定时，“设施”应被视为位于最接近该设施的行政区内。

第十条 海上人员伤亡

尽管有本法案和其他法律的规定，为保护共和国的海岸线和相关利益，包括捕鱼的利益，共和国可以在海洋及海洋上空的任何区域内对船舶和航空器采取必要措施，防止因海上事故或因与该事故有关的作为或不作为造成的污染或任何污染威胁，并合理地预期可能造成的重大有害后果。

第十一条 自卫

尽管有本法案和其他法律的规定，共和国可以在海洋及其上空的任何部分采取执行《联合国宪章》第五十一条规定的自卫原则所必要的行动。

第十二条 表 3 的修改

部长可以在政府公报上以通告的形式修改表 3。

第十三条 规章

部长可以就以下方面制定规章：

（1）承认官方认可的大比例尺海图或地图中标明的低潮线构成第二条第 1 款规定的低潮线；

（2）除表 2 所提及的坐标点外，在海湾的天然入口和河口、江口规定低潮线坐标点；

（3）确定标明于官方承认的大比例尺海图和地图上的海港内内水的外部界限；

（4）任何本法案要求或许可规定的事项或对实现本法案目的所必要或适宜而规定的事项。

第十四条 本法案对爱德华王子岛的适用

本法案同样适用于1948年《爱德华王子岛法案》（1948年第43号法案）第一条规定的爱德华王子岛。

第十五条 法律的废止、修改及保留

1. 表1中提及的法律特此废止，或根据该表中第三列的规定予以修订。

2. 在任何其他法律中提及的内水、领水或大陆架，应理解为本法案中分别规定的内水、领水或大陆架。

3. 任何其他法律中提及的与养护、管理或开发海洋生物资源有关的渔区，应理解为本法案中规定的专属经济区。

4. 任何其他法律中提及的与财政事项或与海关、出境、入境或卫生事项有关的渔区，应理解系本法案中规定的毗连区。

第十六条 简称

本法案应被称为《海洋区域法案（1994）》。

表1 废止和修改的法律

法案编号及年代	名称	废止及修改的程度
1963年第87号法案	领水法案，1963年	全部废止。
1977年第98号法案	领水法案（修订），1977年	全部废止。
1978年第8号法案（特兰斯凯）	领水法案，1978年	全部废止。
1981年第2号法案	海事交通法案，1981年	修订第一条，以如下定义代替“内水”的定义： “内水”指1994年《海洋区域法案》第三条提及的内水。
1986年第12号法案（西斯凯）	领水法案，1986年	全部废止。

续表

法案编号及年代	名称	废止及修改的程度
1988 年第 12 号法案	海洋渔业法案，1988 年	修订第一条，以如下定义代替“渔区”的定义： “渔区”指共和国 1994 年《海洋区域法案》第四条和第二条分别提及的领水和专属经济区。
1993 年第 129 号法案	一般法第三修正法案，1993 年	废止第三十条和第三十一条。

表 2　南非共和国直线基线

南纬	东经	南纬	东经	南纬	东经	南纬	东经
° ′ ″	° ′ ″	° ′ ″	° ′ ″	° ′ ″	° ′ ″	° ′ ″	° ′ ″
32 19 01.04	18 18 54.50	34 01 44.33	18 18 19.78	34 50 06.29	19 59 26.45	34 23 43.55	21 43 48.63
32 44 12.00	17 52 06.00	34 01 44.33	18 18 19.78	34 50 06.26	19 59 27.04	34 23 43.55	21 43 48.63
32 44 12.00	17 52 06.00	34 02 12.78	18 18 18.31	34 50 06.26	19 59 27.04	34 20 18.88	21 54 54.01
32 49 06.25	17 50 47.43	34 02 12.78	18 18 18.31	34 50 04.57	19 59 51.13	34 20 18.88	21 54 54.01
32 49 06.25	17 50 47.43	34 02 42.02	18 18 23.37	34 50 04.57	19 59 51.13	34 11 15.44	22 09 39.74
32 49 29.09	17 50 40.60	34 02 42.02	18 18 23.37	34 50 02.46	20 00 22.48	34 11 15.44	22 09 39.74
32 49 29.09	17 50 40.60	34 03 56.86	18 18 35.74	34 50 02.46	20 00 22.48	34 05 43.00	22 58 48.00
32 49 30.75	17 50 40.34	34 03 56.86	18 18 35.74	34 50 01 59	20 00 26.57	34 05 43.00	22 58 48.00
32 49 30.75	17 50 40.34	34 08 45.60	18 19 09.69	34 50 01 59	20 00 26.57	34 06 40.43	23 24 25.37
32 49 41.32	17 50 44.24	34 23 15.31	18 49 37.02	34 49 53.62	20 00 52.57	34 06 40.43	23 24 25.37
32 49 41.32	17 50 44.24	34 38 23.66	19 17 19.40	34 49 53.62	20 00 52.57	34 12 49.36	24 50 12.70
33 00 02.00	17 51 48.00	34 38 23.66	19 17 19.40	34 48 48.42	20 03 19.31	34 12 49.36	24 50 12.70
33 00 02.00	17 51 48.00	34 38 24.23	19 17 21.14	34 48 48.42	20 03 19.31	34 12 49.81	24 50 14.69
33 02 29.08	17 53 30.62	34 38 24.23	19 17 21.14	34 48 47.51	20 03 21.27	34 12 49.81	24 50 14.69
33 02 29.08	17 53 30.62	34 41 24.43	19 24 09.05	34 48 47.51	20 03 21.27	34 12 49.28	24 50 16.66
33 09 07.08	17 58 48.10	34 41 24.43	19 24 09.05	34 48 42.82	20 03 29.04	34 12 49.28	24 50 16.66
33 09 07.08	17 58 48.10	34 46 53.08	19 38 05.33	34 48 42.82	20 03 29.04	34 02 58.11	25 37 41.59
33 24 51.08	18 04 23.49	34 46 53.08	19 38 05.33	34 28 28.22	20 50 53.92	34 02 58.11	25 37 41.59
33 24 51.08	18 04 23.49	34 47 19.28	19 39 09.17	34 28 28.22	20 50 53.92	34 01 56.36	25 42 10.97
33 26 00.50	18 04 23.59	34 47 19.28	19 39 09.17	34 26 18.84	21 17 58.22	34 01 56.36	25 42 10.97

续表

南纬	东经	南纬	东经	南纬	东经	南纬	东经
° ′ ″	° ′ ″	° ′ ″	° ′ ″	° ′ ″	° ′ ″	° ′ ″	° ′ ″
33 26 00.50	18 04 23.59	34 47 19.82	19 39 10.62	34 26 18.84	21 17 58.22	33 50 34.37	26 17 18.45
33 26 08.45	18 04 24.91	34 47 19.82	19 39 10.62	34 26 19.51	21 18 00.22	33 50 34.37	26 17 18.45
33 26 08.45	18 04 24.91	34 47 19.88	19 39 11.86	34 26 19.51	21 18 00.22	33 50 34.29	26 17 22.50
33 26 08.58	18 04 25.24	34 47 19.88	19 39 11.86	34 26 18.93	21 18 10.18	33 50 34.29	26 17 22.50
33 26 08.58	18 04 25.24	34 49 52.73	19 58 04.62	34 26 18.93	21 18 10.18	33 46 23.96	26 28 07.66
33 48 07.47	18 21 28.13	34 49 52.73	19 58 04.62	34 26 16.04	21 18 38.90		
33 48 07.47	18 21 28.13	34 49 53.34	19 58 07.83	34 26 16.04	21 18 38.90		
34 01 44.04	18 18 19.82	34 49 53.34	19 58 07.83	34 26 15.54	21 18 40.94		
34 01 44.04	18 18 19.82	34 50 06.29	19 59 26.45	34 26 15.54	21 18 40.94		

表 3　南非共和国大陆架界限

南纬	东经	南纬	东经	南纬	东经	南纬	东经
° ′ ″	° ′ ″	° ′ ″	° ′ ″	° ′ ″	° ′ ″	° ′ ″	° ′ ″
31 05 00	10 02 00	39 37 50	15 20 10	39 13 20	29 06 40	39 08 40	29 19 50
22 16 40	08 08 50	31 16 50	10 10 30	39 57 50	16 15 30	38 55 50	29 53 30
22 23 00	08 07 50	31 50 20	10 39 10	39 58 50	16 17 50	38 49 20	30 09 50
22 31 40	08 06 50	31 53 40	10 42 20	40 03 50	16 30 20	38 47 00	30 15 40
23 23 00	08 05 20	31 55 00	10 43 40	40 25 20	17 43 10	38 39 50	30 32 00
23 27 50	08 05 30	31 57 30	10 44 30	40 34 00	18 34 20	38 29 00	30 54 50
23 44 30	08 05 40	32 30 30	10 56 40	40 37 20	19 00 00	38 29 00	30 55 00
23 46 00	08 05 40	32 53 20	10 55 10	40 40 30	19 59 30	38 15 00	31 20 00
23 47 10	08 05 30	33 19 40	10 55 40	40 40 10	20 18 30	38 06 10	31 34 10
24 23 00	08 05 00	33 50 30	10 58 20	40 40 00	20 23 50	37 52 40	31 55 20
24 53 00	08 07 40	33 53 10	10 58 50	40 38 30	20 46 20	37 52 40	31 55 30
25 23 00	08 09 40	34 51 50	11 13 30	40 32 00	21 36 20	37 49 30	32 00 30
26 21 50	08 22 10	35 01 10	11 17 10	40 16 30	22 40 20	37 37 50	32 19 20
26 26 30	08 23 40	35 10 10	11 20 50	40 13 10	22 50 40	37 34 10	32 24 40
26 54 20	08 27 50	35 13 10	11 21 50	40 08 00	23 05 20	37 15 30	32 50 00

续表

南纬	东经	南纬	东经	南纬	东经	南纬	东经
° ′ ″	° ′ ″	° ′ ″	° ′ ″	° ′ ″	° ′ ″	° ′ ″	° ′ ″
27 21 20	08 31 20	35 18 10	11 22 50	40 05 00	23 24 00	37 11 40	32 55 00
27 28 50	08 32 50	35 50 00	11 31 10	40 04 50	23 24 50	36 58 40	33 12 30
28 13 50	08 45 00	36 14 00	11 40 10	40 00 50	23 44 40	35 24 10	37 12 20
28 19 40	08 46 40	36 43 50	11 53 50	39 59 50	23 49 00	35 18 40	37 19 50
28 26 10	08 48 30	36 46 40	11 55 20	39 59 50	23 49 10	35 09 30	37 30 00
28 35 40	08 51 20	37 39 30	12 30 40	40 01 30	24 05 50	35 09 20	37 30 10
28 42 50	08 53 30	37 54 30	12 43 50	40 02 20	25 23 40	35 09 10	37 30 20
29 11 50	09 02 10	38 11 20	13 00 30	39 52 00	26 40 20	35 08 50	37 30 40
29 17 40	09 04 20	38 26 30	13 17 30	39 47 20	27 00 50	35 08 30	37 31 00
30 07 00	09 27 50	38 32 20	13 24 30	39 41 50	27 30 50	35 08 10	37 31 20
30 11 30	09 30 10	39 00 10	14 04 20	39 36 10	27 55 10	34 52 20	37 44 10
30 13 00	09 30 50	39 06 30	14 14 40	39 26 00	28 29 30	34 47 40	37 46 50
30 42 00	09 47 10	39 18 00	14 35 50	39 19 50	28 46 30	34 40 50	37 50 30
34 27 20	37 55 40	32 46 00	38 24 40	31 32 50	38 21 20	PRINCE EDWARD ISLANDS	
34 22 50	37 56 50	32 45 50	38 24 40	31 25 00	38 18 10	41 54 40	44 39 50
34 22 00	37 57 20	32 42 10	38 24 00	31 24 10	38 17 50	42 33 00	43 50 10
34 20 30	37 58 10	32 38 30	38 23 00	31 23 30	38 18 10	41 18 20	45 43 10
34 16 00	38 00 20	32 32 50	38 24 50	31 22 20	38 19 00	41 03 20	46 16 40
34 15 30	38 00 40	32 08 00	38 28 00	31 22 10	38 19 10	40 48 50	46 52 10
34 14 00	38 01 30	32 07 50	38 28 00	31 12 10	38 25 10	40 27 00	48 05 10
34 12 30	38 02 10	32 07 40	38 28 00	31 07 40	38 27 30	40 14 00	49 21 40
34 12 10	38 02 30	32 07 30	38 28 00	31 07 20	38 27 40	40 11 20	49 54 50
34 11 40	38 02 40	32 07 20	38 28 00	30 54 50	38 32 40	40 08 30	49 56 20
34 00 20	38 11 20	32 07 10	38 28 00	30 54 20	38 32 50	40 08 00	49 58 00
33 49 40	38 17 10	32 07 00	38 27 50	30 47 00	38 34 40	40 07 50	49 58 40
33 49 20	38 17 20	32 06 50	38 27 50	30 46 40	38 34 50	40 06 30	50 03 50
33 37 00	38 22 10	32 06 40	38 27 50	30 46 30	38 34 50	40 05 20	50 10 00
33 36 30	38 22 20	32 06 30	38 27 50	30 45 20	38 35 20	40 05 10	50 10 50
33 36 00	38 22 30	32 06 20	38 27 50	30 44 10	38 35 50	40 05 00	50 11 40

续表

南纬	东经	南纬	东经	南纬	东经	南纬	东经
° ′ ″	° ′ ″	° ′ ″	° ′ ″	° ′ ″	° ′ ″	° ′ ″	° ′ ″
33 34 50	38 22 50	32 06 10	38 27 50	30 45 10	38 35 20	40 04 20	50 15 20
33 33 40	38 23 20	32 06 00	38 27 50	30 38 30	38 38 20	40 04 10	50 15 40
33 32 20	38 23 40	32 05 50	38 27 50	30 27 00	38 42 50	40 04 00	50 16 30
33 06 10	38 27 10	32 05 40	38 27 50	30 17 10	38 46 10	40 03 00	50 21 00
33 06 00	38 27 10	32 05 30	38 27 50	30 11 40	38 48 00	40 01 50	50 26 10
33 05 50	38 27 10	32 05 20	38 27 50	29 58 20	38 52 50	40 01 40	50 26 50
33 05 40	38 27 10	31 48 00	38 25 50	29 50 20	38 55 30	40 01 30	50 27 30
33 05 30	38 27 10	31 43 20	38 24 40	29 39 30	38 58 30	40 01 20	50 28 30
33 05 20	38 27 10	31 39 30	38 23 30	29 36 20	38 59 30	39 58 40	50 37 30
33 05 10	38 27 10	31 38 20	38 23 10	29 35 20	38 59 40	39 45 10	51 22 20
33 05 00	38 27 10	31 33 50	38 21 40	29 29 10	39 01 10	39 44 30	51 24 40
32 50 30	38 25 40	31 33 30	38 21 30	29 14 50	39 04 20	39 44 20	51 25 10
32 47 50	38 25 10	31 33 20	38 21 30			39 44 10	51 25 40
39 44 00	51 26 10	39 02 10	52 39 00	38 42 20	54 12 10	36 24 10	56 51 40
39 40 40	51 35 00	39 02 10	52 40 00	38 33 50	54 26 30	36 24 00	56 52 00
39 40 10	51 36 10	39 02 10	52 41 00	38 33 30	54 26 50	36 23 50	56 52 20
39 38 30	51 40 20	39 02 10	52 42 00	38 18 40	54 44 50	36 23 20	56 53 20
39 35 00	51 47 50	39 02 10	52 43 00	38 18 30	54 45 00	36 22 50	56 55 10
39 34 50	51 48 10	39 02 10	52 44 00	38 11 30	54 51 20	36 13 40	57 16 20
39 34 40	51 48 30	39 02 10	52 45 00	37 41 10	55 07 40	35 53 00	57 44 00
39 34 30	51 48 50	39 02 10	52 46 00	37 15 00	55 11 20	35 52 50	57 44 10
39 34 20	51 49 10	39 02 10	52 47 00	37 14 40	55 11 40	35 31 40	58 00 00
39 34 10	51 49 30	39 02 10	52 48 00	37 12 20	55 15 20	35 29 20	58 04 30
39 34 00	51 49 50	39 02 10	52 49 00	37 12 00	55 15 40	35 17 50	58 21 20
39 33 50	51 50 10	39 02 10	52 49 30	36 57 20	55 33 30	35 09 10	58 30 50
39 33 40	51 50 30	39 01 30	53 02 50	36 48 30	55 41 10	35 09 00	58 31 00
39 33 30	51 50 50	39 00 40	53 12 10	36 48 20	55 42 10	34 57 30	58 40 50
39 33 20	51 51 10	38 59 30	53 19 40	36 48 10	55 42 50	34 43 00	58 49 30
39 33 10	51 51 30	38 57 40	53 29 10	36 44 50	55 53 50	34 42 20	58 49 50

续表

南纬	东经	南纬	东经	南纬	东经	南纬	东经
° ′ ″	° ′ ″	° ′ ″	° ′ ″	° ′ ″	° ′ ″	° ′ ″	° ′ ″
39 33 00	51 51 50	38 53 20	53 45 10	36 44 40	55 54 20	34 30 10	58 54 40
39 29 00	51 59 10	38 53 10	53 45 40	36 44 30	55 55 10	34 23 10	58 56 30
39 27 00	52 02 30	38 53 00	53 46 00	36 39 00	56 09 20	34 02 10	58 58 40
39 16 50	52 16 50	38 52 50	53 46 30	36 38 20	56 10 30	34 02 00	58 58 40
39 16 20	52 17 40	38 52 40	53 47 00	36 36 40	56 18 10	34 01 50	58 58 40
39 08 10	52 26 40	38 52 20	53 47 50	36 36 30	56 18 50	34 01 40	58 58 40
39 07 50	52 27 10	38 52 10	53 48 30	36 33 20	56 29 50	34 01 30	58 58 40
39 07 10	52 27 50	38 50 10	53 54 00	36 33 10	56 30 20	34 01 20	58 58 40
39 03 50	52 31 50	38 49 20	53 56 10	36 31 00	56 36 10	34 01 10	58 58 40
39 02 10	52 33 50	38 45 50	54 04 30	36 29 30	56 40 00	34 01 00	58 58 40
39 02 10	52 36 50	38 42 50	54 11 10	36 24 40	56 50 40	34 00 50	58 58 40
39 02 10	52 37 00	38 42 40	54 11 30	36 24 30	56 51 00	33 44 00	58 56 30
39 02 10	52 38 00	38 42 30	54 11 50	36 24 20	56 51 20	33 33 40	58 53 30
32 56 20	58 29 20	31 56 20	54 11 00	34 32 30	51 25 10	35 34 40	48 58 40
32 56 10	58 29 10	32 00 30	54 05 10	34 32 50	51 25 00	35 34 50	48 58 20
32 56 00	58 29 00	32 10 50	53 52 50	34 35 50	51 23 20	35 42 50	48 44 20
32 55 50	58 28 50	32 11 10	53 52 30	34 44 10	51 10 00	35 49 50	48 34 40
32 51 20	58 24 00	32 11 40	53 52 10	34 49 00	51 03 50	35 50 40	48 31 10
32 37 10	58 03 40	32 14 50	53 49 00	34 51 40	50 59 00	35 53 10	48 12 00
32 22 30	57 51 10	32 20 30	53 35 40	34 55 10	50 53 20	35 53 20	48 11 10
32 22 10	57 51 00	32 20 40	53 35 20	34 58 00	50 49 20	35 56 10	47 59 10
32 22 00	57 50 40	32 28 50	53 21 20	35 10 20	50 34 20	35 57 00	47 56 30
32 21 50	57 50 30	32 34 50	53 13 10	35 10 40	50 34 00	35 58 40	47 51 10
32 08 50	57 34 40	32 41 30	52 57 30	35 10 50	50 33 50	35 58 50	47 50 40
32 07 40	57 33 00	32 41 40	52 57 10	35 11 00	50 33 40	36 02 00	47 42 00
32 00 00	57 19 30	33 03 30	52 26 20	35 11 10	50 33 30	36 02 30	47 39 20
31 59 50	57 19 10	33 03 50	52 26 00	35 11 20	50 33 20	36 05 40	47 26 40
31 52 40	57 02 00	33 04 40	52 25 00	35 11 30	50 33 10	36 15 10	47 01 50
31 46 10	56 30 30	33 29 20	52 06 50	35 11 50	50 33 00	36 20 30	46 52 00

续表

南纬	东经	南纬	东经	南纬	东经	南纬	东经
° ′ ″	° ′ ″	° ′ ″	° ′ ″	° ′ ″	° ′ ″	° ′ ″	° ′ ″
31 45 50	56 27 20	33 29 40	52 06 40	35 12 00	50 32 50	36 23 20	46 47 40
31 35 20	55 52 30	33 30 00	52 06 30	35 12 10	50 32 40	36 37 50	46 29 40
31 33 20	55 29 00	33 55 00	51 57 50	35 12 20	50 32 30	36 38 00	46 29 30
31 33 20	55 28 50	33 57 50	51 54 10	35 12 30	50 32 20	36 38 30	46 28 50
31 33 20	55 28 40	34 05 10	51 45 40	35 21 00	50 24 30	36 38 50	46 27 50
31 33 20	55 28 30	34 05 20	51 45 30	35 20 00	50 15 30	36 41 30	46 17 10
31 33 20	55 28 10	34 05 30	51 45 20	35 19 40	50 05 00	36 42 10	46 14 20
31 33 20	55 22 40	34 05 40	51 45 10	35 19 40	50 04 40	36 24 30	45 58 30
31 35 20	55 04 40	34 05 50	51 45 00	35 19 40	50 04 30	36 05 40	45 30 40
31 37 40	54 53 20	34 06 00	51 44 50	35 19 40	50 04 20	36 05 30	45 30 10
31 40 40	54 42 50	34 06 10	51 44 40	35 19 40	50 04 10	35 54 50	45 01 00
31 52 30	54 17 00	34 06 20	51 44 30	35 19 40	50 03 50	35 53 40	44 56 10
31 55 40	54 12 00	34 22 00	51 31 20	35 31 50	49 04 40	35 50 10	44 23 50
35 50 10	44 23 40	36 22 40	42 41 00	37 34 00	41 42 10	38 52 40	40 10 00
35 50 10	44 23 30	36 23 50	42 39 10	37 37 30	41 40 50	38 57 50	40 02 10
35 50 10	44 23 20	36 25 10	42 37 30	37 49 00	41 27 10	39 02 30	39 56 00
35 50 10	44 23 10	36 28 10	42 33 30	38 02 10	41 15 40	39 05 50	39 51 50
35 50 10	44 22 50	36 28 50	42 32 40	38 14 20	41 08 00	39 12 10	39 44 50
35 50 10	44 22 40	36 33 00	42 27 40	38 14 40	41 07 50	39 12 20	39 44 40
35 50 10	44 22 30	36 38 40	42 21 30	38 15 00	41 07 40	39 12 30	39 44 30
35 50 10	44 22 20	36 38 50	42 21 10	38 15 20	41 07 30	39 12 40	39 44 20
35 50 10	44 22 00	36 39 10	42 21 00	38 15 40	41 07 20	39 12 50	39 44 10
35 50 10	44 21 50	36 39 20	42 20 40	38 26 20	41 00 50	39 13 00	39 44 00
35 50 10	44 21 40	36 39 40	42 20 30	38 26 40	41 00 40	39 13 10	39 43 50
35 53 10	43 51 10	36 39 50	42 20 10	38 27 00	41 00 30	39 13 30	39 43 40
35 55 00	43 43 20	36 40 20	42 19 50	38 27 20	41 00 20	39 13 30	39 43 20
35 56 20	43 38 30	36 45 10	42 15 10	38 32 10	40 57 50	39 25 20	39 32 50
35 56 40	43 37 20	36 48 50	42 11 40	38 34 10	40 50 50	39 29 10	39 30 10
35 58 40	43 30 40	36 50 00	42 10 40	38 43 30	40 26 50	39 33 30	39 27 20

续表

南纬	东经	南纬	东经	南纬	东经	南纬	东经
° ′ ″	° ′ ″	° ′ ″	° ′ ″	° ′ ″	° ′ ″	° ′ ″	° ′ ″
36 00 40	43 24 00	36 55 00	42 06 30	38 43 40	40 26 30	39 40 00	39 23 30
36 08 20	43 05 30	36 57 30	42 04 30	38 43 50	40 26 10	39 40 20	39 23 20
36 08 30	43 05 10	37 01 50	42 01 20	38 44 00	40 25 50	39 40 40	39 23 10
36 08 40	43 04 50	37 03 00	42 00 30	38 44 10	40 25 20	39 41 00	39 23 00
36 08 50	43 04 30	37 03 20	42 00 10	38 44 20	40 25 00	39 48 00	39 19 40
36 09 00	43 04 10	37 04 00	41 59 40	38 44 30	40 24 40	39 50 50	39 18 30
36 09 10	43 03 50	37 04 40	41 59 10	38 44 40	40 24 20	39 54 30	39 17 00
36 09 20	43 03 30	37 07 30	41 57 00	38 44 50	40 24 00	39 58 40	39 15 30
36 09 30	43 03 10	37 08 40	41 56 10	38 45 00	40 23 40	40 02 10	39 14 30
36 09 40	43 02 50	37 11 30	41 54 10	38 45 10	40 23 20	40 06 40	39 13 20
36 09 50	43 02 30	37 15 50	41 51 20	38 45 20	40 23 00	40 13 30	39 12 00
36 13 00	42 56 30	37 26 40	41 45 20	38 45 30	40 22 40	40 17 50	39 06 20
36 16 50	42 49 50	37 29 10	41 44 20	38 50 50	40 13 00	40 18 30	39 05 30
40 19 50	39 03 50	43 27 10	31 03 30	52 51 40	37 53 40		
40 21 50	39 01 30	43 27 20	31 03 20	52 51 40	37 53 50		
40 28 10	38 54 20	43 44 40	30 45 10	52 51 40	37 54 00		
40 28 30	38 54 00	44 35 50	30 02 10	52 51 40	37 54 10		
40 28 40	38 53 50	45 12 00	29 40 00	52 51 30	38 11 40		
40 28 50	38 53 40	45 31 20	29 30 30	52 43 40	39 49 30		
40 29 00	38 53 20	46 29 40	29 11 40	52 24 40	41 22 20		
40 29 20	38 53 00	46 40 30	29 09 50	51 55 20	42 47 00		
40 36 00	38 46 50	47 29 20	29 07 00	51 36 40	43 25 40		
40 43 10	38 40 50	47 59 00	29 10 10	51 36 30	43 26 00		
40 43 30	38 39 50	48 28 50	29 17 20	51 36 20	43 26 30		
40 45 10	38 33 40	49 26 00	29 43 20	51 16 40	44 00 10		
40 48 50	38 22 00	50 03 40	30 10 30	50 51 10	44 56 10		
40 49 30	38 20 20	50 03 50	30 10 50	43 04 20	44 30 40		
40 49 10	37 58 10	50 04 00	30 10 50	42 22 00	43 33 20		
40 49 10	37 58 00	50 53 10	31 02 50				

续表

南纬	东经	南纬	东经	南纬	东经	南纬	东经
° ′ ″	° ′ ″	° ′ ″	° ′ ″	° ′ ″	° ′ ″	° ′ ″	° ′ ″
40 49 50	37 25 40	51 35 40	32 08 50				
40 58 20	36 07 30	51 35 50	32 09 10				
41 15 50	34 51 50	51 35 50	32 09 30				
41 32 30	34 03 30	51 36 00	32 09 30				
41 42 00	33 40 20	51 57 40	32 55 50				
41 50 30	33 21 50	52 10 10	33 28 30				
41 50 40	33 21 30	52 34 40	34 57 30				
42 16 10	32 34 30	52 47 10	36 19 10				
42 57 40	31 36 00	52 48 20	36 33 10				
43 09 40	31 22 10	52 50 30	37 07 00				
43 24 50	31 06 00	52 51 20	37 27 20				
43 26 50	31 03 50	52 51 40	37 53 20				
43 27 00	31 03 40	52 51 40	37 53 30				

1963 年第 87 号领水法
（由 1977 年第 98 号领水修正法案修改）

法　案

本法确定和定义南非共和国的领水和渔区及西南非洲的领土，并规定开发共和国大陆架和上述领土的某些自然资源以及其他附带事项。

第一条　用语定义

本法中，除非上下文另有规定：

“鱼类”指海洋中的生物资源；

“低潮标”指在一般春潮期间海水退至的最低线；

“海里”指国际海里，即 1 海里为 1852 米；

[“海里”的定义由 1977 年第 98 号法律 s.1（a）款增加。]

“共和国”……

[“共和国”的定义由 1977 年第 98 号法律 s.1（b）款删除。]

“海洋”指海洋的水体和海床。

第二条　共和国的领水

从低潮线量起 12 海里以内的海域为共和国的领水。

（由 1977 年第 98 号法律 s.2 代替。）

…………

第五条　有关领水等法律的适用

任何有关共和国领水或从低潮线量起 3 英里或 3 海里的海域的法律适用于：

（1）第二条定义的共和国的领水；或者

…………

第六条　在特殊情况下确定领水和渔区

在确定第二条所指的共和国的领水范围时，包含在 1958 年 4 月 29 日《领海及毗连区公约》中的规则应同样适用。

第七条　有关大陆架矿物、钻石等自然资源的勘探及利用的法律

1958 年 4 月 29 日在日内瓦签署的《大陆架公约》所界定的大陆架或共和国接受的国际公约不时界定的大陆架属于共和国的一部分。为勘探这些公约中定义的自然资源的目的而且为适用于邻接共和国大陆架且与采矿、钻石、金属或矿物（包括天然石油）有关的法律的目的，该大陆架应被认为是不可让渡的国家土地。

第八条　西南非洲的适用

本法亦应适用于西南非洲领土。

第九条　简称

本法可被称为《1963 年领水法》。

苏　丹
Sudan

（英文文本截止于 2009 年 1 月 16 日）

领水和大陆架法案
（1970 年）

第一章　序　　言

…………

释　　义

2. 本法案中，除上下文另有要求外：

…………

（2）"海湾"指海洋的任何延伸、弯曲、凹进、潟湖、河湾、大海湾或海洋的其他延展；

（3）"海岸"指标注于经苏丹民主共和国官方承认的海图或地图上的邻接红海的苏丹民主共和国海岸，并包括构成完整的海港体系的最远的永久性海港设施；

…………

（7）“通过”指通过领水的航行；

（8）“无害通过”指船舶通过领水，只要不损害苏丹民主共和国的和平、良好秩序或安全，并遵守国际法规则，并包括停船和下锚在内，但以通常航行所附带发生的或由于不可抗力或遇难所必要的为限。

…………

（11）“大陆架”指苏丹民主共和国领水以外延伸到200海里的海底区域的海床和底土，或延伸到超过200海里海底区域的海床和底土，但该区域上覆水域的深度允许开发其自然资源。

…………

第二章　内水和领水

…………

领　　水

5. 苏丹民主共和国的领水向海延伸12海里，并自标注在经苏丹民主共和国承认的大比例尺官方地图上的直线基线开始量起。

测算领海的直线基线

6.（1）用于测算苏丹民主共和国领海宽度的基线包括：

（a）如果大陆或一个岛屿的海岸线完全向海，则为标注在经苏丹民主共和国官方承认的大比例尺海图上的最低低潮线。

（b）如果是属于苏丹民主共和国的海湾，则为穿过湾口连接海湾两岸的线。

（c）如果为距离大陆或苏丹岛屿12海里以内的沙洲，则是该沙洲的最低低潮线。

（d）如果为面向大洋的港口或海港，则是连接该港口或海港向海一侧最远的港口设施形成的线。

（e）如果为距离大陆不超过 12 海里的岛屿，则是自大陆沿该岛屿外缘划出的线。

（f）如果为一群可以用不超过 12 海里的线连接起来的岛屿，且该岛群中距离大陆最近的岛屿与大陆间的距离不超过 12 海里，则是自大陆划起的适当的线：如果岛屿形成岛链，则为沿该岛群中所有岛屿海滩最外缘形成的线；如果岛屿不能形成岛链，则为沿最外端岛屿的海滩外缘形成的线。

（g）如果为一群可以用不超过 12 海里的线连接起来的岛屿，且该岛群中距离大陆最近的岛屿与大陆间的距离超过 12 海里，如果该岛群形成岛链，则为沿该岛群中所有岛屿海滩最外缘形成的线；如果该岛群不能形成岛链，则为沿最外端岛屿的海滩外缘形成的线。

（2）如果根据本法案划定的领水界限造成一片公海海域四周全部由领水环绕，而该公海区域在各个方向都不超过 12 海里，则该部分成为领水的一部分。

…………

（4）如果第 4 条规定的苏丹民主共和国的内水或根据第 5 条和第 6 条的规定划定的领水与其他国家的内水或领水相重叠，根据具体情况，苏丹民主共和国与该相向国无法达成协议的，苏丹民主共和国与该国的内水或领水的界限应根据国际法原则划定。

在领水内采取行动的权力

7. 苏丹民主共和国应享有在领水内采取一切必要行动的权力：

（1）根据苏丹法律和国际法规则保护苏丹民主共和国的安全和利益免受侵害；

（2）防止驶入内水的船舶违反任何允许该船舶进入内水时设定的条件。

外国船舶

8.（1）通过领水的船舶应遵守现行的苏丹法律以及国际法和国际条约的规定，特别是那些关于运输和航行的规定。

（2）苏丹民主共和国可以在其领水的指定区域中止外国船舶的通过（如果这种中止在其看来对其安全是必要的），但这种中止只有在正式公布后才发生效力。

（3）军事船舶通过领水应事先得到许可。政府可采取一切必要措施处罚违法船舶。潜水艇应浮出水面，并展示其所属国的国旗。

对公海区域行使控制权

9. 政府对邻接其领水且宽度为自苏丹民主共和国领水边界量起 6 海里的公海区域行使必要的控制权：

（1）以防止在其领土和领水内违反其海关、财政、移民、卫生和安全的法律；

（2）惩治在其领土和领水内发生的违反上述法律的行为。

第三章 大 陆 架

10. 主权权利

（1）苏丹民主共和国为勘探和开发其大陆架上自然资源的目的对其大陆架享有主权权利。任何人没有得到部长会议的明示同意，不得勘探或开发大陆架或对大陆架提出主张。

（2）前款提及的由苏丹民主共和国行使的权利不取决于有效或象征性的占领或任何明文公告。

11. 在大陆架上建造设施等的权利

（1）苏丹民主共和国享有在其大陆架上建造、维护和操作设施或勘探与开发其自然资源所必要的其他设备的权利，拥有在这些设施和设备周围建立安全区域以及采取必要措施保护它们的权利。

（2）前面提及的安全区域可以延伸到已建设施和其他设备周围 500 米的距离，自各设施或设备的外缘各点量起。

12. 上覆水域和上空的地位不受影响

苏丹民主共和国对其大陆架的权利不影响其上覆水域及这些水域的上

空的法律地位。

13. 自然资源

本章提到的自然资源包括矿物和其他非生物资源以及属于定居种的生物。定居种生物即在可捕捞阶段在海床上或海床下不能移动或其躯体须与海床或底土保持接触才能移动的生物。

…………

坦桑尼亚
Tanzania

（英文文本截止于2010年5月6日）

领海和专属经济区法案
（1989年）

本法案设立联合共和国领海和毗邻联合共和国领海的专属经济区，行使联合共和国的主权权利，制定勘探和开发、养护和管理海洋资源以及与之相关事项的规定。

坦桑尼亚联合共和国议会颁布。

第一部分　序　　言

简称和生效

1.（1）本法案可引用为1989年《领海和专属经济区法案》，并自部长在政府公报上发布的通知指定的日期起开始生效。

（2）本法案及于桑给巴尔。

释　义

2. 在本法案中，除非上下文另有要求：

“专属经济区”指本法案第 7 条定义的海洋区域；

“海洋法公约”指 1982 年《海洋法公约》，该公约作为本法案的附件附于其后，本法案旨在实施该公约的规定；

“经授权的海洋官员”指第 13 条提到的获得授权的官员；

“部长”指负责外交的部长。

第二部分　领　海

领　海

3.（1）兹设立一个称为“领海”的海洋区域。

（2）联合共和国的领海由 12 海里内的海洋区域构成，从本法案第 5 条规定的海岸低潮线开始量起。

内　水

4. 坦桑尼亚联合共和国的内水包括位于联合共和国基线向陆一侧的全部海洋区域。

领海基线

5. 测算联合共和国领海宽度的基线为标注在经联合共和国官方承认的大比例尺海图或地图上且包括所有岛屿的海岸在内的联合共和国海岸的低潮线。

属于政府的海床和内水

6. 由坦桑尼亚海岸低潮线围绕起来的向陆一侧的海底区域的海床和底土及其向海一侧直至联合共和国领海外部界限的海床和底土，应视为属于且一贯属于联合共和国政府。

第三部分　联合共和国的专属经济区

专属经济区

7.（1）兹设立一个邻接领海的名为“专属经济区”的海洋区域。

（2）除第（3）款另有规定外，从测算领海宽度的基线量起，专属经济区不得超过200海里。

（3）尽管有第（1）款的规定，如果从领海基线到根据第（4）款划定的与联合共和国任何相邻或相向国家之间的中间线距离不足200海里，则该区域的外部界限应由联合共和国和其他国家通过协定划定。如果没有这类协定，外部界限应为中间线。

（4）中间线为这样一条线，即其上各点到领海基线上最近点的距离和到部长承认的相邻或相向国家相应的领海基线上最近点的距离相等。

在海图或地图上标注区域边界

8.（1）部长应负责将该区域的界限标注在海图或地图上。该海图或地图须依法公布。

（2）政府部门中负责陆地测量的主管应安全地保管第（1）款提及的海图或地图。任何人任何时间都可以查看该海图或地图，或购买一份经过鉴定的副本。

对该区的权利和管辖权

9. 联合共和国政府拥有：

（1）以勘探和开发、养护和管理海床上覆水域及其底土的自然资源（不论是生物资源还是非生物资源）为目的的主权权利，以及关于在该区内从事经济性开发和勘探如利用海水、海流和风力生产能等其他活动的主权权利。

（2）对下列事项的管辖权：

（a）人工岛屿、设施和结构的建造与使用；

（b）海洋科学研究；

（c）海洋环境保护和保全。

（3）国际法规定的其他权利和义务。

资 源 开 发

10.（1）根据本法案，除非根据并遵照与联合共和国政府间的协议，任何人不得在该区域内：

（a）勘探或开发其任何资源；

（b）从事任何调查或挖掘；

（c）从事任何研究；

（d）钻探或建造、维护或操作任何结构或设施；

（e）从事任何经济活动。

（2）本条规定不适用于联合共和国公民在登记或注册于联合共和国的船舶上或船舶内进行的捕鱼活动。

（3）任何人违反本条规定，即属于犯罪，处以 25 万美元以上的罚款或 5 年以下的监禁，或两种刑罚并罚。另外，法院可以决定没收任何船舶、结构、设备、设施或与进行违法行为有关的物品。

航行自由、飞越自由和铺设电缆等的自由

11. 联合共和国在其专属经济区内承认其他国家的航行自由、飞越自由、铺设海底电缆或管道的自由以及国际法或双边协议中规定的与航行或交通有关的其他海洋利用形式，无论该国是沿海国还是内陆国。

法律的适用

12. 任何由国民大会和参议院颁布的与捕鱼、国家环境管理、商业运输、石油和开采有关的法律，应适用于与领海和专属经济区内资源勘探与海洋污染问题有关的事项。

第四部分　经授权的官员

经授权的官员

13. 为本法案的目的，以下人员为指定的经授权的官员：

（1）负责渔业的政府部委的渔业官员；

（2）国防部队的成员；

（3）警察部队的成员；

（4）海关和交易税收部的官员；

（5）Kikosi Maalum Cha Kuzuia Magendo，即大家所知的“KMKM”；

（6）部长授权的其他人。

经授权的官员的权力

14.（1）一名经授权的官员可以为履行其职责行使本法案授予的有关如下事项的所有权力：

（a）政府船舶或设立于海上或港口内的政府结构；

（b）其有合理根据怀疑是与捕鱼有关的外国船舶或外国机构，或进行

的与本法案或规章相违背的其他行为。

（2）为履行本条规定的职责，经授权的官员可以：

（a）合理要求任何人提供帮助；

（b）使用合理的、必要范围内的强制措施；

（c）要求任何人作出以方便行使这些职责为目的而且合理必要的行为；

（d）命令停止任何船舶或结构的操作；

（e）登临任何船舶；

（f）搜寻或检查任何船舶或结构或其上的捕鱼设备或其他物品；

（g）要求船舶或结构上的任何人提供任何与该船舶、结构或其上人员有关的文件或物品。

（3）经授权的官员如果有合理理由怀疑任何人（包括船舶或设施上的人员）实施了违返本法案或规章规定的行为，可以不经过批准或其他程序：

（a）扣押船舶或设施，附带扣押任何鱼类、捕鱼设备或其他被怀疑在违法行为中使用的设施；

（b）拘留其怀疑的人。

（4）如果根据第（3）款规定扣押了船舶、结构或其他物品，或拘留了某人，如果可能，经授权的官员应尽快将该船舶、结构、物品或人员带至最近的港口，并在合理的期限内将被拘留人员带至地方法院，对与引发该扣押或拘留的违法行为有关的指控进行答辩。

（5）如果根据第（3）款所扣押的任何船舶、结构、捕鱼设备或其他设备、设施或物品的所有人不明，且在一个月内没有人提出主张，则法院可以命令对其予以没收。

销售可能变质的鱼类

15.（1）经授权的官员为了防止根据第 14 条捕获的鱼类腐烂或变质，可以以渔业部门官员指导的方式将这些鱼类予以销售。

（2）根据第（1）款规定取得的售鱼收入应拨入统一基金。

（3）根据第（1）款规定售鱼的经授权的官员，应交给该被扣留渔获的人一份收据，上面载明：

（a）售鱼日期；

（b）鱼的重量；

（c）售鱼收入。

该收据应经该官员签字。

（4）如果法院驳回了根据第 14 条规定对人员的指控，如果该人拥有的鱼已被售出，它应命令给予该人数额不超过售鱼纯收入的补偿金。

（5）根据第（4）款规定应付的补偿金，应从统一基金支出。

免　责

16. 联合共和国经授权的官员对履行本法案职责时所作出的行为不承担责任。

第五部分　违法行为及杂项规定

一般违法行为

17. 任何人若存在以下情形，即构成违法行为，应被宣布为有罪，并被处以不低于 10 万美元的罚款或不超过两年的监禁，或两种刑罚并罚，并且法院可以命令没收任何船舶、结构、设备、设施或其他与违法行为有关的物品：

（1）攻击、反抗、阻碍或胁迫经授权的官员或帮助经授权的官员履行职责的其他人；

（2）对履行职责的经授权的官员使用下流、辱骂或侮辱性的语言；

（3）干涉或干扰经授权的官员履行职责的行为；

（4）通过任何送礼、贿赂、承诺或其他刺激物，阻止经授权的官员履行其职责；

（5）没有经授权的官员的批准，被发现持有任何根据第 14 条规定扣押的物品；

（6）违反本法案中任何没有规定罚则的条款或违反规章。

捕获财产的返还

18. 根据第 15 条的规定，法院可以命令将根据第 14 条第（3）款扣押的财产返还给被扣押物品的人或该人指定的其他人，如果：

（1）法院驳回了根据该法案或规章对该人提出的指控，并认为根据司法公正的原则该财产应被返还；

（2）根据本款规定扣押之后，在合理期间内没有针对任何人提出指控。

规　　章

19. 部长可以会商负责管理坦桑尼亚大陆和桑给巴尔岛适用法律的部长，制定实施本法案规定的一般规章，特别是关于如下事项的规章：

（1）有关该区域内勘探和开发的任何活动；

（2）有关该区域内经济勘探和开发的任何活动；

（3）对该区域进行科学研究的授权、控制和管理；

（4）该区域内结构和设施的安全和保护；

（5）联合共和国海洋环境的养护及其海洋污染的防止和控制；

（6）对该区域内任何人的行为的管制；

（7）海洋生物资源的养护措施。

1973 年第 209 号政府通知废除

20. 公布的声明，即 1973 年第 209 号政府通知，特此废除。

多　哥
Togo

（英文文本截止于 2010 年 7 月 12 日）

1977 年 8 月 16 日关于领水界限及建立海洋经济保护区的第 24 号训令

第一条

领水自低潮线量起，宽度为 30 海里。

第二条

将建立一个称为“海洋经济保护区”的区域，自测算领海宽度的基线量起，宽度为 200 海里。

第三条

在此区域内，国家保留勘探和开发生物资源和非生物资源的权利归自己享有。其管辖权及于位于水面、水下以及海床与底土上的所有经济资源。

第四条

以非洲团结的精神，多哥承诺在双边及区域协定的框架内允许内陆邻国参与生物资源的开发。

突尼斯
Tunisia

（英文文本截止于 2010 年 6 月 8 日）

关于领水界限的第 73-49 号法案
（1973 年 8 月 2 日）

第一条

突尼斯的领海自突尼斯—阿尔及利亚边境延伸到突尼斯—利比亚边境以及围绕岛屿、Chebba 高地、Kerkennah 群岛的低潮高地，包括永久渔场和 El Bibane 低潮高地，并应包括从基线量起 12 海里的既定界限内的海洋区域。

基线沿着低潮标、朝 Chebba 低潮高地和 Kerkennah 群岛划出的直线基线，围绕永久渔场和突尼斯以及加贝斯湾（Gabes）的直线封口线。

基线应通过法令予以细化。

…………

第三条

国际法已对“无害通过”作含义作了规定，适用于 la Galite 海峡的水域。

第四条

突尼斯的主权及于领海的上空及海床和底土。

…………

1973 年 11 月 3 日有关基线的第 73–527 号法令

我们，哈比卜・布尔吉巴（Habib Bourguiba），突尼斯共和国总统，

考虑到 1973 年 8 月 2 日第 73–49 号法令尤其是该法第一条确定了突尼斯的领海，

考虑到外交部、国防部、国家经济部、国家农业部与公共工作和居住部部长的意见，

特发布以下法令：

第一条

测算突尼斯领海宽度的基线从突尼斯和阿尔及利亚边境延伸至突尼斯和利比亚边境及环绕岛屿、Chebba 岛和 Kerkennah 岛的低潮高地，包括永久渔场和 El Bibane 低潮高地，并沿低潮标、直线基线朝低潮高地和突尼斯湾及加贝斯湾（Gabes）划直线封口线。

基线由以下各线段组成：

（1）从突尼斯和阿尔及利亚边境线到 Cap Sidi Ali El Mekki 的低潮线。

（2）Sorelles、Galiton de la Galite、Galitons de l'Est 礁石、Fratelli Cani 和 Pilau 岛的低潮线。

（3）突尼斯湾的封口线，即连接 Cap Sidi Ali Mekki、Plane 岛、Zembia 岛北端和 Cap-Bon 组成的基线。

（4）从 Cap-Bon 到 Ras Kapudia 的低潮线。

（5）Kuriates 群岛的低潮线。

（6）围绕 Chebba 永久渔区、Kerkennah 岛并经 Tas kapudia 和如下浮标标出的直线基线——

1	Chebba No.1	35°08′40″	11°12′43″
2	Maruka	35°01′20″	11°29′11″
3	El Barani	34°55′21″	11°33′09″
4	El Mzebla	34°51′27″	11°38′14″

续表

5	Sakib Hamida No.1	34°45′17″	11°33′58″
6	Sakib Hamida No.2	34°43′48″	11°33′23″
7	Oued Bou Zrara No.1	34°42′36″	11°29′03″
8	Oued Bou Zrara No.2	34°41′22″	11°26′42″
9	Oued Mimoun No.4	34°40′25″	11°19′40″
10	Oued Saadoun	34°39′10″	11°14′14″
11	Samoum	34°34′54″	11°03′38″

（7）连接上面定义的 Samoum 浮标和 Ras Turgueness 形成的加贝斯湾的直线封口线。

（8）从 Ras Turgueness 点到 Sidi Garus 点的低潮线。

（9）连接 Sidi Garus 点到 Ras Marmor 的直线基线。

（10）从 Ras Marmor 到突尼斯和利比亚边境的低潮线。

（11）低潮高地 El Bibane 的低潮线。

第二条

公共工作和生活部部长应负责准备包括测量突尼斯领海宽度的新基线的海图，并进行必要公布。

第三条

外交部部长、国防部部长、国家经济部部长、农业部部长与公共工作和生活部部长应在各自职责范围内负责本法令的执行。本法令将公布在突尼斯共和国政府公报上。

1973 年 11 月 3 日于突尼斯通过。

关于突尼斯海岸专属经济区的第 50/2005 号法 *

（2005 年 6 月 27 日）

以人民的名义，

根据国民议会的批准，

共和国总统现颁布本法。文本如下：

第一条

根据本法，在突尼斯海岸外建立专属经济区。

第二条

突尼斯共和国在该区域内行使以勘探和开发、养护和管理海床上覆水域与海床及其底土的自然资源（不论是生物资源还是非生物资源）为目的的主权权利，以及 1982 年《联合国海洋法公约》（以下简称《公约》）赋予的其他管辖权。

这些权利和管辖权依照本法及其执行条款规定的条件和程序行使。

第三条

在不违反突尼斯共和国批准的有关国际公约的情况下，该区域可延伸至国际法允许的界限。

必要时，专属经济区的外部界限应由与有关邻国达成的协议确定。

第四条

执行法令应规定本法执行条款的程序，包括必要时建立特别渔区、渔业保护区或环境保护区。

涉及领水界限的 1973 年 8 月 2 日第 49/1973 号法中规定的有关特别渔区的条款依然有效。

第五条

突尼斯共和国在行使其权利和履行其义务时，应尊重第三国根据《公约》而享有的航行自由和其他权利。

第六条

1994 年 1 月 31 日第 13/1994 号法第三章第四节规定的有关海洋捕鱼实

* 原文为阿拉伯文。英文文本根据 2005 年 7 月 25 日突尼斯共和国常驻联合国代表团向海洋事务与海洋法办公室提交的文件翻译——原文注。

践活动、涉及本法规定并在专属经济区犯下的罪行的监管处罚取消。

本法将在《突尼斯共和国政府公报》上公布，并应作为国家法律执行。

2005 年 6 月 27 日于突尼斯。

Zine El Abidine Ben Ali

图书在版编目（CIP）数据

世界海洋法译丛 . 非洲卷 / 张海文，李红云主编 . — 青岛 :
青岛出版社，2017.12
ISBN 978-7-5552-6263-3

Ⅰ . ①世… Ⅱ . ①张… ②李… Ⅲ . ①海洋法 – 非洲 Ⅳ . ① D993.5

中国版本图书馆 CIP 数据核字（2017）第 314180 号

书　　名	**世界海洋法译丛 · 非洲卷**
主　　编	张海文　李红云
出 版 人	孟鸣飞
出版发行	青岛出版社（青岛市海尔路 182 号，266061）
本社网址	http://www.qdpub.com
责任编辑	朱凤霞
封面设计	张　晓
照　　排	青岛双星华信印刷有限公司
印　　刷	青岛国彩印刷有限公司
出版日期	2017 年 12 月第 1 版　2017 年 12 月第 1 次印刷
开　　本	16 开（710mm × 1000mm）
印　　张	21.25
字　　数	350 千
书　　号	ISBN 978-7-5552-6263-3
定　　价	180.00 元

编校印装质量、盗版监督服务电话　4006532017　0532-68068638